U0940446

三分爱七分管

养育男孩手册

穆阳◎著

商务印书馆国际有限公司

三分爱七分管

名人专家谈

爱孩子就要引领孩子，爱孩子就要开发孩子，爱孩子就要激励孩子，爱孩子就要磨炼孩子！

——"知心姐姐"　卢　勤

我们现在如果对孩子没有一些控制、没有一些抑制、没有一些约束，而一味以爱的名义对他们让步的话，我们的教育其实不是爱的教育。

——百家讲坛《弟子规》主讲人　钱文忠

爱小孩就要给他合理的限制，因为子女所需要的有亲情，有爱情，有同情，但是，更重要的是父母的教导。

——台湾兴国管理学院首任院长　曾仕强

没有批评的教育、没有惩罚的教育，是"缺钙"的教育，是伪教育。

——著名教育专家　孙云晓

我们说，给孩子自由，并非意味着撒手不管。我们的孩子必须学会尊重他人，学会和其他人和平相处。因而我们做父母的，也要对孩子的行为进行规范。

——著名儿童教育专家　小　巫

很多孩子不是败在自己手里，而是败在家长手里。如果家长的管理理念不到位，在孩子身上施加的时间越多，对孩子构成的摧残也越大。

——著名教育专家　王金战

当下许多父母不当的教子方法，其实是由于虚荣和浮躁，孩子的问题往往是父母的问题。家庭教育的核心是关注孩子的幸福感，要倾听孩子的心声。

——《好妈妈胜过好老师》作者 尹建莉

我对孩子要求也很严格，但是这个严是严而有度，严而有格，不是说严得让孩子产生恐惧的那种严；孩子如果有不足或者是犯错了，该批评就批评，如果孩子有错误了，必须是严肃的批评，孩子才能产生效果。

——著名教育专家 东 子

对待孩子要严厉，但严厉的背后必须是爱，如果没有爱怎么打都是不管用的。

——新东方教育科技集团董事长 俞敏洪

在孩子成长的过程中，给他恰当的爱和管教是最重要的，那会让孩子拥有健康的人格特质：善良、勇敢、担当、诚实且正直。

——著名心理咨询专家 金韵蓉

不是孩子长不大，常常是老一辈不要他长大，你以为孩子需要你，其实可能是你离不开他。既然你活着的时候不放手，可能拖累孩子的脚步，你死了放了手，他们还是得面对自己的世界。

——著名励志作家 刘 墉

西式教育过于强调创意，排斥纪律、刻苦等旨在培养毅力的东西，中国教育过于强调后者而忽视前者。两种教育方式应达到一个理想的平衡状态。

——“虎妈” 蔡美儿

中外教育思想一览

——本书包含的重点教育思想概述

天才教育　卡尔·威特

决定孩子成长的重要因素是教育而非天赋，小孩刚出生的时候差别不大，孩子能否成为优秀的人，取决于父母能为孩子做些什么。称职的父母都懂得以自己特有的方式积极参与到孩子的整个成长过程中。

早期教育　蒙台梭利、铃木镇一

蒙台梭利认为，有些儿童之所以不能正常地成长，主要是因为受到成年人的压抑。教育必须尊重儿童内在的、潜在的力量，激发和促进儿童“内在潜力”的发挥。

铃木镇一认为，教育越早越好。学习应该是自出生的那天起，孩子的能力是后天培养的。只要不断努力，每个孩子都能够激发出潜能。

全面教育　苏霍姆林斯基

教育就是要把青少年培养成为全面和谐发展的人。教育就是要使“智育、体育、德育、劳动教育和审美教育相互渗透和相互交织在一起，呈现出统一的完整的过程”。

天性教育　卢梭

教育的责任是培养天性充分得到发展的“自然人”，教育必须顺应儿童的天性，尊重儿童的个性特点。儿童在 12 岁前要远离社会的不良影响，在各种活动中发展感官。

实践教育　多湖辉

父母要以一个实践者的心态来教育孩子，不仅要了解孩子独特的心理动态，而且应该针对不同孩子的个性，在实践中摸索了解教育孩子的方法。

自尊教育　*伊丽莎白·哈特利·布鲁尔*

教育是一种培养人的工作，教育的关键点在于培养孩子的自尊心，自尊教育的实质就是让孩子确立做人的尊严、肯定人的价值、让孩子学会做人。

实用主义教育　*杜威*

教育即生长，教育的价值在于充分自由地发展儿童的智慧和性格；教育即生活，教育是生活本身的一个过程，要把教育和儿童眼前的生活联系在一起，教会儿童适应眼前的生活环境。教育即经验的不断改造，从经验中学习。

人文教育　*蒙田*

教育要兼顾心智和身体，教育的目的是为了培养“绅士”，即身心和谐发展的“全”人。在教育过程中，孩子们学到知识重要的不是口头上说，而是行动上做。

后天教育　*洛克*

人的心灵如同白板，观念和知识都来自后天。一个人之所以会成为这样或那样，绝不是先天秉赋所决定的，而是后天教育的结果。

知行教育　*陶行知*

“生活即教育”，“社会即学校”，“教学合一”。生活是大众唯一的教育，教育的根本意义是生活之变化，教而不做，不能算是教；学而不做，不能算是学。教与学都要以做为中心。

通才教育　*梅贻琦*

“教书”“育人”并重，培养具有知识与德性双重规定性的“通才”。以健全完整的人格统辖完整的知识和文化，把知识教育作为人格发展和陶冶的重要途径。

爱是“健康的铁”
管是“强壮的钙”
爱管结合培养最棒男孩

羊妈 + 虎妈 = 好妈妈

生孩子容易，养孩子难。现在养一个孩子比以前养几个孩子更费力更费心。

“独时代”“富时代”的到来，“4+2+1”家庭模式的普遍存在，使孩子越来越成为家庭的中心。从孩子来到这个世上，父母就尽其所能给他最好的东西，吃讲究档次，穿讲究品牌，住要最好，行必有陪。同时，还给予孩子富足的爱，爸爸、妈妈、爷爷、奶奶、外公、外婆，六个大人围着这个“小王子”、“小公主”转，未来的希望都寄托在这棵独苗身上，希望孩子以后能成龙成凤。

众星拱月般养着，却养出了“问题孩子”。“问题孩子”的突出特征是性格、能力、情感等存在明显的成长缺陷，可概括为“八大个性脸谱”——孤独、恋物、自私、叛逆、冷漠、敏感、自恋、迷茫。问题出在孩子身上，根子长在家长身上！

一个重要的根源是家庭给予孩子的爱太多了，使孩子“爱中毒”了。父母的关爱、疼爱、溺爱太泛滥了，让孩子无法锻炼独立生活的自理能力，不能形成应付现实的适应能力，难以增强抵抗压力的承受能力。

到底该怎么爱孩子、怎样教育孩子、怎样做父母呢？

“虎妈”PK“羊妈”

越来越多的中国父母开始反思、抛弃中国传统的教育思想，将目光投向海外，向西方国家寻求先进科学的教育理念和方法。但有趣的是，美国总统奥巴马在2010年9月14日发表总统开学演讲时表示：为提升未来的竞争力，美国需要学习中国的传统教育理念。奥巴马的倡议在一定程度上暴露了西方国家的爱的教育、自由教育等理念和方法也存在着难以消除的缺陷问题。

无独有偶，不久后，一本由美籍华裔教授蔡美儿写的《虎妈的战歌》在美国出版，“中国妈妈（虎妈）战胜美国妈妈（羊妈）”的说法一时喧哗，一场关于“虎妈PK羊妈”的大争论像一颗教育“原子弹”在美国爆炸，并迅速波及中国，在国内引起激烈讨论。

“虎妈”就是要严格管教，“羊妈”就是要孩子自由成长。中国父母大多采用“虎妈”的教育方式，培养出了有名的“钢琴王子”郎朗；西方父母则多用“羊妈”的教育方式，培养了比尔 · 盖茨等财富精英。

无论是欧美国家的“羊妈”教育，还是中国传统的“虎妈”教育，都已不能以单一的形式满足时代的教育需求了，只有将西方“羊妈”“爱”的教育方式与中国“虎妈”“严管”的教育方式相结合，才能真正培养出优秀的孩子。

养育孩子，需要找到爱与管教的一个“结合点”。

培养孩子是“爱的艺术”

做父母的很少有不爱孩子的。但是，怎样才是真爱孩子？大多数父母不知道。现在的普遍方式是：物质上无微不至，功课上步步紧逼，精神上麻木不仁。这样做不是爱孩子，而是在害孩子。

爱孩子是要让孩子吃得健康、穿得舒服，量力而行，适可而止，不是竭尽全力，甚至力不从心地满足他在物质上的过分要求。物质上的富养眼前是爱，将来是害。

爱孩子是给孩子一个好身体好体魄，让孩子多运动、多劳动，从小拥有结结实实的身体，长大才能轰轰烈烈地做事。

爱孩子是舍得花时间和孩子玩游戏、闲谈，共度欢乐时光，让孩子经常享受到活生生的亲情，努力让孩子有一个快乐幸福的童年。

爱孩子是要尊重孩子，把孩子看做一个有独立人格的个体。而且，在孩子幼小时就应该这样。尊重孩子的最高境界是成为孩子的知心朋友。在这一点上，中国家长要做到很难，一面是孩子的主子、上司，另一面是孩子的奴仆、下属，始终找不到和孩子平等相处的位置。

爱孩子是尽力抵制应试教育体制的危害，保护孩子天性和智力的健康发展。不给或少给孩子报课外补习班、辅导班、特长班、提高班。孩子的课余时间已经非常有限，绝不能再侵占他的休息、玩耍和课外阅读的时间，要捍卫他的健康、快乐。

爱孩子是要包容孩子，允许孩子失败，允许孩子犯错误。偶尔一次的成绩不好，偶尔犯些小错误，要学会包容孩子，帮助孩子分析问题，找出根源，走出失败的阴影。

爱孩子是要呵护孩子的心灵，肯定孩子、赞美孩子、激励孩子；要关注孩子的情绪变化，教孩子学会摆脱抑郁、愤怒、浮躁、嫉妒等不良情绪；使孩子将来既能自己去争取幸福，又能承受人生必经的苦难。

只有这样，对孩子的爱才会爱得其所，爱得有效。

培养孩子更是“管教的艺术”

管教孩子，不是教条式的训话，不是严苛的体罚，也不是凶狠的暴力；管教是恰到好处的引导，是科学合理的培养，是出于爱又超越爱的塑造，目的只有一个——给他立下做人做事的基本规矩，约束他错误、危险的言行，塑造他必备的优秀品格，最终让他沿着正确的方向茁壮成长。

当孩子任性、屡提不合理要求、屡屡无理取闹时，父母就要管教他，让他认识到自己要求的不合理，体会到父母的辛苦，凡事要考虑别人的感受，适可而止。

当孩子盲目攀比、炫耀、拼爹，一心想着走捷径时，就要警告他不劳而获的代价，引导他凡事要努力，培养自己的能力，树立拼搏的精神，养成吃苦耐劳的品格。。

当孩子故意撒谎，故意欺瞒大人，混淆是非，就要巧妙引导他，教他要诚实做人，培养他诚信的优良品质。

当孩子染上不良嗜好，比如吸毒，加入不良团体等，屡劝不改，苦口婆心仍无济于事时，就要严厉警告他改掉坏毛病，适当采取一些严格的管教措施，让他远离危险。

当孩子厌学、逃学、不做作业、不会安排学习计划、学习成绩直线下降时，父母要管教他，激发他对学习的兴趣，开发他学习的潜力，指导他做学习规划。

当孩子成日沉迷于网络、早恋，破罐子破摔时，就要限制他的上网时间，引导他走出早恋的魔圈，奋发向上。

当孩子悲观厌世、自卑抑郁、胆小内向、依赖性特别强时，父母要帮他塑造一个好性格，培养他积极乐观的心态，养成独立的性格，战胜懦弱，形成正确的人生观。

当孩子自闭，沉溺在自己的小天地里，不喜欢交流，不喜欢与人交往，没有知心朋友时，父母要教育孩子走出封闭的个人世界，传授他与人相处的社交能力。

当孩子挑食厌食、做事虎头蛇尾、花钱大手大脚时，父母要纠正孩子不良的饮食习惯，培养孩子持之以恒的耐力，养成勤俭节约的习惯……

爱是感性的，管教是理性的。爱可以有声，爱可以无形；管教要有尺度，管教需要技巧。爱三分，管七分，爱管相济，才能培养优秀的孩子。

正如广东省委书记汪洋在接受小记者采访时说："'虎妈'就是要严格管教，'羊妈'就是要孩子宽松自由成长。'虎妈'、'羊妈'各有所长，我觉得应该相互借鉴。亚洲国家大多采取'虎妈'的教育方式，西方国家则多用'羊妈'的教育方式。在全球化的历史条件下，信息来源复杂，思想越来越多元化，完全采取'虎妈'的教育方式是有问题的，不能完全按照传统的教育方式来教育孩子。我们应该吸取西方的先进教育方法，结合中国的传统教育方法，形成中国特色和西方气息兼备的教育方法。"

"虎妈虎爸"、"羊妈羊爸"各有优势，把两者优势结合起来，在爱与管教中求得平衡，让孩子得到最恰当的教育，才是最合格的父母。

第一章 自我反思——你是不是合格的家长

第二章 尊重男孩——做民主型的父母

第三章 拒绝溺爱——“穷”养的男孩有出息

第四章 沟通有道——这样说话男孩最爱听

第五章 奖罚有方——奖罚男孩要恰到好处

第六章 激励教育——给予男孩成长的动力

第七章 善用批评——呵护男孩的自尊与自信

第八章 品行打磨——铸造男孩的优良人格

第九章 性格塑造——男子汉必修的人生课

第十章 习惯培养——为男孩的成长打牢基础

第十一章 内外兼修——培养男孩的社会适应能力

第十二章 理财教育——开启男孩的财富之门

第十三章 适度放养——让男孩自由自在地翱翔

第十四章 因材施教——调动男孩的学习潜能

第十五章 不打不骂——理智面对“问题男孩”

第一章

自我反思——你是不是合格的家长

没有教不好的孩子，只有不会教的父母。

如果想知道你是不是一位会管教男孩的合格父母，

那么请先回答以下问题：

你是否还秉持着“打是亲，骂是爱”的传统教育观念？

你是否把自己当作统治者，习惯高高在上地发号施令？

你是否忽视了男孩的性别教育，不小心培养出了一个“娘娘腔”？

你是否违背男孩成长规律，正在制造“反季节男孩”？

如果你的答案是肯定的，

那么你一定要注意自己的教育方法了！

第❶招

打不是亲，骂不是爱——棍棒教育已经落伍了

“打是亲，骂是爱”是一种畸形的教育观念。英国著名的教育家约翰·洛克早在三百年前就提出：“一对优秀的父母会用心呵护孩子幼小的心灵，培养孩子的荣誉感和自尊心，而不会打骂孩子。”他反对一切打骂式的教育方法，并称之为“奴隶式教育”。而中国的很多父母仍在延续这种错误的教育方法。

由于父母们望子成龙、恨铁不成钢的急切愿望，所以在有意无意中，都会采取打骂孩子的教育方式。但是，多年的教育实践表明，这种教育结果往往事与愿违，甚至还可能造成一些触目惊心的家庭悲剧。

“打是亲，骂是爱”的棍棒教育已经OUT了，作为70、80后的摩登父母，你应该掌握最前沿的教育理念来教育你的宝贝儿子。

方法一：用耐心的教诲代替一味地打骂

男孩好动、贪玩、不爱干净、争强好胜都是正常的表现。如果父母把打骂作为管教男孩的砝码，那就大错特错了。男孩都有很强的自尊心，一旦受到伤害可能产生两个极端，变得极度懦弱或是异常暴烈，甚至对父母产生敌对、仇视的情绪。

其实，在面对男孩的错误时，只要父母耐心地教导，摒弃打骂的方式，孩子还是能积极地改正错误的。

方法二：让男孩“自食恶果”一次

小亮和妈妈一起去外婆家吃饭。吃饭前，亮亮在厨房的桌子上看见有很多包好的馄饨，于是他趁着大人不注意就抓起一个放进嘴里。

旁边的外婆看到后马上要阻止，却被亮亮的妈妈制止了。妈妈说：“让他吃，吃过之后他就知道生的东西不能往嘴里放了，这样才能认识到自己的错误。”果然，亮亮咬了一口生馄饨便吐了出来，并大叫道：“太难吃了，下次我再也不敢吃了”。

有时，在确保安全的前提下，父母可以让淘气的小家伙“自食恶果”一次，他便能切身地体会到父母为什么会阻止他的某些行为了。

方法三：因事制宜，变化花样

下面，我们看一下刘先生分享的教子方法：

当儿子没有发生什么原则性错误时，我通常采取讲故事、举例子的方法让儿子领会其中意义；有时，我也会领孩子去博物馆、动物园等地方，结合看到、听到的事物阐述生活的道理，这种方法更易于被孩子接受；当儿子犯下性质恶劣的错误时，我会批评他。当然，我的批评不等于责骂，我会以严厉的态度对他说清是非曲直，讲明后果，让儿子知道事态的严重性，以免再犯。

如果你不懂得更新自己的教育方法，总是用同一种说教的口吻和面孔，那么男孩会感到厌烦，你也无法达到教育的目的。我们不妨学学上例中的刘先生，在一些生活细节中，不经意地阐明自己的想法，并配合轻松的谈话方式，这样才更容易让儿子接受。

专家给父母的

管教课堂

英国家长教育协会史考特博士说：“父母为了让孩子适应真实的世界，难免从小对其实施打骂的行为，这会在孩子脑子里留下无法磨灭的印象，可能会导致孩子日后出现暴力倾向或是忧郁等心理疾病。”他给父母们的教子方案是：

1. 生气时不管教孩子。

2. 修正对孩子的期望。

3. 真正地放下身段，跟孩子讲道理。

第❷招

放下父母的身段，别把自己当“统治者”

在中国的封建时代，每个人都必须服从于统治者和帝王。在当今时代，虽然我们称男孩为“小皇帝”，但真正的统治者还是父母。而且，中国的父母已经习惯了做统治者，习惯了高高在上地发号施令。

几乎在每个男孩心目中，父母都是这样一种形象：一副威严的模样，总会严格要求孩子所有的言行必须遵循他们既定的准则与规范，而孩子也必须尊崇地把父母奉为统治者，这样才能令父母满意。其实，男孩大都思想独立，不喜欢被拘束，如果在生活、学习中处处被父母管治，就会活在压抑之中，在这种家庭长大的男孩，他们中的许多人一生都难以摒除童年时被父母“统治”的阴影。

小刚的妈妈是一位中学数学老师，平时习惯用严肃的态度面对学生，所以在家面对小刚时也非常严肃。她知道娇惯会给儿子带来危害，因此对儿子要求自然也严格。妈妈每天都会给小刚规划好生活、学习的任务，并定时检查，这些弄得小刚很烦恼，觉得已经失去了自我，他的世界充斥着妈妈的命令和要求。

小刚最怕妈妈不笑的时候，每当小刚犯错时，即使妈妈面无表情不说话，也能把小刚吓得直哆嗦。上中学后，小刚的成绩很不稳定，特别是数学偏科严重。很多同学就问小刚：“你妈妈是数学老师，有什么不明白的问题就直接问你妈妈啊，怎么还能学不好呢？”小刚无奈地说：“我可不敢问她，妈妈老觉得我的问题幼稚，又会说我笨，弄不好我会还被她数落一顿。反正，我最不喜欢学数学了……”

由于惧怕，小刚不得不接受妈妈的命令和要求，也因此开始厌恶妈妈，失去学习数学的兴趣，从而导致学习偏科，学习成绩整体下滑，长此以往，对他一生都会带来不良影响。

为什么父母与孩子之间不能平等面对呢？英国教育家斯宾塞说过：“父母要像一个善良的立法者，对孩子少下命令，命令只有在其他地方不适用或其他方法失败时才能用。”父母不是统治者、独裁者，而你的孩子也不是奴隶，即使你是个立法者，也要学会要放下身段，与儿子平等相处。

方法一：用商量的口吻代替命令的语气

小博由于贪玩，天黑了还没有回家，妈妈焦急地在家中等待。好不容易，妈妈终于把小博等回来了，她并没有对儿子劈头盖脸地责骂，反而用十分平静的语气和他商量：“宝贝儿子，你怎么这么晚才回家啊！爸爸妈妈都很担心你，以后放学早点回家行不行啊？”小博听了妈妈的话，不好意思地吐吐舌头说：“对不起，妈妈，害你担心我了，今天玩得忘记时间了，以后我会尽量早点回家的。”

如果妈妈用命令的语气说：“这么晚才回家，害得爸爸妈妈都担心，以后放学后哪也不能去，立刻给我回家！”虽然表达的是同一意思，也能让儿子认识到自己的错误，但是儿子不会心甘情愿地改正，而商量的口吻则能很好地达到这一效果。

商量语气对教育男孩非常重要，男孩会认为这是父母对他的尊重和关心，从而对父母产生好感与信任，使亲子之间的沟通更加融洽。所以，当父母希望男孩做某件事时，不妨用商量的口吻对他说。

方法二：家长——老师——朋友，三位一体

孩子毕竟是孩子，其自控能力、注意力、观察能力、辨别是非的能力都很差。男孩能力的提升是一个循序渐进的发展过程，父母要像老师一样，正确认识男孩的性格特点和成长规律，耐心地指导、督促孩子，不能急功近利。

父母更应该是男孩的大朋友。现在的家庭中一般都是独生子女，孩子多少都会有些孤独感，这时父母应充当朋友的角色，分担孩子的喜悦与哀愁，帮他一起解决成长中的困扰与问题。

无论你想成为男孩的良师，还是益友，都要先放下自身的架子，这样才容易获得男孩的好感与认可，也更容易走进男孩的心灵深处。

专家给父母的
管教课堂

教育专家程桂英老师曾对家长们说："要真正放下身段，从内心尊重孩子，不要再用命令的口吻跟孩子说话。"他建议父母要做到以下四点：

1．多问少言——放下身段，虚心地问孩子想要什么，不想要什么，不要凭经验及意识办事。

2．多听少辩——竭力克制教育、指点男孩的欲望，以多听换取孩子的信任和理解，进入孩子的内心世界。

3．多笑少怒——在孩子面前多展笑脸，少发脾气。

4．多看少管——学会观察男孩，管得恰到好处。

第❸招

与男孩讲理，不如对他讲爱

在孩子呱呱坠地的那一刻，父母就决定用无尽的爱去呵护他的一生。每当父母看着进入香甜睡梦中的孩子时，就会在心中默默念道“我爱你，宝贝”。在孩子的成长过程中，父母不会因孩子的淘气、犯错而减少对他的爱，反而会成倍地增加对他的呵护。但是很多父母发现，即便给予男孩如此多的爱，随着男孩年龄的增长，他却感觉不到自己的爱。

刘女士 35 岁时才有了儿子哲哲，对他百般宠爱。真是含在嘴里怕化了，放在手里怕掉了。虽然刘女士宠爱儿子，但十分重视儿子的教育问题，从小就给孩子灌输了很多道理。每当刘女士给儿子讲道理时，儿子总会不时地点点头，刘女士心里就会感到莫大的安慰，觉得自己的教育方法是成功的。随着年龄的增长，哲哲今年已经 14 岁了，他不像小时候一样爱黏着刘女士，也不愿意和她多讲话。有时，她问一句，儿子才答一句，不问也不说。

一天，刘女士见儿子心情很好，便试着与孩子沟通：“你怎么不愿意和妈妈聊天了，你这样做是不对的，你不知道妈妈有多关心你吗？我……”还没等刘女士说完，哲哲就不耐烦地说：“你那叫聊天吗？每次都对我讲一大堆道理，我已经听腻了，我不是小孩子了，那些道理我都懂。”说完，便回到自己房间了。刘女士看着儿子的背影，伤心地流下了眼泪。

几乎所有的男孩都会有哲哲的心理，一旦他们有了独立思考的能力，便认为自己已经长大，有足够能力处理事情，不需要父母用大道理教自己怎样做。父母的长篇大论反而会使男孩心生厌烦，不愿意与父母沟通。

望子成龙的父母，总是希望能最快地把人生的道理、自己的经验都灌输在孩子幼小的心灵里，也不管孩子是否能接受，是否愿意接受。实践证明，大多数男孩对于道理是深知肚明的，但是该犯错误时还是会犯。所以，父母们的道理教育法并不成功。

在教育男孩的过程中，语言教育并不是排在第一位的，不能光靠讲道理的方式让男孩明白事理，还要加上自己的爱，学会用爱感动他、教育他。既然你那么爱自己的儿子，那么就让他知道你的爱有多深。

方法一：父母的身教要重于言传

一次在幼儿园，洋洋出口骂一个小朋友，恰巧被妈妈听见了。妈妈严厉地训斥了洋洋，但是洋洋很不服气地说："为什么只允许你们大人说脏话，不让我们小孩说呢？"妈妈很说生气说："我什么时候骂人了？"洋洋大声地说："你跟爸爸吵架的时候就骂人了。"这时，妈妈尴尬地低下了头，拉起洋洋回家了。

在男孩面前要避免滔滔不绝的说教，要身体力行地为儿子做出表率。例如，如果你教导儿子要尊老爱幼，你坐公交车时，就要主动给老人和孩子让座；你教导孩子要诚实，当售货员多找给你钱时，就要主动退回；你教导孩子要有爱心，在社会捐款时，就要不遗余力地伸出援手……父母是孩子最好的老师，孩子都会潜移默化地学习父母的品质，它比说教来得更生动、更真实。

方法二：寓爱于严格的要求之中

中国古语有云"爱之深，责之切"，在教育男孩时要将爱与严相统一。孩子毕竟是孩子，心智还不成熟，特别是处于青春期的男孩，思维敏捷、情感丰富，容易受周围环境，特别是一些不良环境的影响。有时父母的道理他并不见得一定会心甘情愿的接受，相反还可能会产生逆反心理，所以在对孩子讲道理的同时不要忘记对他提出严格要求。真正的严格必须是严而有则，严而有理，让孩子心服口服。有时父母寓爱于严，表面看似无情，但是对男孩未来的成长有很大的意义，它是一种真正的爱。

方法三：用行动告诉孩子你有多爱他

2006年，武汉市高考文科“区状元”陈曦，以优异的成绩考入清华大学，在接受记者采访时，这个20岁的大小伙子竟流下泪来。原来，陈曦的家在偏远的山区，小时候村里还没有小学，他要走一个多小时到隔壁村上学，那时他十分贪玩，还有退学的念头。父母没有什么文化，也不懂得什么大道理，只知道必须让孩子上学，让孩子学习知识。陈曦上五年级时，一次意外，他的腿骨折了，父亲就背着他上下学，每天一个多小时的土路，天热一身汗，雨天一身泥，就这样，父亲背了他大半年。每次趴在父亲背上，陈曦都会问：“爸爸，累不累？”爸爸总是笑着说：“你只要能好好学习，爸爸干啥都不累。”陈曦深深感受到父亲的爱，开始发奋学习，最终以优异的成绩报答了父母的爱。

男孩的好胜心和自尊心都比较强，爱的力量往往能潜移默化地转化为他奋斗的动力。父母的爱是教育男孩的最好武器，它比任何形式的说教更有用。

专家给父母的
管教课堂

孩子犯错时，需要的不是父母的大道理，而是父母的宽容、理解和爱。父母的爱会滋润着男孩，让他健康、茁壮地成长。那么，如何对待孩子的犯错呢？中国著名教育专家郑委老师是这样建议父母们的：

1. 把握时机，变换形式，让孩子把道理听进去。
2. 适可为止，不做“唐僧式”父母。
3. 因势利导，循循善诱，用爱浇灌孩子脆弱的心灵。

第④招

先处理你的心情，后处理男孩的错误

通常，人们在愤怒的情况下判断能力会有所下降，因此容易作出错误的判断和决定，酿成错事。而人们在心平气和时，通常能冷静地看待事物，角度也会更全面、客观，作出的判断和决定也会更理性。父母在教育孩子时也是同样的道理，特别是在处理男孩的错误时，很容易被愤怒冲垮理智。如果父母想以正确的态度，公平、客观地处理男孩的错误，就先要保持一个平静的心情。否则，父母做出不恰当的批评和判断，会给男孩造成很大的心理伤害。

生活中，很多父母当知道孩子犯错误时，通常情况下会在第一时间展开教育，无论自己处于何种心情。其实，只要父母当时能够心平气和的与儿子沟通，冷静地作出分析、判断，就不会误会、伤害儿子了。

男孩的自尊心和逆反心理都很强，强硬的态度不会让他屈服，结果只能适得其反。因此，父母在教育孩子时要顾及孩子的感受，不能为了发泄自己的怒火而打骂孩子。要学会处理好自己的心情，再处理孩子的错误。

方法一：盛怒之时，永远不教育孩子

父母在极度愤怒的状况下，通常很难以理性的方式来管教男孩。所以当你心情未能平静下来的时候，最好暂时先不要面对孩子，而应转移自己的注意力，做点别的事，如听音乐、看电视、打电话与朋友聊天等。当自己平静下来以后，再去处理孩子的错误，同孩子好好谈一谈，效果会更好。

方法二：孩子犯错误，允许他解释

耐心倾听本应是相互的，可是许多父母只要求孩子去听，却没有耐心听孩子讲，不给孩子充分表达自己意见的时间和机会。父母耐心听孩子的话，不仅是对孩子的尊重，也是了解孩子的最好机会。特别是在孩子犯错误时，一定要先让孩子说，耐心听他的解释。

一次，张凯在与邻居家孩子玩耍时，把一个小朋友的玩具抢过来，然后就跑回家了。不一会儿，那个孩子的父母便领着哭闹的孩子到张凯家算账。张凯妈妈听说儿子抢人家玩具很生气，不过她压制住心中的怒火，问儿子有没有这回事，张凯双手叉着腰说："没错，玩具是我抢的！"妈妈听后更是火大，不过她还是耐心地听儿子继续讲下去："虽然玩具是我抢的，但我是帮邻居家的小妹妹把玩具抢回来。"原来，这个孩子仗着自己块头大，经常欺负小区里的小女孩，张凯这次是帮小妹妹抢回属于她的东西。邻居听完张凯的话后很不好意思，拽着孩子的耳朵走了。

张凯妈妈没有听邻居的一面之辞，而是给了儿子机会讲明原因，并作出理性的判断。她不但没有误会儿子，还发现儿子很有正义感。接下来，我们虽然不知道这位妈妈会怎样处理孩子的错误，但是我们知道，儿子张凯一定会心甘情愿地接受的，因为妈妈能耐心地听他把话讲完，这就是对他最大的尊重与信任。

专家给父母的
管教课堂

建议父母们不在发脾气的时候管教男孩，主要有两个原因：一是可能不知道轻重；二是对事情的判断可能不公，甚至是错误的。在管教孩子的问题上，"知心姐姐"卢勤是这样建议父母的：

1. 注意自己的言谈举止，不要给孩子造成负面影响。

2. 在十分生气时，情绪处在失控中，没有资格管教孩子。

3. 对于孩子的错误，一定要先给他机会，听他解释。

第❺招

隔代教育，千万不能爱多教少

中国是世界上为数不多的普遍存在“隔代教育”的国家。而在其他许多国家，孩子从上幼儿班、小学、中学基本上都是在父母身边。据调查显示，目前我国有一半以上的孩子正在接受隔代教育，仅上海 0 ～ 6 岁的孩子中就有 50% ～ 60% 属于隔代教育，北京则高达 70%。

随着社会生活、工作节奏的不断加快，很多年轻父母都无暇照顾自己的孩子，只能无可奈何地将教育孩子的重任交给老人。但很多老人的教育方法和理念都已经跟不上时代，他们又怎么能教育好孩子呢？而且中国又素有“隔代亲”的说法，老人通常会过分地宠爱孩子，这也正是年轻父母最担心的问题。

小宏的父母因为忙于工作，他从出生到上幼儿园一直都跟外婆外公住在一起，父母每周都会定时去看他，偶尔也会接他回家中住几天。外婆很喜爱这个孙子，什么要求都会满足他，而且外婆在他心中的位置早已胜过了妈妈。每当妈妈要批评小宏时，他都会迅速地跑到外婆身后，寻求保护。到了上幼儿园的年龄，小宏妈妈担心孩子教育出现问题，就想辛苦点自己带，不料却遭到小宏外婆和爸爸的坚决反对，小宏自己也要留在外婆身边，因此也便作罢。

一天，幼儿园老师给小宏妈妈打电话说小宏在幼儿园把小朋友打了，人家父母找来了。小宏妈妈赶紧请假去了幼儿园。老师说：“小孩子打架是平常的事，父母不必太介意，不过小宏说脏话、骂人的习惯可不好。”小宏妈妈仔细想了一下，觉得孩子这个坏习惯一定是跟外公学的。孩子外公脾气暴躁，动不动就打人、骂人。回家后，小宏妈妈把孩子爱打架、骂人的问题反映给老人，可是老人却站在孩子这边说："男子汉就该有这点气概，这样就不怕被人欺负了。"面对这样的教育方式，小宏妈妈既担心又无奈。

两代人的教育理念不同，加上隔代教育易走极端的特点，不仅会影响到男孩的身心健康发展，还会引起家庭内部的矛盾。

看到这里，很多家长不禁要问了，隔代教育到底可行吗？其实，老人带孩子有优点也有缺点，优点主要表现在老人丰富的经验，比如在安全的防范上、疾病的治疗问题上都比年轻父母要略胜一筹，缺点主要表现在老人的教育理念陈旧，会影响到孩子的启蒙教育。不是说所有老人都不能教育好孩子，问题是对于许多老人来说，仅仅有爱是不够的，还要讲究科学的教育方法。

方法一：劝祖辈不能溺爱孩子

老人们往往格外疼爱男孩，时常陷入无原则的迁就和娇惯之中。作为孩子的父母，如果遇见这样的老人要好好地沟通一下，劝告老人不要过分溺爱男孩。

比如当男孩撒娇哭闹要买玩具时，老人可以说："找你爸爸妈妈买吧，如果我给你买了会被批评的。"这样，孩子就会把目标放在父母身上，教育权便转回到了父母手中，教育起来更加方便了。

再比如当男孩懒惰，不爱劳动时，老人就可以这样激励他："你爸爸小时候可不像你这样，他可爱帮我干活了，那时候我可喜欢你爸爸了，不知道我的乖孙子比不比他爸爸强。"如此运用激将法，很容易唤醒男孩的自尊心，既锻炼他的动手能力，又培养他热爱劳动的好品格。

还有，当男孩淘气不做功课时，老人千万不能心软，要明确地告诉他只有做完功课才能玩。

方法二：紧跟时代步伐，教老人学习新知识

老人的知识和思想观念虽然落后，但是只要老人肯学，去接受新事物，掌握新方法，也能把孩子教育得很出色。下面是一位当爷爷的教育孙子的经历：

现在时代不同了，不能再像教育孙子他爸爸时那样给孩子穿暖了、喂饱了就算完成任务了。儿子和儿媳信任地把孙子托给我照顾，我就得把孙子培养好。我一边带孩子，一边学习新的教育方法。有空的时候，我会看一些育儿书籍，平时看电视时，也会多关注各类育儿节目。我看书上说孩子3岁时就要开展早期教育，我便经常给孩子放些轻松愉快的音乐，其中有不少英文歌。我还为孙子买画笔、画板，让他尽情舒展他画画的天赋。天气好的时候，我领孙子去公园、动物园去接触大自然。

现在，孙子已经上小学了，聪明懂事很招人喜欢。儿子逢人便说："这都是孩子爷爷的功劳。"每当听到他这么说，我心里就非常惬意。

新型的隔代教育是需要父母和祖辈老人相互沟通、相互配合的。父母既要更新老人的教子观念，老人自己也要努力、虚心学习，这样，才能培养出优秀的男孩。

专家给父母的
管教课堂

英国著名的教育学家伊丽莎白·哈特利·布鲁尔认为，父母无论多忙，都应该花更多的时间陪伴孩子。他对此提出以下三点建议：

1. 履行对孩子的每一次承诺，定期的和孩子保持沟通。

2. 不能只用礼物来代替自己陪伴孩子，不要试图用物质来补偿你未能陪伴孩子的时间。

3. 尽量不要在家中工作，这样你才能用更多的时间来陪孩子。

第❻招

忽视“性别教育”，小心男孩成为“娘娘腔”

随着社会上、电视里“伪娘”的不断增多，人们开始对这一现象极度重视，大多数人对它还是表现出一种鄙视的情感。其实，父母不正确的性别教育是导致男孩女性化的主要原因。

一般来说，造成父母对男孩性别教育错位的原因主要有三种：第一，父母对女孩的喜爱，致使把男孩当成女孩来教育，使男孩从小养成女孩的性格；第二，父母出于好玩、搞怪的心理，在男孩小时候将其装扮成女孩，使男孩性别错位，认为自己应该是女孩；第三，父母不注意男孩幼年期的性别培养，当男孩出现女性化倾向时，不能给予正确的引导，随着男孩年龄的增长，问题就愈加严重。

其实，只要掌握正确教育方式和方法，就一定能把孩子培养成富有责任心和具有男子汉气概的阳光男孩。

方法一：对男孩性别教育越早越好

要把握好时间给予男孩正确的性别教育。教育界研究表明，男孩对性别的意识是从 3 岁起开始建立的，到青春期后基本定型，所以，应从男孩 3 岁时就对其进行性别教育。3 ～ 6 岁是男孩性别教育的黄金时期，对男孩健康性格的形成非常有利；6 ～ 12 岁时，即孩子的小学阶段，男孩会把更多的注意力放在学习社会知识和兴趣的培养上，这个阶段是男孩性别意识确立的潜伏期。当男孩青春期时其性别意识形成后，是很难再改变的。所以，父母要重视男孩的性别教育，从小就用科学的教育方法给予正确的引导。

方法二：父亲是男孩最好的“性别”榜样

一次，刘女士叫儿子帮自己抬一件重物，没想到，儿子叉着腰说：“我才不干呢！”刘女士很纳闷，问儿子：“你为什么不能帮妈妈抬东西呢？”儿子指了指爸爸说：“你看爸爸从来都不干活，我们男子汉就该这样。”的确，丈夫平时上班忙、工作累，所以家务活刘女士几乎不让丈夫插手，没想到儿子竟找到这个理由逃避劳动。

常言道“有其父必有其子”，所以，父亲是男孩最好的“性别”榜样。父亲用自己的阳刚之气在生活中、细节中教育男孩，便能使男孩在潜移默化中学习父亲，逐渐培养出男子汉的气概。实践表明，这是最直接也是最有效的方法。

相比母亲来说，父亲要花更多的时间陪男孩玩。例如带男孩参加一些户外运动，玩一些能锻炼男孩意志的游戏等等。另外，父亲还要根据男孩爱冒险、好奇心强的天性，激发他的想象力、求知欲，以及培养他的动手能力。

作为一个合格的父亲，必须“亲临”男孩教育第一线，教会他男子汉应该坚强、果断、大度，为自己儿子作好“性别”的榜样。

专家给父母的管教课堂

孩子是国家的未来和希望，请给孩子一张“明性片”，使他尽快完成对自己性别的认同，进而正确定位自己的性别角色，以及相适应的心理特征和行为规范。对此，意大利幼儿教育学家玛利亚·蒙台梭利给父母们提出了几点建议：

1. 对孩子进行性别教育不能仅仅停留在告诉孩子你是男孩还是女孩，而要真正的告诉孩子男孩跟女孩到底有什么区别，由浅至深，慢慢渗透。

2. 从小就以“男子汉”、“男人”来称呼男孩，让他清楚自己的性别。

3. 从小培养男孩坚强、自立、勇敢、善良等优秀品格。

第⑦招

遵循男孩的成长规律，不制造“反季节男孩”

大家都吃过反季节的蔬菜和水果吧，虽然外表和应季的没有什么两样，但是反季节的口感要差得多。儿童文学作家郑渊洁由此提出一个“反季节儿童”的说法。那么什么叫作“反季节儿童”呢？它是指父母违背儿童的成长规律，在童年的时候让做少年的事，在少年的时候让做青年事。换言之就是让孩子去做那些超出年龄段的事。

有个江湖郎中遇见一个驼背很厉害的人，声称自己可以扳直他的背，令他堂堂正正地做人。驼背人幻想着自己直起腰板的神气劲儿，很是高兴，便拿出银子请郎中马上为自己医治。郎中命人找来两块门板，把驼背人夹在中间，又用力猛压，最后果然驼背人的背直了，但是驼背人还没来得及看自己站直的样子便死了。

虽然这只是个故事，但寓意深刻。在现实生活中，很多家长都扮演了这种江湖郎中的角色，对自己的儿子下“狠手”，把他变成一个“反季节男孩”。男孩的成长过程是循序渐进的，不能拔苗助长，父母们千万不要打乱他们的成长规律。

刘辉是一个典型的“反季节男孩”，父母抱着“不能输在起跑线上”的观点，让刘辉比同龄孩子先学一步。在他上幼儿园时，父母就将小学一二年级的课程全部灌输给他。当刘辉上了小学，父母又在假期教给他更高年级的课程。当他上初中的时候，又开始补习高中的课程。因为老师课堂上讲的内容他都学过，所以刘辉上课时不愿意听讲，注意力也不集中。慢慢地，他还因此高傲起来，脾气也变大了，同学们都开始疏远他。

由于刘辉的成绩从小学到高中一直都名列前茅，父母和老师也就忽略了他的心理问题。后来，刘辉顺利地考上了大学，但在与同龄人相处时，他的心理和性格问题就凸显出来，再加上消极的学习态度，在他大学二年级时，便因旷课、挂科过多而被学校勒令退学了。父母看着家里颓废的刘辉，心中满是懊悔。

刘辉少年时虽然有着傲人的学习成绩，但父母不遵循男孩成长规律，拔苗助长，使他形成了孤傲的性格，既没有朋友，也不懂得如何与人相处，由此不断地加重了他的心理问题。

一个“反季节男孩”在儿童时期就有了少年心态，在少年时期又有了青年心态，在青年时期却有了中年的心态。男孩在各个成长时期该享受的乐趣都没有享受到，少了那个年纪应有的那分朝气与欢乐，剩下的只是成长的烦恼，活生生成了一台为满足父母虚荣心而学习的机器，这难道就是父母们所期盼的结果吗？当然不是，每位家长都不希望自己的教育对男孩造成伤害。那么，请还给孩子一个成长的空间吧，不要过分束缚、压抑男孩的天性。

方法一：尽早把自由与乐趣还给他

现代社会发展显然不需要“反季节男孩”。“反季节男孩”是学校、父母片面追求高分的产物。教育专家证明，男孩 3 ～ 6 岁是智力发展的最佳时间，但这个时候，男孩很多都不是在幼儿园，而是被送到了学前班，父母们让男孩学很多他们现阶段还不可能接受的知识，这是一种填鸭式教学，对孩子身心发展并不会有什么好处。例如一个只能提半桶水的孩子，你硬要他去提整桶水，不仅违背了孩子身体成长的规律，还会给孩子造成心理上的挫败感，从而对学习失去信心和好奇感。

男孩在童年时就应该多一分天真，多一分朦胧，很多东西需要自己去探索才有乐趣。任何违背自然发展规律的急于求成，只能是欲速而不达。所以，在男孩幼儿时要讲究适龄的教育，还孩子一个快乐的童年。

方法二：遵循男孩身心发展规律进行教育

教育男孩就像浇灌小树，该发芽时发芽，该开花时开花，这样小树才会枝叶茂盛、腰身挺拔，并结出累累硕果。

北京一所幼儿园对实验班的孩子开设电脑班。升入小学后，一年级的学生全面开设了电脑课。后经有关人士调查，发现那些孩子花了两年时间学习的电脑知识，同龄人（现上一年级之前没接受过电脑课的孩子）只花了五天时间就全部掌握了。

男孩的成长必须要遵循一定的发展规律，他的承受能力和认知水平也是由自身的发展特点而决定的。到了一定年龄段他自然可以轻松掌握相应的知识，而且能学得更快、更好。

专家给父母的 管教课堂

教育家周培植说过："孩子的成长过程是谁都无法替代的，父母们要学会优雅地等待。如果过分压制，只会导致孩子身心的发展走向畸形。"下面我们来看看他给父母们的两点教育建议：

1. 了解孩子是教育的基点；

2. 教育不是一味地"贴标签"、"走过场"、"搞运动"、"快餐化"，而是必须回归常识。

第8招

给男孩一个温馨的家，比给什么都好

望子成龙是每个家长的愿望，为了把愿望变为现实，父母们都会竭尽全力去满足孩子的需要。今天给男孩买个变形金刚，明天给男孩买个遥控车……其实无论你满足男孩什么样的物质要求，都不如给男孩一个温馨的家更重要。

两百多年前美国的康乃狄克州有一位学者，他的名字叫嘉纳塞·爱德华。在他后世的八代子孙中有13人当了大学校长，14人创建了自己的学校，18人成为报社负责人或是主编，20多人当上了上下两院的议员，还有80多人成为文学家，100多人在大学当教授……但是，同样是两百多年前，美国纽约的一个酒鬼、赌徒马克斯·朱克的八代后代中，7人因杀人被判处死刑，63人因盗窃入狱，300多人成为乞丐或是流浪汉，其中，因喝酒夭亡或为残疾的人也不占少数。不过，有趣的是他的第九代子孙被政府福利机构收容后，被送到一个温馨的家庭寄养，男孩现在已经长大成人，还是地方上的模范青年，前途光明。

嘉纳塞·爱德华家的后人，由于家庭氛围和家庭教育良好，是人才辈出，而马克斯·朱克的后人由于家庭氛围恶劣，又从小缺少良好的教育，子孙们大都走上歧途。由此可见，一个良好家庭氛围对孩子的成长有着重要的作用并会影响其一生的发展。

我们在生活中经常看到一些家庭环境优越，文化水平也很高的父母，并没有为自己的儿子营造好的家庭氛围，有不少父母还经常招呼朋友在家中打麻将、聚会，弄得孩子放学后连做作业的地都没有，还怎么能要求孩子学习好呢？还有些父母当着儿子的面吵架，全然不顾孩子的感受。近年来，不少教育学者发现有些男孩在很小的时候就跟着父母学会了抽烟、喝酒、打麻将！长此以往，中国的下一代真令人堪忧。

其实，想要男孩健康快乐的成长，就少不了家长无私的爱，而父母对孩子的爱并不是能用金钱来衡量的。

方法一：营造和谐家庭氛围

小凯的奶奶跟他父母住在一起，平时没少与婆婆发生碰撞、摩擦，两个人常常为生活琐事或是孩子教育的问题争执得面红耳赤。再加上她与丈夫感情不和，也常常粗口相对，大打出手。小凯从小就是在这样的吵骂声中成长起来的。而且，大人间的争吵从来不会避讳小凯在场，经常吓得小凯哇哇大哭。慢慢的，小凯开始厌恶回家、厌恶家中的爸爸妈妈。在小凯上中学的时候，经常在学校里骂人、打架、逃学，十足一个坏孩子的表现。

健康文明的家庭是孩子幸福人生的起点。如果家长经常当着男孩的面发生争吵，对他的伤害是非常深的。还有些父母责任意识淡薄，在家中讲话随意，不顾及孩子的感受，同样会伤害到男孩的自尊心。

另外，男孩在潜移默化中会学习到父母处理问题的错误方式，这些都会误导他的人生，影响男孩一生的命运。记住，男孩的心灵是很脆弱的，即使是父母不经意间的举动都可能给男孩的心灵留下伤痕，而这些创痛对于孩子来说是难以平复的。

方法二：营造民主家庭氛围

自古以来，中国的家庭很难做到民主，特别是对孩子而言。在中国“父教子从”的教育观念已深入人心，殊不知，这种封建的作风早就被现代的教育体制淘汰了。

明明的父母都是大学老师，对明明教育十分谨慎。父母给儿子制定了很多成才计划，希望儿子能按照既定的路线成才。从小父母就严格要求他要做什么，不许做什么，儿子也都会顺从父母的意愿。小时候的明明的确很优秀，可以背出很多古诗、歌谣，算数能力也很强。可是随着明明年龄的增长，他的厌学情绪越来越严重，各方面的能力和同龄孩子相比也差很多。明明的父母觉得自己的教子计划很完美，为什么达不到自己期望中的效果呢？

当男孩从小生活在一个没有民主的家庭中，一味地被要求该怎样、不该怎样时，他就会倍感压抑，失去自我。这样的家庭氛围会抹杀掉男孩的创造能力和决策能力，也容易使男孩变得懦弱。男孩都有自己的想法与感受，父母们应该尊重和重视孩子的意见，让他感受到你们的爱，这样，才能使你们的儿子没有负担地健康快乐成长。

专家给父母的
管教课堂

“知心姐姐”卢勤说：“家庭是放松地表现出真实的自我的地方，它不仅是成年人歇息的港湾，也是孩子的港湾。”她认为，父母要想为男孩提供一个温馨的家，应该做到以下几点：

1. 时刻关心男孩在想什么、做什么，做好防微杜渐的工作。
2. 永远不要对男孩说：“给我滚出去！”
3. 教给男孩自我保护的能力。

第二章

尊重男孩——做民主型的父母

真正的教育必须从尊重开始，

但是生活中很多父母却做不到。

你是否还在代替儿子做决定?

你是否还会翻看儿子的日记?

你是否还在以你的视角帮儿子择友?

……

尊重男孩，就要从做民主型父母开始。

如何才能做个男孩喜欢的民主型父母呢?

这也是本章将要告诉你的!

第9招

与男孩做朋友，分享他的喜怒哀乐

很多传统型父母都持有“我是老子，你是儿子”的观点，对男孩实施“威严式”的教育，男孩对自己必须言听计从。但是，这样的教育方式完全没有尊重男孩的人格和个性，容易让其形成有意违反父母意愿的逆反心理。因此，男孩长大后，没有规划中的那样出色，不是唯唯诺诺、胆小怕事，就是脾气暴躁，叛逆不听话。

小强最近的举动令父母非常担心。父母都是有学识的人，希望孩子能按照自己既定的方向发展，因此对孩子的教育从小就非常严格。可是他们发现，小强开始逃学上网，并学会了撒谎骗人。这件事令小强的父母十分生气，他们开始限制小强的零用钱，并每天接送他上下学。一段时间后，小强不再逃学了，但他的学习成绩却直线下滑，回家后他也不愿意和父母说话，父母问一句，他才答一句。

家是孩子的避风港，是最温馨的地方，如果一个孩子害怕回家，害怕面对家中的严父厉母，教育就更难入手了。所以，你应该检讨自己的教育方式。

那么，如何改变你与孩子的关系呢？很简单，学会与男孩做朋友，分享他的喜怒哀乐。男孩的心理很难琢磨，他们喜欢跟自己的伙伴玩，跟自己的朋友谈心，那么，父母就跟孩子做朋友好了。朋友的职责是分担对方的哀愁，分享对方的快乐。无论工作有多忙，生活有多累，都应该抽出时间与孩子平等地交流。当然，你不能以大人的视角去揣测他的想法，不能以长者的身份居高临下地问孩子今天都做了什么，而是以朋友的身份让孩子自己去讲今天的趣事或心中的疑问。当你俯下身姿走进男孩的世界时，你会发现这里并不是你所想象的那样。

方法一：做一个“哪壶先开提哪壶”的父母

一天，王女士和邻居闲谈时了解到儿子经常拉着一个小女生在学校附近溜达，王女士知道后很是着急。孩子刚上初中，不会是交上小女朋友了吧，心中满是疑惑的王女士急忙回家质问儿子。她冲进儿子房间问：“你是不是交女朋友了？”儿子很是惊讶，但故作镇定地说：“没有，我才多大啊！”王女士继续追问，不过儿子一口咬定没有，最后还把王女士推出房间，把门锁了起来。

父母们喜欢掌控男孩的一切，于是总是竭尽全力询问男孩周遭所有的事。教育专家指出，如果你的孩子不愿意把自己的秘密告诉你时，那么就不要再逼问。当男孩不愿意和父母坦诚相见时，任何说教式教育都是无意义的。这种情况下，最好的方式就是暂时回避或委婉地引导，让孩子主动说出来。

做一个“哪壶先开提哪壶”的父母，男孩也愿意主动跟你沟通。有些男孩自尊心很强，不希望把自己失败的一面展现给父母，那么，就不要去揭孩子的伤疤。当男孩想与你分享喜怒哀乐时，自然会主动找你。

方法二：拥有一颗“未泯的童心”

一位男孩的妈妈分享了她的教子经验：

我的儿子性格内向，以前不愿意和我们交流他内心的想法。为了能拉近与儿子之间的关系，我在家里准备了一本“交换日记”。我告诉儿子，当你有什么心事时，可以写在上面，然后我和爸爸就会在下面留言，以朋友的身份鼓励他，开导他。

有一次他在日记中写道：“爸爸今天说的话很令我生气，叫人家写字给你看，还说写得不好看，又说我笨，以后我再也不写给你看了……”爸爸看后扑哧笑了，我在下面留言：“宝贝，你是最聪明可爱的孩子。爸爸说你笨是他的错误，但是他是希望你的字能写得更漂亮，以后妈妈教你写一手漂亮的字，让爸爸无话可说。”儿子第二天看过后，就缠着我教他写字。

与男孩交流并不是什么难事，只要父母保持一颗“未泯的童心”，寻找到男孩感兴趣的事情与话题，就一定能成为男孩亲密无间的朋友。

方法三：与淘气儿子做朋友，要掌握好尺度

很多父母认为，如果真把儿子当朋友看待，男孩就不会再畏惧自己。当父母的威信没有了，严厉教育时的效果也就不明显了。其实，这种担心也不无道理，对于一些特别淘气的孩子，父母要掌握好做朋友的尺度。首先，要学会和男孩讲清道理，摆明“家规”。告知孩子自由并不是无限度的，在任何情况下，都有需要遵守的一些原则。而你也要明白，对孩子进行合理的限制并不意味着剥夺他的自由，而是让你更好地把握教育的分寸。其次，要时刻监督男孩的言行尺度。当孩子的言行已经超出他应有的规范时，父母要暗示孩子这样做是不对的，让孩子自己领悟父母的警戒线。最后一点，当男孩犯错时，需要接受适当的惩罚。孩子有时犯错，父母可能会给予原谅，但是这会给孩子一种侥幸心理，他们会认为只要犯错都有可能被谅解。这时，要把握好惩罚尺度，当男孩犯严重错误时，就要毫不留情地指出错误并给予相应的批评，让他心服口服地接受惩罚。

专家给父母的
管教课堂

卡尔·威特认为，孩子即使没有同龄的小伙伴也不会失去童趣，只要父母能成为孩子的好朋友，他一样能快乐成长。下面，我们来看看他的教子经验：

1. 父母可以尝试与孩子玩角色互换的游戏，让孩子体验一下做父母的滋味。

2. 在日常生活中，父母要仔细观察孩子的言行，尽量了解孩子的想法。

3. 父母可以把孩子带到上班的地方，既能让孩子理解父母工作的辛苦，又能避免孩子陷入孤独与不安。

第10招

从生活细节上体贴、关爱男孩

前苏联著名的教育家苏霍姆林斯基曾说过："教育孩子首先要做的是关怀备至地、深思熟虑地、小心翼翼地触及孩子稚嫩的心灵。而走入孩子心灵的最好方法，就是从生活细节上体贴、关爱孩子。"

现实生活中，很多父母都忙于工作，与儿子相处的时间较少，对他的关心也不够，而缺乏关爱的男孩往往更容易出现问题。

小松的父母都在外地经商，平时托亲戚照顾两个儿子。这一天，13岁的小松和10岁的弟弟吵了起来，姑妈批评了他，没想到小松居然离家出走。终于，到了晚上，小松爸爸打电话给姑妈说小松跑到外婆家了。姑妈一颗悬着的心放了下来，又马上赶往小松外婆家接孩子回来。外婆家的保姆告诉孩子的姑妈，说小松以前在外婆家时也经常欺负弟弟，他觉得父母更喜爱弟弟，没人关心他，他之前已经离家出走好几次了，姑妈知道后深深地担忧起来。

实际上，无论是小松的父母还是姑妈，对两个孩子都是一视同仁，并没有偏爱哪一个。父母给他们一样的美食、一样的玩具，所有东西都会平均分配，以为这样就能满足孩子的需求，这样就是对孩子的公平体现，但是，很多时候这都只是父母们想当然的心理。更令姑妈担忧的是当她对小松爸爸提起小松的问题时，爸爸还不以为然，觉得一个小孩心理能有什么问题，长大就好了。

其实，男孩的心理问题是教育时的最大问题。不要以为一个玩具枪、一些零花钱就能满足男孩心中对于爱的需要。孩子的世界与成人不同，不是仅用物质来衡量和代替的。男孩真正需要的，应该是父母的体贴和无私的爱。

方法一：让儿子知道你的爱有多深

男孩时常会害怕自己的父亲，而与母亲更亲近些。要想成为男孩真正信赖的父母，就要具备慈母般的爱，在生活细节上体贴、关爱他。这种爱在男孩心里是最纯洁、最神圣的，是其他人无法给予的，也是任何爱都无法比拟的。因此，在生活中，应尽量让男孩知道父母的爱有多深，这样你的儿子才能敞开心扉，回报给你更多的爱。

方法二：平时尽量和孩子在一起

小路刚出生不久，父母就把他留在爷爷奶奶家，自己外出打工了。小路从记事起，就发现父母根本不怎么联系自己，半年才通一次电话。后来，小路又有了一个弟弟。父母把弟弟带在身边打工，而他继续留在老家，这让小路心里很不是滋味。

慢慢地，小路结交了一群社会不良青年。今年初，小路一时糊涂，参与了这群人的一次抢劫行为，抢了500元，换来了有期徒刑7个月缓刑1年的惨痛代价。法庭上的父母追悔不已。

有教育专家曾说：“男孩小时候与父母保持亲密的、经常性的接触，不仅会令他有安全感，情绪放松，心情舒畅，无拘无束，同时也会让他感到莫大的幸福和温馨，这些对培养出他健康的情感非常重要。”

随着生活节奏的加快，人们的工作越来越繁忙，父母与孩子在一起的时间少了，教育、关心他的时间也少了。但千万不能以此为借口忽略对男孩的照顾与关心，在男孩看似坚强的外表下其实隐藏着一颗渴望被关爱的心。平时，应多抽出时间与儿子互动与交流，建立良好的亲子关系，让男孩健康、快乐地成长。

方法三：多关注孩子细节，给予鼓励

一位母亲在日记中写道：

前几天，儿子放学回家后兴冲冲地告诉我，“妈妈，我今天收到了一份特别有意义的礼物，你猜猜是什么？”我望着儿子有点发红的脸蛋说，“一定是什么好玩的玩具吧！”儿子急切的说，“不对，今天老师表扬我了，说我的画画得好。”说完便把身后的画拿给我看。

其实，我心中挺震惊的，不是因为儿子的画有多美。而是老师简单的一句表扬胜过我给他买的任何礼物。也许，在孩子心中一句表扬和认可就胜过了所有礼物。

作为父母，要对男孩的教育有一个全面的认识，从生活的点滴入手，时刻不忘关注孩子心理上的变化。孩子高兴了，你要与他分享快乐；孩子悲伤了，你要为他的心灵疗伤。这样，男孩才能在父母的关爱和呵护下健康、快乐地成长。

专家给父母的
管教课堂

请父母关注孩子的细节，因为细节是孩子健康成长背后的基石；请父母把握好孩子的细节，因为细节在孩子的生活中无处不在；请父母重视孩子的细节，因为细节决定孩子将来的成败。下面我们看看卡尔·威特给父母在细节上关爱孩子的几点建议：

1. 不要吝啬你的爱，每天对孩子说一次：“宝贝，我爱你！”

2. 不要吝啬你的时间，每天都要拿出一些时间陪你的孩子玩。

3. 不要吝啬你的赞美，每当孩子取得成绩时，即使再微小的进步，也要对他说：“宝贝，你最棒！”

第11招

换位思考，站在男孩的角度看问题

美国著名的心理治疗师和家庭治疗大师维吉尼亚 · 萨提亚说："当男孩确实有错误需要纠正时，慈爱、智慧的父母通常会采用坦诚的方式，询问原因，倾听他的心声，并给予更多的关爱和理解，同时体会他的感受。最后，再利用恰当的时机，与男孩讲明道理。"

可见，如果父母能平等的对待男孩，与其坦诚沟通，站在他的角度看问题，就不容易与孩子产生矛盾和隔阂了。

王博参加了学校组织的绘画比赛，并获得一等奖，回家后就急切地要将这个喜讯告诉妈妈，可是妈妈正在厨房忙着做饭，而且还在为工作上的一些事情烦恼，根本没心情分享儿子的喜讯，看都没看王博的画便应付说："挺好的，我忙呢，自己玩去吧。"王博看到妈妈这样的态度，一下就郁闷了，默默地回到了自己的房间。

爸爸下班回家，吃饭时看到闷闷不乐的儿子便问："乖儿子，怎么啦？"王博把事情经过告诉了爸爸。爸爸看了一眼妈妈，假装正经地说："你妈妈真不像话，因为工作上不顺心，就不关心我的好儿子，以后你再有什么好玩的事情都不告诉她……"这时王博插话说："我知道妈妈心情不好才没搭理我，她也是为咱们家的生活着想。"爸爸听了这话，开心地说："儿子真懂事，其实你妈妈也有难处，咱爷俩平时就多迁就她一点。再说妈妈是长辈，平时做饭、洗衣照顾你，你不得尊敬她、体谅她吗？"王博不停地点头，并给妈妈夹了一个大鸡腿，说："妈妈，你辛苦啦！"妈妈此时非常感动地说："乖儿子，妈妈刚才态度不好，不过你获奖妈妈打心底里高兴啊！”

爸爸站在儿子的角度考虑他的感受和委屈，与儿子沟通起来当然就比较顺利了。希望父母们都能像这位爸爸一样，在说话的时候把儿子的感受加进去，多多换位思考，这样男孩才能更容易接受父母的教导。

方法一：努力体会男孩的内心感受

一次去超市，小健要买奥特曼贴纸，而在妈妈眼中这简直是“垃圾”，自然不会答应小健的要求。于是，妈妈借口说钱没带够，下次给小健买，小健很不情愿地跟妈妈回家了。在回家的路上，妈妈花两块钱买了块豆腐，这时，小健的怨气爆发了。他气冲冲地站在妈妈面前说：“妈妈你骗人！为什么你的愿望能实现而我的就不能实现呢？”妈妈大吃一惊，没想到儿子会说出这样的话来，她马上为自己的谎言道歉，并带着小健回超市去买奥特曼贴纸。

在妈妈眼里那不过是一张贴纸，甚至可以说是“垃圾”，但是在孩子眼中，那就是他的“愿望”。当男孩提出要求时，父母们不要以大人的角度考虑它是否合理，是否有意义，而要努力体会孩子内心真正的感受与想法。

当男孩受了委屈，遇到挫折，他心里也会难过。如果你的孩子向你哭诉时，你只是轻描淡写地说“没关系”、“别再哭了”、“坚强一点”……这会让孩子觉得你不能体会他的感受。

如果父母能换一种说话的方式，站在男孩的角度考虑他的要求、心情，以理解和同情的态度去对待，让他感受到父母的亲切、关心，这样与孩子沟通起来效果就会好得多。

方法二：关注男孩说话时的反应与态度

一天，张女士领儿子小海报名参加舞蹈班，她认为一个男孩子学习舞蹈不仅能提升气质，还能增强肢体协调性，对儿子很有好处。报名时，舞蹈老师问小海：“喜欢舞蹈吗？”还没等小海开口，妈妈便在一旁说：“喜欢，我家小海很喜欢跳舞。”小海面露难色地望了妈妈一眼。舞蹈老师说要拿报名表，让张女士等一下。屋子里就剩母子二人，小海小心地对妈妈说："我不想学舞蹈，不学行不行啊？"张女士立刻反驳道："这都是为你好，让你学就学，别那么多废话。"最后，张女士没有顾及儿子感受，给儿子报了名。

很多父母由于忙于工作，很少有时间和孩子坐下来交流，所以在与孩子交流时，很容易忽视孩子的感受，而急于发表自己的意见或指示，只希望儿子能乖乖照做。如果父母没有耐心倾听的习惯，就不会去关注男孩的反应和态度。长此下去，父母与男孩之间沟通起来也就越来越难，代沟也会越来越深。如果能多给抽点时间和男孩聊天，认真倾听，关注他的反应与态度，就可以避免很多问题。

方法三：学会用开放性的语言提问

用开放性的语言提问，有利于男孩通过积极思考来表达自己的想法，也有助于父母理解孩子的内心感受，使亲子关系更加融洽。而如果经常问"行不行？""是不是？"这类封闭性的问题，容易造成男孩思维的惰性，不利于男孩畅所欲言。

专家给父母的

管教课堂

在男孩 9 岁之后，其逆反心理开始逐渐成型，自我性格也开始发展。著名心灵教育专家吴晓亚说过："和男孩沟通，没有对错之分，一定要从孩子的角度入手。"下面我们看看她给出的建议：

1. 逆反心理是孩子成长起来的重要力量，父母千万不能强迫孩子去适应自己的想法与要求，而是要父母适应孩子的成长，这样，才能让你的孩子拥有健全的人格。

2. 当父母与孩子之间出现沟通问题时，应重新构建与孩子沟通的渠道，从他的角度看待问题。

第12招

男孩的事情要由他做主

中国人向来重男亲女，所以家长对男孩的关爱会特别多，生怕他在成长过程中遇到一点点的挫折、伤害。而且父母们已习惯用越俎代庖的方式帮男孩设计好他的人生，帮男孩在问题面前作出父母想要的选择。

谷歌前全球副总裁李开复曾经讲过这样一件事：

一位中国留学生看完我的《写给中国大学生的第三封信》后，给我写了一封信，使我感触很深，他在信中这样写道："小时候，就想着自己能快点长大，但并没有想过长大以后要做什么；上小学的时候，父母告诫我要努力学习，考上重点中学，我虽然努力着但是并没有想过上中学要做什么；后来升上了中学，父母又给我设定了目标，就是考大学，我还是没有想过上大学要做什么……现在，我拿到了留学生的学位，要去找工作了，接下来我要好好想想我要做什么，谢谢你的信，它唤醒了我埋藏了26年的进取心。从今天开始，我要积极努力的为自己的未来而活。"

不知道你看了这封信会有什么感觉，一个26岁的小伙子才想到自己有决策的权利，这不免让我们为中国父母的教育方式感到悲哀，父母们的过度关怀常常会抹杀掉男孩独立思考、动手和选择的能力。

刚刚开始学说话时学得很慢，每当他要表达什么的时候，就会时不时地看看妈妈，心急的妈妈总会帮刚刚代言，并问他是否要表达这个意思，刚刚就会点点头。

刚刚长大些后，开始自己叠被子，但是动作很慢，妈妈看到后，便抢过来帮他叠。从此，刚刚就再也不自己叠被了。

男孩生理的发育要比女孩慢，所以在学习爬行、说话、走路时可能相对要迟缓些，这时，我们心急的父母总喜欢把所有的事情都代劳，殊不知这会给孩子的将来造成很大影响，你的爱往往会成为孩子成长中的陷阱。当他们在养成习惯后，遇到问题时首先想到的会是自己的父母，想父母会怎样帮助自己解决问题，而不会用自己的脑子去思考和分析，因此将逐渐失去独立的判断力和应对突发事件的能力。

玛利亚 · 蒙台梭利曾说过："Help me do by myself"，意思是"帮助孩子自己独立去做事"。虽然有了父母的帮助，男孩在自己的人生道路上可以少走不少弯路，但是只有通过自身实践才能让男孩真正成长、成熟起来。

方法一：让男孩摆脱依赖心理

遇事时能参考他人的意见，借助他人智慧作出决策，这无疑是正确的办事方法，但是，不要培养出男孩的依赖心理。如果你的儿子遇事时总是跑过来问你接下来该怎么办，并且完全听从你的意见，那么，这个男孩长大后也一定会缺乏主见，做起事来犹豫不决。

当你的儿子向你询问意见时，不要立刻给出答案，而是要鼓励和引导他自己拿出意见。即使他的决定并不正确，也不要急于批判或是纠正，要懂得循循善诱，帮助他分析其中利弊，令其自行改正。这样一来，男孩的果敢性格和独立判断能力就会逐渐形成。

方法二：尊重孩子的选择

父母与自己的儿子作出的选择不可能总是一致的，这时，你应该遵从儿子的选择，不要扼杀他的不同意见。男孩的选择经常性被否定，会令其觉得父母不够尊重自己，打击他作决策的积极性。

有一个妈妈领着儿子去买鞋，最后决定从两种样式中挑选一款，一种是带拉锁式的，一种是鞋带式的。妈妈问儿子喜欢哪一种，男孩一会儿说要拉锁式的，一会儿又说要鞋带式的。售货员有些不耐烦了，就对男孩的妈妈说："大姐，你快帮孩子做决定吧！"妈妈笑着说："如果连一双鞋自己都选不好，长大后怎么能成为男子汉呢？"男孩听到妈妈的话后，就果断地选择了鞋带式的，妈妈欣慰地去付款，之后母子俩高高兴兴地回家了。

其实，妈妈知道拉锁式的鞋子可能更适合孩子，但是她还是坚持让儿子自己做主，并尊重了他的选择。虽然这只是生活中的一点小事，但是男孩的性格与能力往往就是在这样点点滴滴的小事中积累而成的。

专家给父母的

管教课堂

在男孩成长过程中，总会遇到各种各样的事情需要作出选择，下面我们来看看"知心姐姐"卢勤给父母提供的两点建议：

1. 给孩子选择朋友的自由，让孩子多选择一些不同类型的人做朋友，这既能互补性格上的缺陷，又能在他们身上学到你没有的东西。

2. 鼓励孩子选择自己感兴趣的事情去做，父母也应该尊重孩子的选择，让他们有更大的空间自由发展。

第13招

尊重男孩的秘密与隐私

随着孩子的慢慢长大，他们渐渐的有了自己的秘密。男孩不会像女孩一样，把心里话对亲密的小伙伴讲，但是他们也有自己的方式，常常把“秘密”写在纸上，藏起来。但也正因为如此，男孩们有了新烦恼。

旭旭在上学的路上突然想起作业本落在家里了，于是急忙地跑回家。当他回到家时，发现妈妈正匆匆的从自己的房间里出来，脸上还带着不自然的笑容。旭旭进房间拿作业本时，发现自己书桌的抽屉都是打开的，自己的日记本也被放错了抽屉。旭旭非常生气，拿着日记本找妈妈理论。

旭旭：“你为什么翻我的抽屉，看我的日记？”

妈妈：“怎么啦？我当妈的看儿子东西还不行啊！”

旭旭：“你没经过我允许就是不行！”

妈妈：“一个小孩子的东西有什么允不允许的！别忘了，我是你妈，快上学去，一会儿该迟到了。”

旭旭把日记揣进书包里，气冲冲地上学去了。后来，旭旭把书桌的抽屉都加了锁，就连日记本也换成带锁的。

生活中，这种翻看孩子日记，不尊重孩子隐私的父母大有人在。在父母眼中，这些也许都是无关紧要的小事，可对于孩子来讲，父母的这种行为是对他们的不尊重、不信任，深深的伤害了男孩的自尊心。其实，在大多数男孩的隐私中，很少有不可告人的事情，只不过是孩子的一些思考和感悟而已，没必要小题大做，非要掌控孩子的一切。

心理学家调查表明，儿童期的男孩有秘密，说明他内心世界非常丰富，主意多，智商高，有时他还会编造一些小秘密来吸引同龄的小伙伴，这样的男孩往往是“孩子头”。而少年期的男孩有秘密，则说明他们正在成长，逐渐成熟，有独立见解，善于思考。他们自尊心、进取心、成功的欲望、当“头儿”的欲望也愈加强烈。所以，父母应该尊重男孩，允许他有秘密、有隐私，并为之感到高兴。

对男孩的隐私处理不当，就会给彼此带来很大的伤害。当父母偷看孩子的隐私被发现后，孩子可能从此不会再信任父母，不会再写日记。当心中的想法无处倾吐时，孩子会变得郁郁寡欢，少言冷语，严重影响身心健康成长。当父母发现孩子的秘密并产生误解，对其加以指责，孩子的自尊心严重受挫，还会对父母产生怨恨之情，这将是多么可怕的事情。

人人都有隐私，孩子也不例外。只有尊重男孩，允许他有自己的世界，才能让他快乐健康地成长。

方法一：用信任换取男孩的坦白

一位妈妈分享她与儿子的故事，我们看看她是怎样获得儿子的小秘密的。

一天，我在整理儿子的房间时，在褥子下面发现一个粉色信封。我并有没有打开，而是把它放在枕边。放学后，儿子回家看到枕边的信，心中不免打起小鼓。这时，我走进儿子的房间，很轻松地对他说：“儿子，你的信掉出来了，信封那么精美，里面是很重要的东西吧，快把它收好吧！”儿子知道我并没有看过信的内容，便松了一口气。过几天，我在看电视，儿子又说起那封信的事：“妈妈，其实那封信是一个女生写给我的情书，不过我已经退回去了。”我装作惊讶地说：“哦，是吗？早知道我就看看了，看我儿子在别人眼中是什么样的。”儿子羞涩地笑了。

其实，如果能取得孩子的信任，孩子自然会与你一同分享心中的秘密。所以，争取男孩的信任，是了解孩子心中秘密的最直接方法，既不会伤害到孩子的自尊心，又能拉近亲子关系，何乐而不为呢？

方法二：给男孩一个独立空间

黄女士有一个特别优秀的儿子，现在是一名出色的军官。很多朋友都向她讨教教子秘诀。黄女士笑笑说："秘诀就是给他一个空间。"

原来，黄女士很尊重儿子，每次进儿子房间都要先敲门，得到儿子允许后才进去。难道这就是黄女士给儿子的空间？当然不是，黄女士说："给孩子空间不仅仅是给他一间屋子就足够的，更是要在精神上给予男孩空间，这样他才能不被束缚，健康成长。"

给男孩一个独立空间，他不会因为你的松手而堕落，反而会飞得更高更远，在精神上也会更加强健、丰富。随着孩子长大，他会慢慢懂事，有自己的想法和秘密，父母应该尊重孩子了，让他们拥有自己的空间，可以尽情宣泄成长的烦恼。和孩子沟通不是看日记、查电话就能解决的，想要真正了解男孩的内心就必须先给他的世界撑起一个任其自我翱翔的独立空间。

方法三：和男孩平等交流

父母要多和男孩进行沟通和交流，给予他一些正面的引导，告诉他哪些事情是必须要告知父母的，哪些事情是可以允许他自我保留的。可以通过旁敲侧击来了解男孩心中的秘密，根据事情的性质采取相应的措施，尽量从心理上减少孩子的负担。

专家给父母的
管教课堂

通过窥探男孩隐私，来了解他内心的做法是愚蠢的，要学着用信任与尊重来开启男孩心中的大门。著名心灵教育专家吴晓亚建议父母：

1. 对待男孩心中的秘密要持有正确的态度，不能一有风吹草动就草木皆兵。

2. 有些秘密或许孩子只想自己一个人知道，那么就让这秘密埋藏在孩子的心里。

3. 尽量减少男孩心中不必要的秘密，以减轻其心理负担。

第14招

呵护男孩的兴趣爱好

你家的男孩有什么兴趣？是玩轮滑、踢足球、还是打电游……细数自己宝贝的兴趣，一定会发现有不少吧！可是，有些父母认为这些兴趣爱好对孩子的学习没有什么用处，将其视为不务正业，并加以禁止。

一位母亲就以她的亲身经历讲述呵护儿子兴趣的重要性。

我10岁的儿子突然变得少言寡语，情绪低落。刚开始我没有在意，以为孩子在学习、生活中可能遇到难题，有点小情绪。一段时间后，儿子的学习成绩开始直线下滑，我开始有些担心，于是去学校找老师询问情况。老师说："孩子最近学习状态很差，注意力也不集中，问题可能出现在父母身上。"我回忆说："是不是我禁止儿子踢足球，他才会产生这些变化呢？我儿子原来很喜欢踢足球，但我和丈夫觉得儿子应多放些时间在学习上，便不让他踢足球了。"经过了解后，老师建议我给孩子买个足球，保护孩子的童趣，不要扼杀他的兴趣爱好。自从儿子玩起足球后，他又跟以前一样开朗活泼，学习成绩也上来了。

看吧，这就是孩子兴趣对他产生的神奇魔力。每个男孩都有自己的兴趣，也许在父母眼中是幼稚可笑的，但是在男孩心中却是有意思和有意义的。即使这些兴趣现在看起来没有什么用处，没准在将来会有很大的作用。父母们千万不要忽视男孩们的兴趣所带来的积极效果。

下面我看看另一位妈妈是怎么呵护儿子的兴趣的。

强强小时候是个想象力丰富的孩子，他喜欢天马行空地"胡编乱造”，常常把他的想法画在墙上，令我很头疼。不过我并没有斥责强强的行为，反而给强强买了很多画簿，告诉强强以后有什么想法可以画在画簿上和妈妈一起分享，不要再画在墙上了。强强真的很听话，不再墙上涂鸦了。强强上小学后，对绘画还是有很浓的兴趣，不过他告诉我他不喜欢跟老师学，老师总是要求他们按照一定的样子画——太阳一定是圆的，桌子一定是四条腿的……我翻过强强的画簿，虽然画工不专业，但内容却很生动。每当看着他的画，我就觉得走进了他的内心世界。后来，强强的画获得很多奖，得到了更多人的认可，他也更加自信、快乐。

正如我们让孩子学习并不是让他成为科学家一样，让他踢足球不是期望他能成为球星，让男孩画画不是期望能成为画家……那些爱好不过是他童年成长的乐趣，帮助男孩健康快乐地成长。相信有一天，当他长大后回想起儿时的经历也一定回味无穷。所以，父母们要呵护好男孩的兴趣。

方法一：发掘孩子的兴趣并加以保护巩固

小学入学的第一天，老师让孩子们作自我介绍，其中要讲一下自己的兴趣爱好。轮到小雷介绍时，他说自己没有爱好。老师很是惊讶，因为这个年纪的孩子都会有自己感兴趣的事，为什么小雷没有呢？课余时间，老师问小雷：“你真没有什么兴趣吗？”小雷委屈地说：“小时候，我喜欢画画，妈妈说我把墙画脏了，她不允许我画画；小时候我喜欢唱歌，妈妈说我五音不全，不让我再唱歌；小时候我喜欢跳舞，妈妈说好孩子不学跳舞……”老师看看小雷，无奈地摇了摇头。

作为父母，要细心观察孩子生活中的细微变化，发现孩子感兴趣的事时要加以引导和保护。其实，男孩们对周围事物很容易产生兴趣，但一般难以维持长久。因此，当发现孩子的兴趣时，也要采取适当措施加以保护并不断予以强化。

对于男孩的兴趣要及时给予鼓励，创造物质上的必要条件，并让他在感兴趣的活动上经常取得一些小的成功。只有这样，才能对男孩的兴趣发挥持久的推动作用，他们的兴趣也才能巩固下来并有可能成为一种特长。

方法二：引导男孩确立正确的兴趣爱好

对于男孩的一些兴趣爱好，最好不要凭着自己的主观意愿随便地加以制止或干涉，而应当小心地呵护。如果孩子出现某些不健康的兴趣爱好，父母可以用有吸引力和新奇感的事物吸引孩子，转移他的兴趣。特别对于已经上学男孩的一些课余爱好，原则上不要将它与课内学习对立起来。要学会必要的引导，既使男孩的兴趣爱好得到良好发展，又能促进学习。

方法三：学习的过程远比结果更重要

涛涛妈总想让儿子多学点，就常常逼着儿子学这个学那个的，不想让他输在起跑线上。小学三年级时，她给涛涛报了钢琴班，结果一个月下来也没学到什么东西。起初觉得给儿子找的老师不够好，就给他换了一个老师，可效果还是不明显。最后，涛涛妈决定，不让儿子学钢琴了。

让男孩学琴的父母只注重孩子会弹哪支曲子；让男孩学画的父母只注重孩子的画画得像不像；让孩子学跳舞的父母只注重孩子是否能跳一支完整的舞。如果只看重结果行为，会给男孩带来了巨大的心理压力。其实，男孩学习的过程远比结果更重要。

专家给父母的
管教课堂

每个男孩都是一个潜在的发明家，他们中的90%都曾想过发明某样东西，只是大部分男孩的热情顶多只能维持一个星期左右。男孩们的一些新奇想法既然只有三分钟热度，作为父母就需要从小培养男孩的毅力和恒心，善于捕捉他刹那间闪出的火花，并及时地给予肯定和鼓励。“知心姐姐”卢勤是这样建议父母的：

1. 应减少一点对男孩吃穿的专注，增加一点对他探索兴趣的培养。

2. 培养男孩各方面的兴趣爱好时，要在男孩喜欢的前提下进行。

第15招

尊重男孩的每一个朋友

出于对自己孩子的关心，父母们自然免不了关心孩子的朋友。特别是一些男孩的父母，认为男孩天性调皮，好奇心又强，很怕他会结识一些不良的朋友，走上歪路。所谓“近朱者赤，近墨者黑”，大多数家长从小就会严格要求儿子结交朋友，常常把自己的择友观也带入其中。

小豪的妈妈是位知性的女教师，平时在幼儿园里喜欢让小豪跟一些家庭环境优越，懂礼貌的孩子玩。但孩子毕竟是孩子，不懂母亲的大道理，只找跟自己兴趣相投的孩子玩。一次，小豪妈妈去幼儿园接小豪放学，见小豪被一个脏兮兮的小朋友追打，便不由分说地拉住那个孩子说：“你是谁家的孩子，为什么打我家小豪，你父母怎么教你的，这么小就打人，长大还不去杀人放火啊。”这孩子被吓得哇哇直哭，小豪胆怯地拽着妈妈的手说：“不是你想象的那样，我俩闹着玩呢。”接着妈妈又训斥道：“告诉你和乖孩子玩，你却和这种坏孩子在一起玩！”说完便拉着小豪回家了。

小豪的妈妈对于那位小朋友的态度有点过激，虽然是担心儿子受欺负，但也不能不由分说地对他的朋友加以指责。孩子之间，打闹是很正常的事情，这只不过是男孩子结交朋友、增进友谊的一种方式。

很多情况下，你不赞成儿子结交这个朋友的原因是出于个人的喜好。例如，你不喜欢儿子的朋友是因为他朋友的家住在脏、乱、差的破房子里；或是他朋友的家庭背景与你家截然不同；又或是不喜欢他朋友的服饰、发型、言谈举止等；甚至与他朋友父母有矛盾……如果是这样的话，那么你真的有些自私了。

在男孩的成长过程中，需要朋友陪他游戏、玩耍、学习，需要朋友倾听他的心事，帮他排忧解难。他有选择自己朋友的权利，应尊重男孩的选择。你需要做的是，引导男孩去结识品学兼优的朋友，而不是以恶劣的态度对待他的朋友，令其疏远或是断交。

查理夫妇的儿子约翰最近就结交了一群新朋友。对于儿子的新朋友，夫妇俩颇不放心。他们不仅穿着奇装异服，身上还刺着可怕的纹身，经常带着约翰三五成群地在小镇上四处游逛，参加各种花样百出的聚会。但是，查理夫妇每次对来家里玩的小朋友们还是热情地招待。他们没有强迫儿子与那些坏孩子断交，只是给他些建议，告诉他做什么事是正确的，做什么事是错误的。一段时间后，他们发现约翰不再与那群孩子在一起玩了，而且约翰还对他们说："他们是群坏孩子"，夫妇俩很欣慰。

让男孩自己选择朋友是尊重他们的表现，不在万不得已的情况下，应尽量让男孩自己作决定，强迫男孩按照自己的意愿交朋友，可能会适得其反，令男孩产生叛逆心理。如果你的男孩因此而背着你在私下里结交一些"损友"，那也是件很令人头痛的事情。

方法一：宽容对待男孩的朋友，引导孩子明辨是非

男孩易于冲动，辨别是非、好坏的能力较差。这时，你要通过言传身教给予男孩正确的引导，使其在你积极正确的熏陶和渗透下找到自己的好朋友。

如果父母对于儿子的朋友只是出于个人偏见而不喜欢，那么最好保持沉默，不要干涉儿子选择朋友，这也是尊重男孩的最好表现；如果发现儿子的朋友可能存在潜在的麻烦，那么既要密切注意事情的发展，又要把自己的担心告诉儿子，但是不要阻止儿子与其交往，而是要让他了解选择什么样的人最适合做自己的朋友；如果知道儿子的朋友经常会制造些小麻烦，就应该采取行动，讲明道理，限制与其来

往；如果对于那种惯于惹是生非之徒，或做过一些性质严重的坏事的朋友，就要以命令口吻禁止儿子与他们来往了。

父母在男孩选择朋友上要帮着把好关，而且要在尊重男孩选择的基础上，教导孩子明辨是非，选择真正的良师益友。

方法二：适当限制，让男孩慢慢远离“损友”

卡尔·威特的妈妈在小卡尔的成长过程中，就绝对不会禁止他与各种类型的孩子们一起玩。但对于一些淘气的孩子，卡尔妈妈会监督儿子与其进行有限的接触，孩子们介于有限制的接触，彼此就会互相客气，就不会串通一气干出太出格的事。所以，卡尔妈妈对于孩子交友不慎的担心自然也就减少了。每当卡尔妈妈看到儿子与某个孩子畅快地玩耍，或是因某个问题发生争辩时，她都不会去打扰，并会为此感到欣慰。

如果不加选择地让男孩们一起玩，他们相互之间就会逞能，可能变成利己主义者，沾染上任性、嫉妒、傲慢、说谎、打架等恶习。所以，在男孩选择朋友时，父母需要适当的加以限制，并注重培养男孩独立思考、判断是非的能力。

专家给父母的
管教课堂

伊丽莎白·哈特利·布鲁尔说过“只有那种尊重孩子需求的管教方式，才能让孩子的生活更具有计划性、条理性、可预测性，否则他们不会接受父母的教导，反而与父母成为‘死对头’。”他给父母们的教子方案是：

1. 管教孩子要坚定，同时不能缺少对孩子的友好与体贴。

2. 管教孩子要公平，不能让孩子对父母产生怨恨心理。

3. 管教孩子要明确，正面劝导，规则简单，坚持优选原则。

第16招

父母“合力教育”，联手打造最棒男孩

中国家庭教育孩子时常常讲究“一个唱红脸，一个唱白脸”的教育方式。这种方式对于女孩的教育还是颇于成效，但是对于男孩的教育成效还有待商议。男孩性格、情绪很不稳定，处理事情易情绪化，控制能力差，时常表现出一定的冲动行为。取得一点成绩就会得意忘形，而受一点挫折又会灰心丧气。

有一家三口，夫妻俩和一个上小学四年级的儿子。丈夫忙于工作，每天早出晚归，很少有时间与孩子沟通，一有时间就和儿子闹个没够，十分宠惯他。妻子很生气，责怪丈夫把孩子的好习惯都给破坏了，而丈夫总是口头检讨，行动不改。一次，儿子对爸爸说脏话，妈妈听后很生气，便罚儿子给爸爸下跪。当儿子不情愿地跪到爸爸面前时，这位当父亲的眼泪都快掉下来了。惩罚过后，爸爸带着儿子进了一家餐馆，点了几个好菜，请儿子美美地吃了一顿，以表“歉意”。

对孩子的教育方法不一致，是存在于现代家庭教育中的一种潜在危机。根据男孩的性格特点我们知道，当他们犯错误时，还是会惧怕因此带来的惩罚，可是当惩罚不能再吓倒他们的时候，便会更加肆意妄为。上例中的儿子会害怕担任“白脸”角色的母亲，对母亲的话言听计从，而面对唱“红脸”的父亲，儿子不免少了几分畏惧。这样一来，父亲的角色减轻了儿子对惩罚的恐惧，也减轻了父母教育的力度。长此以往，儿子就不会害怕做错事受惩罚。父母为男孩可能犯更大的错误埋下了隐患。

在男孩的教育成长中，父母的“合力教育”能使孩子成长得更好。如果爹说爹有理，娘说娘有理，甚至常当着儿子的面大吵，这样下去，就会使孩子迷茫而不知所措。

父母要树立“合力教育”的意识，在男孩遇到问题时，双方应心平气和地坐在一起，寻找最科学、最恰当的方法教育男孩。

方法一：双方意见发生分歧时，要求同存异

在一个家庭中，由于父母双方的受教育程度和生活背景不同，往往在很多问题上观点不能一致，特别是在孩子的教育问题上。正确的做法是站在儿子的角度换位思考，并抱着商讨的态度，求同存异，共同解决问题。

方法二：教育矛盾要背着孩子协调

要求父母“合力教育”男孩，就一定会产生矛盾，有矛盾时一定要背着孩子协调，切不可将它暴露在孩子面前。父母要在孩子心中树立威信，要给孩子做个好榜样。在意见不统一时，要静心听取对方的意见，好好商量，得出统一的结论，更好地教育你的男孩。

专家给父母的
管教课堂

父母应该根据男孩性格特点、接受能力，选择最适合的教育方式与方法，双管齐下，努力打造最棒男孩。英国著名教育学家伊丽莎白 · 哈特利 · 布鲁尔给出的教育建议是：

1. 当男孩犯错误时，父母双方不要相互指责、埋怨，应共同商讨解决方法。

2. 当男孩与父母产生矛盾时，应及时找到原因并给予孩子正确的教导，让他充分体会父母对他深切的爱。

3. 当男孩心情不好时，应尽量避免发生争吵。

4. 与孩子间的讨论、争辩跟家庭冲突不是同一概念，前者是健康有益的。

第三章

拒绝溺爱——“穷”养的男孩有出息

“穷”养男孩已经不是什么新理念了，

但很多父母对“穷”养的理解还存在很多误区：

认为“穷”养就等于让孩子多吃苦；

认为“穷”养就等于与孩子对着干；

认为“穷”养就等于对孩子罚站、批评和吝啬；

……

真正的“穷”养会让男孩感到自信和快乐，

会培养他独立和坚强的性格，

而这一切都需要父母掌握“穷”养的技巧才能得以实现。

第17招

别给男孩太多的物质享受

中国的家长可以说是天底下最疼爱孩子的家长，即使孩子长大成人时，还会依偎在父母的怀抱，“啃老族”的出现正说明了这个问题。虽然很多年轻父母明知道过多的物质享受对孩子的发展不利，但是还会不遗余力地把最好的东西给孩子。

2008年，比尔·盖茨正式宣布退休，并声称将把自己全部财产580多亿美元捐给慈善事业，一分一毫也不留给自己的子女。他的理由是:“巨额的遗产会使下一辈失去奋斗的精神、做事的热忱，形成不劳而获的观念，甚至会使他们丧失生存能力而堕落下去。”颇具讽刺意味的是2010年9月，比尔·盖茨和巴菲特到中国举办慈善晚宴，目的是劝中国富豪能捐出身后遗产，当时很多富豪都没有应邀出席。这也许就是中国人的传统观念在作祟，认为家长一定要给孩子最殷实的保障，让孩子过上富足的生活。

17岁的晨晨生长在一个富裕的家庭中，从小就享受着爷爷奶奶和爸爸妈妈无尽的爱，玩具、衣服、零花钱、手机、电脑……只要是他要的大人都会满足。随着晨晨的长大，父母发现他越来越任性，却拿他没办法。他们想，只要孩子再过几年长大点自然就会懂事了。

可是最近，晨晨行为更加反常，情绪忽高忽低，对大人讲话又没礼貌，索要零花钱次数越来越多，数目也越来越大。后来，晨晨父母跟踪儿子，发现儿子经常泡酒吧，并结识了很多不良朋友，染上了毒瘾……

丰富的物资享受，容易让男孩养成贪慕虚荣、铺张浪费、喜欢攀比、坐享其成的毛病。当男孩对物质追求的欲望膨胀到父母无法满足时，就可能走入歧途，为金钱而犯罪。有调查表明，未成年人盗窃的案例中，很多都是因为没有正确的物质观、金钱观，平日里养成大手大脚的习惯，经常进入网吧、游戏厅、歌舞厅等青少年不宜场所，接触到社会不良人员而学坏的。

前苏联教育家马可连柯说过：“一切都让着孩子，牺牲一切，甚至牺牲自己的幸福，这就是父母给孩子最可怕的礼物！”父母过分的爱会让男孩失去面对困难的勇气，所以，父母要遵循“贫穷孩子早当家”的古训，“穷”养男孩。

方法一：不要轻易满足他的要求

父母最架不住的是孩子的撒娇，有时一个无助或是渴望的眼神，就令父母心甘情愿掏腰包满足孩子的要求。有句话叫“自古寒门出贵子”，其实不管你是否富有，都不应该满足男孩所有的物质愿望。太多的物质享受只会消磨掉男孩的意志。

“穷”养并不会让男孩损失什么，反而因此他会获得更大的财富。现在“穷”一些，他就知道父母赚钱不易，就会更关心父母；现在“穷”一些，他就知道生活不易，就会通过自身努力，好好学习，为自己赢个好未来。因此，各位父母们不要给男孩太优越的物质条件，而是要让他养成艰苦朴素的优良作风。

方法二：让男孩吃点儿“苦”

炜炜的家距学校有点远，坐公车的话可能要花半个多小时，所以，刚上初一的炜炜时常不吃早饭就往学校赶，妈妈看着心疼就让儿子每天上放学打车，而自己还要挤一个多小时公车去上班。就这样，儿子初中三年，就打了三年的车，而妈妈还是一如既往、心甘情愿地挤公交。

不知道从何时起，孩子上下学都已经习惯用车接送，难道今天的孩子不能骑单车、坐公交了吗？也许有父母会找出一些借口，如社会不安全因素太多、路程太远等等，但年轻的父母是否还记得当年你是怎么上学的。有人可能会骑上一个小时的自行车，有人可能会坐很久的公车，还有人可能还要走上几十里的山路……那么，今天你们的孩子为什么不可以呢？请对你们的男孩狠一点，过多的呵护只是令他更脆弱。不经历风雨，又怎能见到彩虹呢？！

专家给父母的
管教课堂

应相应地减少在男孩身上的投入，使他从童年时代起就多一分磨练，少一分娇惯，养成坚韧、顽强的良好品格。对此，我们不妨参考一下孙云晓老师给出的建议：

1. 在儿子面前，不妨故显贫穷。
2. 提供机会，让孩子接触“贫穷”。
3. 让孩子体验“贫穷”。

第18招

穷养，不等于吝啬、打骂和惩罚

现代社会，“穷养男孩”已经得到大多数父母的公认，但是“穷养”的标准是什么呢？很多人认为穷养就要“穷”得彻底，不给孩子一丁点儿金钱和物质上的享受，让他多吃苦、多磨练，偶尔再加上点“棍棒”教育，而事实上“穷养”并非此意。

小凯是家里的“小皇帝”，所有大人都围着他一个人转，十分爱护他。小凯时常在幼儿园欺负小朋友，爸爸妈妈因此没少批评他，但是每次刚说几句他就坐在地上大哭大闹。虽然小凯在爸爸妈妈面前撒娇、任性，但是在严肃的爷爷面前总是表现得很乖巧，不敢随意放肆。原来，每次小凯任性的时候，爷爷都会拿起家中的鸡毛掸子打他两下。小凯也不敢在爷爷面前向爸爸妈妈提要求，因为爷爷总会站出来反对说：“自古以来穷养男孩，富养女孩，不能宠惯他。”当然，爷爷的做法常常挑起家庭纷争，两代人在如何“穷”养男孩的问题上存在着很大的分歧。

我们不能说爷爷的教育方式对小凯没有作用，但是效果甚微。虽然小凯会在爷爷面前收敛很多，但是在爸爸妈妈面前依然我行我素。穷养男孩没有错，但不能走入误区，从一个极端走进另一个极端。

所谓穷养，不是追求“苦其心志，劳其筋骨，饿其体肤”的境界，而是在物质上对男孩有所限制，让他懂得珍惜和奋斗，让他知道任何东西都是需要付出劳动来换取。另外，还要从小培养他的受挫和自立能力，以正确的心态去面对社会，接受社会。

在实施穷养教育时，不能只追求那些表面功夫而忽略培养男孩的基本要素和最终目的，以免给孩子的教育带来消极的影响。

方法一：穷养男孩，不等于打骂或惩罚儿子

9岁的滔滔时常调皮捣蛋，惹父母生气，虽然他是家里的宝贝疙瘩，但是父母不会纵容他的无礼行为。每次他犯错时，爸爸会让他面壁思过，如果是性质恶劣的错误，便会遭到爸爸的“痛扁”，旁边的妈妈也会在一旁帮腔说：“这孩子太不听话了，好好教训一下，长个记性。”

有一次，滔滔不小心把墨水撒在妈妈白色的裘皮大衣上，为了逃避父母的惩罚，滔滔竟选择离家出走。身无分文的他开始偷东西吃，最后，在警察的帮助下滔滔的父母才找到他。

这就是打骂儿子的结果。穷养不等于惩罚、批评、棍棒教育，这些不当的方式从大的方面来说，侵犯了男孩的人身权利，从小的方面来说，它是一种不正确的家庭教育方式。

现在的家庭中，独生子女居多，孩子的心灵普遍比较脆弱，如果经常被体罚，被关进“小黑屋”，不让孩子吃饭，很容易让孩子身心受到重创，因此质疑父母对自己的爱。

方法二：穷养男孩，不一定要让男孩吃尽苦头

父母应该为男孩制造一些困难、挫折，这对男孩的成长是有利的，但要掌握好度，凡事都过犹不及。经常看到一些父母为了把孩子从溺爱中解放出来，选择对儿子一次次的磨练与漠视，这样做不仅会打消男孩的自信心，还会让孩子认为父母不爱自己。

为了培养男孩优秀的品质和良好的习惯，要采取适当的方法让孩子吃苦，比如创造一些劳动的机会，让男孩参加一些磨练意志力的体育锻炼，但坚决不能毫无节制地逼迫男孩。

方法三：穷养教育要建立在尊重男孩的基础上

一位男孩的妈妈在网上写日记感慨：

儿子放学路上，非要买路边摊的零食，那些东西本身不卫生，而且家中我已经做好了晚饭，就没答应他的要求。儿子开始耍赖，拉着我的衣角不让走，我回手给了他一个巴掌。然后，我将儿子拎回家，关在房间里，让他反省一下。

"大约过了半小时，我从门缝里偷偷的瞧，没把我的肺气炸了。儿子把屋子弄得乱七八糟，还把作业本撕成碎片，我冲进屋里给了他一个巴掌，说，'早知道你怎么不听话，当初还不如不生你！'儿子瞪着圆圆的眼睛说，'你就会打人，我讨厌你这样的妈妈'。"

类似的经历在生活中时常发生，父母用过激的手段惩罚男孩肯定是不对的。对男孩的穷养教育，要建立在尊重的基础上，不能处处与男孩针锋相对，应多给男孩一些宽容和理解。

专家给父母的

管教课堂

伊丽莎白·哈特利·布鲁尔认为，在惩罚孩子时，绝对不能侮辱他、讽刺他。下面，我们来看看他对惩罚孩子的建议：

1. 惩罚孩子时，尽量做到公平、明确、短暂，同时要充满关心和爱。

2. 每次惩罚孩子，只能针对他当前的错误，不能翻旧账，过分地抱怨。

3. 取消特权、限制某些活动、收回零用钱，都是不错的惩罚孩子的方法。

第19招

挫折教育——培养男孩的“逆境商”

英语中有句俗语“No Pains，No Gains”，按照中国俗话的意思就是“吃得苦中苦，方为人上人”。梵高一生经历无数磨难，却一直没有停下过手中的画笔，为人类留下了很多惊世之作。贝多芬在失聪之后也没有放弃音乐创作，谱写了许多传世经典乐章，其中的《第九交响曲》更被公认为是音乐界的奇葩。

大家都知道要培养孩子的IQ（智商）、EQ（情商），如今我们还要提倡培养孩子的AQ。那么，什么是AQ呢？没错，就是“逆境商”。具体地说，就是孩子承受逆境的心理素质，经受挫折的能力。

有一份全国性的调查显示，81%的孩子在家庭或是学校中遭受过语言性伤害和肢体性伤害。对于孩子来说，他们随时都可能面临挫折，处于困境。因此，不要忽视男孩的挫折教育，培养男孩的“逆境商”。

高AQ的男孩在逆境中，仍能保持上进心，永不退缩，他们会把困难当作激励自己前进的动力，发挥出自身更大的潜能，克服种种艰难险阻，最终获得胜利。而低AQ的男孩处于逆境中时，总觉得自己看不到光明，一事无成，终将以失败告终。一个人要想学业有成、事业成功，就必须同时具备智商、情商、逆境商这三个基本要素。高智商的人不一定能取得成功，但是高情商、高逆境商的人一定能适应社会，取得成功。

小文的拉丁舞跳得非常棒，他又是班级的文艺骨干，经常参加班级和学校组织的文艺活动。一次，在学校的新年晚会上，小文在舞台上失误滑倒，他觉得当众出丑很丢人，回家后便把自己关在屋里。他觉得大家都在背后议论他，笑话他，在学校时也不和小伙伴们玩了。爸爸妈妈了解到情况后，在小文面前有意不提表演的事，尽量谈论别的话题，但是小文还是闷闷不乐。

小文的父母不能因为怕儿子受到伤害，就把孩子保护起来，这样只会使孩子的个性变得软弱，当他长大成人走进社会时，将会不堪一击。缺少挫折经历的男孩永远不会成熟，逆境商必须从小培养，那么，父母该怎样培养男孩的高 AQ 呢？

方法一：鼓励男孩直视挫折，重拾信心

王强是个很要强的孩子，每次考试都要争第一。自从升到初中后，他已经三次与第一名擦身而过。拿着成绩单的王强对妈妈说：“我好失败啊！”妈妈沉思了一下，郑重地告诫他：“记住，儿子，别老说‘我失败了’，你只需说‘我失败了三次’，你自己好好琢磨下这两句话的区别吧。”

在下一学期的期末考试中，王强得到久违的第一名，回家后他抱着妈妈说：“妈妈，你说的对，我一直记得‘我失败了三次’这句话，它意味着失败是有限的，过去的挫折并不代表将来。每当我沮丧时，我便用这六个字激励自己，让自己重拾自信。”

对于缺乏社会经历的男孩而言，经历几次挫折之后，他的自信心都会受到挫伤，而这种挫伤不是父母的理解和几句安慰就能愈合的。父母要积极地鼓励男孩在哪跌倒，就在哪爬起来，要有永不放弃的精神。

方法二：教男孩学会欣赏对手

放学路上，爸爸问乐乐：“今天在运动会上你认为自己发挥得好不好啊？”乐乐低着头不吱声。原来乐乐参加比赛得了第二名，但 100 米短跑是他的强项，心中不免有些不悦。爸爸笑着对乐乐说：“亚

军也不错嘛。”说着说着，乐乐的眼泪便流出来了，爸爸又说：“肯定是他起跑早了，或者裁判是他爸爸……”乐乐听完后“扑哧”笑了。爸爸紧接着开始客观地帮助儿子分析自己失利，对方获胜的原因：“那位得冠军的小朋友实力应该很强吧，半个学期就超越你了……你要继续努力！”在爸爸的开导下，乐乐高兴的接受了这次失败，并下定决心，在下次的比赛中超越他。

很多父母在孩子失败后会主观地贬低对手以讨好、安慰儿子，这种做法会令男孩认为自己没有输，进而心生怨恨。长此以往，男孩就会养成狭隘、仇视的心理。要引导男孩大方的接受别人的胜利，学会欣赏对手。这样，男孩才能从容面对失败，面对挫折。

专家给父母的

管教课堂

孙云晓老师认为现代的家庭教育都过于溺爱和保护孩子，这会让男孩失去了承受挫折的能力。他在磨练男孩韧性方面，给父母们提出了几点建议：

1. 多为男孩创造一些磨练的机会，并鼓励男孩去做他认为难做的事情。

2. 告诉男孩，挫折并不可怕，而逃避困难和挫折才是最可怕的。

第20招

教男孩劳动，并为其提供劳动的机会

古语有云："一屋不扫，何以扫天下。"如果一个男孩连生活都不能自理，那他还有什么资格谈抱负、梦想和成功呢？现在，很多人因为疼爱男孩，不忍心让男孩参与劳动，而且为了让儿子有更多时间学习，父母们会帮儿子代劳除学习之外的所有事情。可是，你可能不知道，你的"苦心"会给儿子的将来埋下"苦果"。

调查显示，现在我国大中城市的中小学生，有劳动习惯和技能的不到 1/3。这个比例是十分低的。在美国，中小学生平均每天要劳动 72 分钟，在韩国是 42 分钟，在法国是 36 分钟……而中国在所有被调查的国家中排名最后，只有 12 分钟。

为什么中国有这么多懒孩子？这都要归因于宠爱孩子的家长们。谁都希望男孩将来从事"体面的"脑力工作，这是可以理解的，但是不能因此忽略对男孩劳动能力的培养。美国哈佛大学的教授曾花费 20 年的时间，对 200 个男孩进行跟踪观察，发现小时候受过劳动磨练的男孩，其动手能力和与人交往能力都很强，他们长大参加工作后，平均劳动收入要比小时候不从事劳动的人高出 5 倍，失业率则低了 10 倍之多，而且他们生活的幸福指数也要高很多。

那么，父母们该如何培养男孩的劳动热情呢？

方法一：让男孩明白，美好生活需要用劳动来创造

高尔基曾说过："世界上最美好的东西都是由劳动创造出来的。"在教育男孩时，要加强对劳动观念的培养，平时要多向孩子灌输劳动

意识，让孩子明白：第一，劳动是作为谋取生存，创造美好生活的必要条件；第二，劳动是光荣的，它并不只是“下等人”的专利，不管什么身份、地位的人，都必须投入到劳动中去。

方法二：让男孩参与到家务劳动中

培养男孩的劳动能力，就是让他做力所能及的事，养成爱劳动的好习惯。家庭的琐碎劳动能培养出孩子的耐心、细心，独立性和责任感。让男孩参与家庭劳动，不仅能锻炼他的能力，还能让他更加爱自己的家，对家产生一种强烈的归属感和责任感。

方法三：不要打击男孩劳动的积极性

明明家吃完晚饭，妈妈准备收拾餐具，明明过去帮忙，还对妈妈说：“妈妈，你都累一天了，今天我帮你刷碗吧！”谁知，妈妈连忙把明明的手打走说：“乖儿子，妈妈做就行了，你去找爸爸玩去，再说，上次你刷碗就打碎了一只，弄得满地都是碎瓷片。”明明撅着嘴从厨房出来了。

与天性细腻的女孩不同，男孩劳动可能是为了减轻父母负担或是纯粹为了乐趣，不管出于何种原因，都不能打击孩子劳动的积极性。多次的拒绝就会使孩子不再愿意去尝试劳动，久而久之，男孩就会变成一个懒孩子。

专家给父母的
管教课堂

玛利亚·蒙台梭利认为，男孩在三四岁时，就要锻炼他的生活自理能力，其中劳动能力的培养是重要的一环。父母们可以参考以下方案：

1. 父母要给孩子演示和讲解劳动的具体过程和方法。
2. 把主动劳动的意识注入到男孩脑中，并让他反复练习。
3. 父母要对孩子的劳动成果给予赞扬和肯定。

第21招

培养男孩"输得起"的精神

在生活中，一些父母喜欢将孩子的成功视为自己的"门面"。男孩赢的时候就夸儿子聪明、能干；男孩输的时候就埋怨、责怪儿子笨。其实，男孩的自尊心和竞争意识非常强，这样的教育方式很容易让孩子走向两个极端：一是失败了就再也爬不起来；二是争强好胜，凡事非得第一不可，钻牛角尖。

以下就是一个妈妈的烦恼：

我上幼儿园的儿子竞争欲很强，什么事都要得第一。在家他与爸爸掰手腕，他要是输了，会非常生气；他与亲戚家的孩子唱歌比赛，人家的孩子永远只能拿第二名；每次吃饭时，他总是要先吃起一口；最令人难以接受的是，有时回家没有让他第一个进门，他也会大闹一场……虽然孩子有竞争意识是好事，可是为什么我家孩子这么爱争第一呢？

这位妈妈一定常在外人面前夸赞过儿子，让他产生虚荣心，进而凡事都好强，非要争第一，成为一个好胜男孩。好胜心本是男孩进取的催化剂，但是催化剂过多可就没什么好处，容易形成"输不起"的心态。

从儿童心理学的角度来看，孩子"输不起"是一种正常现象。孩子年龄小，心智不成熟，他并不了解自己的强项和弱项，只知道自己要比别人强，认为比别人做得更好就会有赞赏，可是一旦技不如人，失败时，便会表现出不满的情绪。"输不起"现象虽然是孩子身上的一种正常现象，但是父母仍要及时给予纠正。“人生不如意十有八九”，谁也不可能总是赢家，“输不起”的男孩在遇到失败、挫折后，很可能一蹶不振。

父母们要多费点心思，帮助男孩排除“输不起”心态，培养男孩承受挫败的容忍力，让他拥有一种“输得起”的精神。这有助于他在日后遇到挫折时不是容易跌倒，自暴自弃，而是以正面乐观的心态战胜困难。那么，如何培养男孩输得起的精神呢？

方法一：让男孩体会竞争的快乐

欣欣很有绘画天赋，也得过很多奖项，这次他代表学校参加一个全国性的比赛。欣欣既兴奋又紧张，不过他对自己充满了信心。比赛地点在北京，需要现场作画，于是妈妈带着欣欣坐了一天一夜的火车去参加比赛。这是欣欣第一次坐火车，第一次来北京，一路上欣欣都很兴奋，妈妈特意早到了两天，带着欣欣游览故宫，爬长城……

比赛结束后，欣欣只获得一个安慰奖，看着失落的欣欣，妈妈开始安慰儿子：

妈妈：“儿子，北京好玩吗？这次玩得开心吗？”

欣欣：“好玩，当然开心了。”

妈妈：“那你比赛画画的时候开心吗”

欣欣：“虽然紧张，但是也很开心，因为我在做我喜欢的事。”

妈妈：“乖儿子，只要你享受过程中的快乐，得不得奖就不重要了。”

这位妈妈把儿子关注的重点转移到画画的快乐上，让儿子不再执著于奖杯。其实，没有一个父母会苛刻地要求孩子每次都要拿第一。让孩子学钢琴并不是想让他成为贝多芬，让孩子学画画并不是想让他成为毕加索……学这些技能不过是想陶冶孩子的情操，增添孩子的乐趣。所以，父母在教育男孩时不要忘记告诉他们，过程比结果更重要。

方法二：让男孩在游戏中学会平衡输赢的心态

小博非常喜欢和爸爸玩跳棋，因为每次爸爸都是他的手下败将。一天，外公到小博家做客，小博非要拉着外公跟他下跳棋。玩了两把外公都赢了，小博不高兴了，把跳棋打乱了。外公说那不玩了，转身要走，小博急忙拦着外公说：“再玩一局，我一定会赢。”外公只好又坐了下来，故意输给小博一局。看着高兴的小博，外公说：“乖孙子，这个世界有输就有赢，你不可能总是赢，当然也不会一直输。太在意输赢，输的时候就会气愤。男子汉要大度，你要能接受输，输也没什么大不了的。”小博笑了笑，明白了外公的苦心。

通过和男孩玩游戏，平衡男孩输不起的心态。游戏时不要故意输给孩子，要让他们学会承受生活中的小小挫折。另外，不妨适当地玩一些输了也有奖励的游戏，当然，奖励的前提是要让男孩能总结出输的原因。

专家给父母的
管教课堂

知心姐姐卢勤曾说过：“父母能替孩子做很多事，但是终究代替不了孩子的成长。孩子只有在处理各种事的同时，才能学会面对困难。过度保护的孩子长大后会害怕失败，他承受不了失败。要让孩子自己走好脚下的路，输得起的孩子才是最成功的孩子！”以下是她给父母们的几点建议：

1. 孩子的成熟比成功重要，成长比成绩重要，经历比名次重要，付出比给予重要，鼓励比指责重要。

2. 失败也是孩子需要的，它和成功对孩子皆有价值。

第22招

让你的男孩学会珍惜眼前的生活

生活在蜜罐子里的孩子很容易患上“幸福麻痹症”。名贵的香水闻久了也会感觉不到它的香气，同样道理，从生下来就被幸福包围着的孩子们，已经不懂得什么叫幸福，认为一切都是理所应得的。但是这种“理所应得”并不是每个孩子都能获得的。

今天，很多男孩无论生活在多么优越的条件下、无论父母给予他多少关爱，他仍会有不满的地方，永远不知道满足。父母们给予孩子太多的“理所应当”，而使孩子不懂得去珍惜。一个不懂得珍惜的孩子是很难感受到生活的快乐，所以，要从小教育男孩珍惜眼前的生活。

方法一：让孩子体会“美好的生活来之不易”

一个小男孩在日记中写道：“这20元钱是我平生第一次靠自己的双手挣回来的，我要好好珍惜，一辈子都不会用。”

原来，小男孩以前总是觉得父母吝啬，不能满足自己的要求，就想着自己能打工挣钱，买很多玩具。于是父母便让孩子去朋友家的餐馆打工。一天下来，小男孩忙里忙外，跑来跑去，终于知道父母挣钱的不易。

现在的男孩生活在这么美好的时代，非常幸运、幸福，他们有美味的食物，有好玩的玩具，有漂亮的衣服……正因为如此，很多男孩不懂得去珍惜。体验艰苦生活，生存锻炼都是对孩子意志品质的磨练，能让孩子更好地体会美好的生活来之不易。

方法二：对比教育，让孩子懂得珍惜

六岁的小扬吃饭总爱剩饭，每次妈妈教育他时，他就说："不就剩一口饭嘛，妈妈你太计较了。"一次，妈妈在电视上看到介绍非洲儿童生活的节目，便拉来儿子一起看。节目中一个个骨瘦如柴的非洲儿童令人触目惊心，小扬看到遍地的尸体不忍地躲到妈妈怀中，妈妈说："全世界因饥饿而死亡的人中非洲人就占了3/4，那里有很多小朋友都没饭吃。"小扬眼中含着泪水说："妈妈我再也不浪费粮食了，我要把粮食剩下来给非洲小朋友送去。"

一粥一饭，来之不易。妈妈用生动的故事教育了儿子，让他学会了珍惜粮食，珍惜福分。其实，在教育男孩时，你可以用鲜明的事例告诉他，还有很多小朋友生活在较为艰苦甚至饥寒交迫的生活中，让他感受自己幸福生活的同时，学会珍惜。

专家给父母的
管教课堂

为了让孩子更好的珍惜今天美好的生活，玛利亚·蒙台梭利提出的几点建议，可供父母们参考：

1. 学会放手——在少年时让孩子接受磨难是一种财富。

2. 学会吝啬——满足孩子所有的要求对他的成长并没有什么好处。

3. 做好榜样——一个不懂得珍惜的父母又拿什么去教育自己的孩子？！

第四章

沟通有道——这样说话男孩最爱听

为什么你的男孩总与你作对?

为什么你的男孩总是对你封闭心门?

为什么你的男孩总是不向你妥协?

归根到底，这一切都因为身为父母的你没有掌握与男孩沟通的技巧。

那么，什么样的沟通方式才能拉近亲子之间的心灵距离呢?

家长们，请到这一章中寻找答案吧!

第23招

多用请求，少用命令

现实生活中，很多父母会发现一个奇怪的现象，如果告诉男孩“你必须这么做”时，他一定不会顺从你，而当对男孩说“请你要这么做”时，他便会乖乖听话。男孩身上天生就比女孩多一分倔强，向来不喜欢听从别人的命令。

以请求式的语言对孩子讲话时，男孩一般情况下都会接受，而且这种说话方式还给父母接下来的教育留下余地，如果男孩对父母的这种方式不买账，再用命令的语言也不迟。记住，一旦给孩子发出命令，那就是一定要让他服从的，不然不利于以后的教育。

但当你老是用命令的口吻要求男孩这样或那样时，长期处于被动服从地位的男孩就会变得懦弱，凡事缺乏主动性，依赖父母，没有主见；也有可能因此走上另一个极端，男孩经常与家长对着干，逆反心理就会增强，不听从管教。所以，父母对男孩要多用请求，少用命令。

方法一：学会用协商解决问题

想要男孩改正身上的坏毛病、坏习惯，选择强制的手段是不可取的，这时，要学会与孩子协商。比如可以制定“母子协议”、“家庭约法三章”等等条文去约束孩子的行为。但这些条文需要与孩子共同制定，且必须要得到孩子的认可，让他心甘情愿的接受，否则这些协议起不到任何作用。

方法二：温柔地表达你的“命令”

有句俗话叫“吃软不吃硬”，这句话用在男孩身上是最合适不过的了。给孩子下达命令时，如同将军发号施令，语气强硬，态度坚决，告诉男孩父母才是主导者，那么男孩们出于逆反心理自然不愿意接受。特别是当你十分愤怒的情况下，可以说是将命令吼出来，这种命令便是对男孩的强求和威胁了，即使你的儿子暂时听从于你，心中也会不服气，对你有怨恨之情。但是如果你能温柔地表达命令，提出要求，满足男孩的自尊心，他便更容易接受“命令”了。

专家给父母的

管教课堂

男孩有较强的防备心理，且同父母之间的共同语言又少，于是与男孩沟通是一件令人头疼的事。孙云晓老师建议与男孩沟通要做到以下几点：

1. 不要“指责”——不要盲目地使用批评、责骂等负面沟通方式教育男孩。

2. 不要“忽视”——不要忽视男孩的情感与情绪。

3. 不要“纵容”——过分的纵容只能使男孩更任性。

4. 不要“包办”——男孩在这种环境下长大一般都会变得自私、不懂得感恩。

第24招

多用“Yes”，少用“No”

家庭教育主要是通过父母用语言来表现的。你的语言对一个孩子的成长非常重要，一个说话有影响力和渗透力的父母，才能给予孩子正确的引导，也能令孩子信服。所以，父母们在平日里对孩子说话时要讲究技巧，注意语言。

儿童教育专家研究表明，新一代的年轻父母使用最多的一种不良语言就是否定式语言。孩子们每天所听到的家长常说的词语中，由“No”组成的否定词最多。例如：不许、不要、不能、不可以、不乖、不聪明……在这种家庭长大的孩子，每天都会被一连串的“No”包围着，孩子便觉得自己整天在束缚中，会感到生活压抑，索然无味。对于淘气的男孩，很多父母更是像警察一样，不断给孩子的行为亮起红灯。

端端小时候是由爷爷奶奶带大的，直到上小学才回到爸爸妈妈身边。幼儿时期被宠惯的端端身上存在不少问题，妈妈对端端的很多生活习惯都看不惯，便给端端列出“十不许”贴在墙上，时刻提醒儿子要改正错误习惯。“十不许”的内容无非是“不许打架、不许骂人、吃饭时不许看电视、不许剩饭、没做完作业不许玩……”这样，端端每天就生活在妈妈的“十不许”中。每次他稍出现一点错误，妈妈就拿“十不许”教训他，弄得端端很痛苦，经常吵闹要回爷爷奶奶家去，不和妈妈生活。

其实，端端的妈妈这样做，完全是出于帮儿子改正恶习，只是言语不中听。如果妈妈把“吃饭时不许看电视”、“没做完作业不许玩”改为“吃完饭就可以看电视”、“做完作业就可以玩”的话，儿子就容易接受了。

心理专家说，当男孩小时候常被这种“No”的感觉压抑，会造成信心指数低落；即使男孩长大后在外面读书，这种说话方式也会使孩子回避父母，进而疏远彼此的感情。与孩子交流时，不在于要表达什么，而在于能让孩子感受到什么。虽然孩子知道这是父母的好意，但是心理学研究显示，情感和理智是分开的，由不同的神经回路在处理的，所以孩子心中知道该怎么做，并不代表一定会快乐地去做、去接受。

方法一：用肯定代表否定

人天生具有自我保护的本能。当一个男孩的行为总是被父母“No”要求限制时，大脑中很快就会形成一个防卫机制，只要一看到父母，全身细胞就会紧张起来，进入备战状态。这时父母讲的每句话，孩子都会先从负面去理解，从心里产生抗拒。

著名画家毕加索曾说过：“油漆工只知道把太阳涂成了一个黄色的斑点，而艺术家则会把这个黄色斑点变成一个太阳。”表达同样意思的一句话，父母只要将“No”的语句换为“Yes”句式，例如：“不要拖椅子”换为“椅子要轻轻地拿”，“不听话不给糖吃”换为“听话就有糖吃”。这样的说话方式听起来自然是舒服、温馨多了，孩子也容易接受了。

方法二：用鼓励的语言教育孩子

江江在期中考试时数学成绩很差，这时妈妈着急了，拿着卷子对儿子说：“你连简单基础的东西都不会，怎么能考出好成绩。”江江听到后便失望了，从而放弃了努力，成绩一退再退。后来，爸爸知道了，便批评妈妈：“儿子现在最缺少的是自信心，最需要的是鼓励而不是压力和批评。”后来妈妈改变了语言表达方式，而采用鼓励性的方式：“你上学期的努力妈妈都看在眼里的，而且你其他科目考得很好，你要是掌握了基础知识，期末数学也能考好！”江江听了妈妈的话后，心里又充满了希望，经过一段时间的努力，数学成绩终于取得了明显的进步。

鼓励性的语言是男孩成长的正信息；而打压性的语言则是男孩成长的负信息。父母教育男孩是应多传递给孩子正信息，多鼓励，多肯定，这样孩子才会有信心努力做好每一件事。

专家给父母的

管教课堂

“知心姐姐”卢勤给父母们的建议是：

1. 家庭成员之间也要有“忌语”，不能信口开河。

2. 父母要时常检查自己的言行，只有讲文明的父母，才能培养出讲文明的孩子。

3. 父母不能只是强调自己的主观愿望，忽视孩子的客观存在，用一种强硬的态度让孩子进入某种特定的位置，其结果只能是让孩子陷入不知所措，极大地影响孩子的思维发展。

第25招

使男孩积极向上的“魔鬼句子”

说话是一门艺术，更是一门学问，不要小看语言的力量。常言道：“好言一句三冬暖，恶语伤人六月寒。”在与孩子交流过程中，也要讲究语言的技巧，有时看似不经心的一句话就可能对男孩产生很大的影响。

有一位妈妈，看到儿子的成绩不如同事家孩子时，就对儿子说：“你真笨！”后来这个男孩学习越来越差，由班级的中等生滑落到倒数几名。妈妈的“你真笨”成了让儿子变笨的缘由。也许你想知道为什么会这样？原因很简单，大多数孩子通常不会因“你真笨”三个字的刺激而奋发图强，力争不笨。相反，他们会把“你真笨”当成标签贴在自己身上，认为自己天生愚钝，把自己定位在笨的行列，并潜意识地做出符合“笨”的行为。

父母的话语有时能让孩子更加乐于合作，更加自信，但有时也会令他们产生挫败感、失去耐心和信心。所以父母平时要注意自己的每一句话，三思而后言，尽量不伤害孩子脆弱敏感的心灵。

下面我看看这两位妈妈和儿子的对话：

早上俊俊妈准备送儿子上学，妈妈边给儿子整理衣服边叮嘱：“路上要小心，过马路时要等绿灯，遇到生人别随便搭腔，遇到什么困难……”可俊俊却头也不抬不耐烦地说“妈妈，你真烦人，每天都是这一套！”说完赶紧跑出去了。

同样是早上送儿子上学，磊磊妈在儿子出门前故意问：“路上应该注意些什么啊？”儿子通常快乐而骄傲地回答：“注意安全！”高兴地出门了。

同样是对儿子的关心，同样的意思，经不同妈妈演绎就会产生不同效果。生活中，有些看似简单的一句话不但能解决问题，还有让孩子快乐的魔力。

方法一：这些“魔力句子”，父母要常对男孩说

教育专家发现，父母们经常对男孩说以下几句话最有效果。

第一句：“你自己作决定吧。”如果想让孩子做某事或是停止做某事时，这句话是最适合不过的了。这样说既把决定权交给孩子，以示对他的尊重，又让孩子知道要为自己的决定负责任。

第二句：“妈妈（爸爸）爱你，但是我不喜欢你这样做。”孩子难免会做一些令你不高兴的事，这时对孩子说这句话，孩子就会知道自己做了一件不好的事，但这又并不意味着自己不好而被父母讨厌。这样，既达到批评的目的，又让孩子感受到你的爱。

第三句：“你想说什么？”在孩子的语言世界里并没有那么多丰富的词语表达自己的意思，特别是在他生气、激动时更是无法说清自己的感受。所以，要帮助孩子更好地了解和表达自己的情绪。

第四句：“你来试试帮我解决这个问题。”这可是个很有力量的句子。作为家中一分子，男孩很希望参与、帮助父母解决大小问题，在家中能得到肯定与尊重。经常说这句话，非常有利于男孩自信心的形成。

最后一句：“不同的人有不同的需要。”可能有的男孩在要求你买某件玩具时会拿出其他小朋友来作对比，如“楠楠有奥特曼，所以我也要”“小明爸爸让他吃巧克力，那我也可以吃”，这是小孩子们最常用来跟你讨价还价的简单伎俩。在这样的情况下，你一定要清楚地告诉他——“不同的人有不同的需要”。要让孩子了解，有些东西只有在他真正需要的时候才能得到。

方法二：借助语气发挥魔力作用

当然，仅仅掌握了这些“魔鬼句子”是不够的，在与男孩交流时，还要掌握正确的语气。要知道，跟孩子说话的语气，很大程度上决定了他将来性格的养成。那么，父母们究竟该采用什么样的语气呢？

首先，信任和尊重的语气是必不可少的。男孩希望得到成人，特别是父母的信任，所以对孩子说话时要表现出充分的信任和尊重，那么他才乐于接受。男孩两三岁时就有了自我意识的萌芽，随着年龄的增长，这种自我意识会愈发强烈，过分严厉或奚落的语气会令男孩对自己的能力产生不自信，打击到男孩的自尊心。

另外，鼓励和赞赏的语气也有助于加强说话的效果。任何孩子身上都会有毛病，当孩子做错了事，不要一味地批评责备，而应帮助他在过失中总结教训，积累经验，鼓励他争取做好。当然，每个孩子身上还都有属于他的优点，父母更要学会发现并加以赞赏，这样会让孩子更加自信。

专家给父母的
管教课堂

家庭语言是一门艺术，是父母对孩子的爱与责任的体现。父母与孩子有效沟通的语言有三种：一是鼓励性语言；二是建议性语言；三是选择性语言。教育专家仇善文老师建议父母要善于以下三种沟通方式：

1. 善用委婉的建议性词语，会使家庭气氛融洽，孩子作决定时更慎重、负责任。

2. 善用选择性语言，对孩子的独立意识、决断力、创造精神都有好处。

3. 善于鼓励性语言，会使孩子更自信。

第26招

巧妙拒绝男孩的不合理要求

在商场或超市里，我们经常看到这样一幕：孩子拽着父母哭闹，非要买玩具或是零食，一种父母会直接拒绝孩子的要求，训斥着把孩子拉走；另一种父母挨不住旁人的目光，无奈地为孩子的任性买单，并气恼着一路说教。

随着孩子年龄的增长，他们开始学会向父母提出要求。而这些要求中大部分是不合理的，会遭到父母的拒绝。但孩子毕竟是孩子，当知道自己的要求不会被满足时，就拿哭闹作为要挟父母的武器，常常弄得父母很头疼。如果不忍孩子的哭闹，只要孩子一哭闹就无条件地满足他的要求，就会令孩子总结出一个道理：只要哭闹就能达到自己的目的。长此以往，哭闹就成为他索取的一个手段了。

那么，有的父母说直接拒绝孩子的要求好了。“拒绝”说起来简单，但是在真正做起来的时候还是要仔细动动脑筋。

妈妈和儿子瑞瑞逛商场，在卖手机的柜台前瑞瑞怎么也不肯走了，非让妈妈给他买手机。妈妈十分生气地说：“一个小学生要什么手机，谁给你打电话，不买！”瑞瑞看妈妈态度坚决便开始耍赖，坐在地上打滚，妈妈见儿子越来越无理取闹，拉起儿子给他一巴掌。瑞瑞手捂着被妈妈打红的半边脸，十分生气地跑了。妈妈原以为瑞瑞回家了，可是回家后并没有发现瑞瑞的踪影，便着急地四处寻找，傍晚时分，才在小区院里找到了瑞瑞。

现在的孩子习惯了众星捧月的感觉，受不了一点挫折和刺激。这位妈妈大庭广众之下打儿子的做法，没有顾及到孩子的感受，伤害了孩子的自尊心。看来，父母如何应对孩子提出的不合理要求还真是个棘手的问题。以下几种方法可供参考。

方法一：出门之前先定规矩

小梁从来不和别的小朋友攀比，也不乱买东西。每次和爸爸妈妈逛商场的时候都安安静静的，当看到喜欢的东西，便会询问父母意见，也不会因为父母的拒绝而无理取闹。原来，从小时候起，父母在出门前就跟他定好规矩：有需要的东西自然会给你买，没用处的你再怎么强求也没用。所以，小梁知道哭闹耍赖换不来任何好处，便学会挑选到有价值的东西才让父母买的好习惯。

良好的习惯往往是约定俗成的，应学会给孩子制定合理的规划，养成其良好的消费习惯。

方法二：说“不”之后，就要坚持

面对孩子无理的要求，对于父母来说最难的就是将态度坚持到底。很多父母当孩子大哭时便会心软，之前坚决的态度也随即软了下来，答应孩子的要求。孩子的苦肉计一旦得逞，之后便会变本加厉。

在这种情况下，你可以根据孩子性格特点采取相应措施。例如对性格活泼一点的孩子，可以强制性地把他带到一个安静的环境，让他安静一会；对于好奇心比较强的孩子，可以想办法把孩子的注意力吸引到别的事物上去；对于好胜心强的孩子，可以选择激将法……总之，最重要的原则是要坚持立场到底。

方法三：清楚告诉男孩，自己拒绝的理由

小栋在玩具柜台前，对心爱的玩具恋恋不舍，妈妈对小栋说：“今天的钱没有带够，明天再来买。”第二天，妈妈本以为小栋忘记玩具的事，没想到他一大早上就跑过来叫妈妈买玩具，妈妈又找理由拒绝了儿子，小栋很不高兴地对妈妈说：“你说话不算话！”

当孩子提出无理要求时，有些父母会编一些谎话哄骗孩子，像本

例中的小栋妈妈一样，总是说明天再买，其实她根本不会兑现承诺。还有些父母编的谎言甚至十分奇怪，像“卖玩具的老板是坏人，你买了他的玩具，晚上就来抓你”以此类的话吓唬孩子。

其实完全不必这样，要拒绝孩子的不合理要求，应该把真正的理由告诉他。比如说这个玩具没有太大价值，不值得买等等。而如果编理由，当孩子识破后，以后便不会信任你的话，这样很不利于孩子今后的教育。要学会帮孩子树立正确的消费观，成为一个理智消费的人。

专家给父母的

管教课堂

面对孩子越来越多无礼的要求和日渐叛逆的性格，父母的妥协只能助长他们嚣张的气焰，该拿出点威信来拒绝孩子。如果害怕因拒绝而伤害到孩子脆弱的心灵，那么我们可以向王金战老师学学怎样合理拒绝孩子。

1. 做事之前先与孩子订规矩。
2. 引导孩子做一些有意义的事情。
3. 不要心疼孩子的哭闹。
4. 平静地对孩子说“不”。
5. 告诉孩子拒绝的理由。

第27招

一诺千金，说到就要做到

中国青少年研究中心针对中小学生学习和生活现状期望的一项调查显示，父母最令孩子不满的行为就是说话不算数。

的确，现实生活中有不少家长经常“忽悠”孩子，这种行为常常令孩子感到失望。

很多父母为了一时目的就哄骗孩子。可能这种行为在你眼中是件小事，却会引起亲子之间的信任危机。对于男孩而言，最信任的人就是父母，一旦这个信任关系遭到破坏，孩子也难再相信他人，这严重影响男孩健康人格的形成。

家长失信于男孩还有很多危害。首先，这会让孩子觉得一个人可以说话不负责任，答应的事也可以不办，于是，孩子养成了“轻率”的坏习惯。另外，父母在失信于孩子的同时，也便失去了在孩子心中的威信，一个没有威信的父母又拿什么要求孩子令行禁止呢？要避免这些危害，你就要以身作则，说话算数。

方法一：不轻易许诺，不随便许愿

不能为了想达到某种目的，或是要摆脱眼前的困境，甚至一时兴起就随便对男孩许愿或作出承诺。给男孩许愿时，首先要慎重考虑是否合理，是否能兑现。如果愿望不合理或是不可能兑现，决不能轻易答应。

对于达不到的孩子请求，要耐心地和男孩一起研究可行的办法，或者直接告诉男孩做不到的原因，不能欺骗他，这样才能得到孩子的理解和信任。

心理学家说过，父母对孩子身上哪怕再小的错误都难以容忍，但是他们不知道孩子的很多缺点、错误都是从父母身上继承的。从某种角度来说，孩子身上一些不足往往是家长的翻版。所以，作为男孩父母，一定要做好典范，培养男孩的诚信和责任感。

方法二：父母要做到言必行、行必果。

曾参杀猪取信于子的故事广为流传：

一天，曾参的妻子要到集市上去，她的儿子哭着闹着要跟着去。母亲对儿子说："你先回家呆着，待会儿我回来杀猪煮肉给你吃。"儿子很高兴，乖乖地坐在门口等母亲。当妻子刚从集市上回来后，曾参就要磨刀杀猪。妻子忙劝止道："只不过是跟孩子开玩笑罢了。"曾参说："夫人，可不能随便跟孩子开玩笑啊！小孩子没有思考和判断能力，凡事都要向父母学习，听从父母的教导。现在你欺骗他，这不是教孩子骗人吗？母亲欺骗儿子，儿子就不再相信自己的母亲了，以后对孩子教育也就困难了。"于是曾参就把猪杀了煮肉给孩子吃。

要慎重许给孩子承诺或是答应孩子的要求，但答应了的事必须要兑现，这样才能获取孩子的信任，为以后的教育树立威信。另外，孩子在父母言行的影响下也能养成一诺千金的好习惯。

专家给父母的
管教课堂

教育专家丁安廉校长说过："一个合格父母要做到守时、守信、守规矩。"具体说来，要注意以下几点：

1. 守时——让自己的生活充满规律。

2. 守信——对孩子的承诺要尽力做到，实在做不到的话要提前声明。

3. 守规矩——这是每一位父母都必须做到的，它是一个人文明程度和素质的一种表现。

第28招

来点儿幽默，男孩更“服管”

提到如何教育调皮捣蛋的男孩，很多父母都认为这是一件令人头疼的事。有时侯，父母这边说得天花乱坠，孩子在一边却心不在焉；有时，父母想对孩子来点谆谆教诲，孩子却两耳不闻、我行我素……其实，作为男孩父母，在心中都想过这样一个问题，用什么方法才能让男孩心甘情愿地接受自己的教导呢?

家庭教育的方式多种多样，总体来说，可以分为心平气和、疾言厉色和风趣幽默三种。无论哪一种教育方式，都是要给孩子灌输正确的生活理念，只不过不同的灌输方式产生的效果也不尽相同。心平气和式的教育虽然能使孩子体会到父母对自己的尊重，但是语言过于平淡，不疼不痒，产生的效果持续时间不长；疾言厉色式的教育虽然可以威慑住孩子，但它很容易令孩子产生对抗心理，也不是一种好的教育方式；风趣幽默式的教育能触动孩子活泼、善良的天性，在孩子的心灵中能留下不易磨灭的印迹，并时刻借此警示自己。

一次，粗心的小瑞竟不知道把书包丢在哪里，爸爸好不容易才帮他找回来。回到家后，小瑞吓得躲在房里一声不吭。爸爸把小瑞叫了出来，并没有打他，反而安慰小瑞说：“你看，书包里面塞了那么多没有用的东西，它一定累坏了，自己跑去睡觉了，你以后走的时候一定记得叫醒它，而且也帮它减减负。”小瑞明白爸爸的意思，赶紧把书包里没用的玩具、球拍等拿了出来。之后，小瑞再也没有丢过书包了。

爸爸采用幽默的方式教育儿子，不但使儿子改掉了丢三落四的毛病，而且促进了父子关系的发展。

男孩的性格要比女孩倔强，他们不喜欢被约束、被管制，逆反心理重，有时像只脾气倔强的小毛驴，父母要他往东，他偏偏往西。所以在教育男孩时，父母不妨转个弯，从侧面入手，采取幽默的教育方式，这样既维护了男孩的自尊心，又能达到教育效果。而且有教育专家研究表示，一个在幽默环境中长大的男孩，不但想象力丰富，心胸宽广，其语言表达能力和面对挫折的能力也都很强。

其实，让男孩听话并没有你想象中那么难，只要找对方法，培养出一个优秀的男孩也不是一件难事。

方法一：将幽默带进教育中

6 岁的小佳总是不爱吃饭。一次爸爸带他去外婆家串门，邻居家的大狗冲了过来，吓得小佳直往爸爸身后躲。后来，大狗被爸爸赶跑了。小佳问爸爸：“为什么大狗只追我咬，不咬爸爸呢？”爸爸摸着儿子的头反问道：“你知道狗最喜欢吃什么吗？”小佳说：“骨头。”爸爸笑着说：“那就对了，你看爸爸每顿吃三大碗饭，身强力壮，而你挑食，不爱吃饭，瘦得一身皮包骨，狗当然追你啦。”小佳点点头说：“嗯，那我以后每顿也吃三大碗饭，我要像爸爸一样强壮！”

教育往往就是这么简单，有时苦口婆心的教导孩子很难接受，而有时一个简单幽默的小事件就能让孩子深刻领会其中道理。故事中的爸爸就是由一只狗引发对儿子偏食坏习惯的教育，幽默风趣的语言既容易让孩子接受，又让孩子改正了坏习惯。

方法二：幽默不等于讽刺、挖苦

孩子们都喜欢说话幽默的父母，但你也不能口无遮拦，要讲究分寸，如果将幽默变为讽刺、挖苦，就得不偿失了。

刘女士到学校给儿子开家长会，看到儿子同桌考了第一名，便对儿子说：“你看你也考第一名，人家也考第一名，不过人家是正数第一名，而你是倒数第一名。”儿子听完心里很不是滋味。

很多人误解了幽默教育，其实，它不等于讽刺、挖苦孩子。幽默能够激发孩子的自尊、自信和潜力，而讽刺、挖苦就可能伤害到孩子。经常被父母讽刺、挖苦的男孩，自尊心和自信心都会受挫，越是责备，孩子进步就越慢。父母的讽刺、挖苦会使男孩情感上变得冷漠，对家人失去信赖和依靠，对家充满厌恶和反感，进而引发男孩的反抗和报复心理。所以，在面对男孩犯错时，父母千万不能讽刺和挖苦。

专家给父母的

管教课堂

男孩不服管，应尝试不同方式、多种渠道与男孩沟通，让他不至于对父母的管教产生疲劳感。孙云晓老师介绍的几种沟通方式，父母们可以借鉴一下：

1. 用小纸条传递对儿子的爱。

2. 用网络聊些男孩感兴趣的话题。

3. 偶尔要给孩子写封“信”。

第29招

耐心倾听男孩说出的每句话

在成年人的世界中，有一类人特别受到大家的欢迎，他们在与别人谈话时，无论对方身份、地位怎样，他们总是能耐心、专注地倾听对方的每句话，让倾诉者倍感受到重视，畅快淋漓。在孩子的世界里，他也期望自己能得到重视对待，有人能耐心的听他讲话。

随着社会生活节奏的加快，很多父母已经失去了倾听孩子心声的专注与耐心，常用玩具和衣服“堵住”孩子的嘴，殊不知，这样也把孩子的快乐和烦恼都堵在心里。

小罡从小就是个内向的孩子，不善于表达自己的情感，父母也没有重视。一次，小罡放学后在学校被高年级的同学欺负，很是郁闷。回到家后，妈妈见小罡满身是泥，生气地训斥了小罡一顿，小罡想解释，但根本插不上话。妈妈的责骂加上之前的欺辱，令小罡心中又委屈又憋气，把自己锁在屋里。第二天放学时，小罡在路边捡了半块砖头，在昨天被打的地方又与那群孩子打了起来，其中一个孩子头部被砖头打伤，住院缝了七八针。小罡既要赔偿医药费又要被学校劝退。这时小罡的妈妈还是没有给儿子说话的机会，一直在训斥儿子的行为。

小罡打架的事本是可以避免的，如果他的妈妈之前能耐心倾听儿子的解释，帮助他排解忧愁、疑虑，儿子也不会做出如此过激的行为，酿成如此严重的后果。

男孩子虽然给人大大咧咧、无忧无虑的感觉，但是他也会有心事，也渴望与人沟通。如果一个男孩在同学、朋友那里不能倾诉，在父母这儿又得不到理解与肯定，他就会郁郁寡欢，心灵倍受打击，久而久之，性格会变得孤僻。一个什么事都放在心里的男孩成长起来也不会快乐、健康。

倾听是一门艺术，也是一门学问。卡尔 · 威特说过“倾听是一种非常好的教育方式，它对孩子来说是在表示尊敬、关心，他也能使孩子充分地认识自己的能力”。倾听在家庭教育中起着不可替代的重要作用，只有那些能耐心倾听男孩讲话的父母，才能很好的与男孩沟通，了解男孩的心声。

方法一：细心听男孩内心的想法

小宝想让爸爸带他去吃肯德基，又怕被爸爸拒绝，就对爸爸说：“爸爸，今天妈妈不在家，咱们俩出去吃吧。”爸爸点头表示同意。小宝又说：“那爸爸你喜欢吃什么呢？你喜欢吃鸡腿吗？”爸爸对儿子的问题很感兴趣，说：“那小宝喜欢吃鸡腿吗？”小宝使劲地点点头，爸爸笑着说：“走吧，乖儿子，去肯德基吃鸡腿！”

现在的小男孩头脑灵活、思维奇特，有时向父母表达想法时也懂得委婉曲折，粗心的父母往往很容易忽略孩子内心真正的想法，让孩子觉得家长与自己有代沟。要想更多地了解自己的儿子，父母就要善于做一个倾听者。在倾听孩子讲话时，你要细心探究每一句话背后的意思，捕捉孩子的细小心思。多花一点时间与精力，耐心地听他说，这样才能走进他的内心世界。

方法二：耐心听孩子把话说完，别打断他的话

妈妈领着 4 岁的齐齐去参加同事聚会，齐齐活泼、好动、爱表现，把同事们逗得特别开心。后来妈妈发现，年轻同事在逗他玩时，没等齐齐表达完自己的想法，就被大人们打断了。妈妈赶紧上前制止同事说：“一定要听他把话说完，不能打断他。”同事们很不解，打断一个小孩子说话能有什么问题，他又没多少思想。

我们在生活中经常遇到类似的情况，如果不加注意就会影响孩子的语言表达能力，对他成长很不利。孩子再小也有独立的人格和自尊，也有表达内心感受、阐述想法的权利，做父母的应该耐心地听孩子把话说完。孩子说得合理的地方就应该给予赞赏，不合理的地方就与他交换意见，直至解开孩子心中的疑团。只有这样，才能形成良好的亲子关系，男孩也能健康成长。

方法三：掌握正确的倾听方式

倾听是一种神奇的家教艺术，一位有智慧的家长也定是一位高明的“倾听者”。要做一个高明的“倾听者”，需要注意以下几点。

第一，要有好的姿态，做到“停”、“看”、“听”。具体的说，当男孩有话要说时，父母要停下手中的工作，目视孩子，观察他的表情、声调、语气、手势等非语言信息。最后要做到耐心的听，帮他排忧解难，把孩子内心的想法和感受引导出来。

第二，听男孩说话时要表现出兴趣来。如果孩子兴奋地提起一件事，而父母漫不经心或是沉着脸、一言不发，那么孩子一定会十分失落、沮丧，以后也不愿与父母分享自己的快乐。

对于孩子的话题要及时给予回应，比如提出疑问，或是肯定他的想法，以激起孩子继续讲话的欲望。这样，亲子之间才能有良好的沟通。

专家给父母的

管教课堂

良好的沟通不仅能让亲子关系融洽，还能让父母与孩子成为亲密的朋友。下面我们看看“知心姐姐”卢勤给父母们的几点建议：

1. 讲究听的姿势，例如与孩子平视，身体前倾等细微动作。
2. 表现听的兴趣，激起孩子沟通的积极性。
3. 要有专注的态度，让孩子感受到父母的尊重与重视。

第30招

非语言沟通——无声胜有声的力量

英国教育专家赫伯特 · 斯宾塞说过：“事实证明，家长对孩子的一些拥抱、抚摸，或是亲昵地拍打几下的动作，对孩子智力、情感的发育都有好处，其交际能力也会有所增强。”在中国，父母表达对男孩的情感的方式是比较含蓄的，既不善于说，也不善于付诸行动。虽然我们都知道自己对孩子的爱有多深，但是很少会对男孩说“我爱你”，更不用说去抚摸他、拥抱他了。父母与男孩的沟通不能只限于语言的沟通，还要学会用非语言去表达自己的爱。

“非语言沟通”是指运用恰当的目光、声调、动作等非语言形式与男孩沟通。男孩与女孩相比有更敏锐的感受力，但是在语言表达自己情感方面则要比女孩逊色得多，男孩天生具有默默感受、独立思考的习惯。非语言沟通是一种无声胜有声的力量，是一条更容易被男孩接受的沟通途径。例如在对男孩表示喜欢、赞许时，父母可以通过微笑着抚摸孩子的头、拍拍孩子的肩膀、竖起大拇指等方式来表现，而当男孩可能要犯错误时，一个严肃的表情、犀利的眼神就足以震慑孩子不当的行为。

美国语言学家艾伯特 · 梅瑞宾提出过一个著名的沟通公式：

沟通的总效果＝7%的语言＋38%的音调十55%的表情。

这也说明非语言信息的重要性。男孩都具有敏锐的观察力和感知力，即使是父母再微妙的表情和动作，男孩都能捕捉到其中意思。那么，怎样才能实现与男孩的“非语言沟通”呢？

方法一：学会用眼神传递信息

眼神是一种常见的非语言行为，父母可以通过眼神表达很多信息。例如鼓励赞许的眼神会给孩子带来自信；信任期待的眼神可以给孩子带来动力。父母要学会用肯定的目光看待自己的儿子，给孩子以激励，让他做得更好。

方法二：学用微笑、点头来鼓励孩子

小光是个聪明伶俐、懂事乖巧的孩子，唯一的缺点就是胆子小，羞于和陌生人讲话。一次，妈妈领小光去口才班报名，在去的路上妈妈装作不知道地址，让小光自己去问路。刚开始，小光拽着妈妈的手撒娇，希望妈妈去问，可是妈妈说："这可是你的事情，你要自己问路。" 小光见妈妈态度坚决，只好独自问路。小光在路口处转悠半天，一直没有开口问，还不时地看看远处的妈妈。妈妈一直微笑地看着小光，小光好像受到妈妈微笑的鼓舞，向妈妈指了指不远处向他这边走过来的阿姨。小光见妈妈点点头，便跑向阿姨礼貌地问口才班地址。一会儿，小光高兴地跑回到妈妈身边，自豪地对妈妈说："我知道怎么走啦。"

故事中妈妈与儿子问路过程中没有说过一句话，但是妈妈通过微笑来鼓励孩子，并点头肯定了孩子的行为，而孩子在妈妈无声的鼓励下，成功地向陌生人开口问路，锻炼了自己的胆量。

男孩天生都善于捕捉父母的表情，并以此来获得父母的想法和意见。那么，当你对男孩正确、积极的行为给予肯定和鼓励时，不妨脸上多挂些笑容，对多孩子点点头。

方法三：学会拍儿子的肩膀，给他鼓励赞许的力量

生活中，很多孩子在面对考试、比赛，或独立做一件事时可能会不安、紧张、缺乏自信。但自尊心很强的男孩们又往往不屑也羞于将这些状态表现出来，作为男孩的父母，在这种情况下要懂得如何鼓励男孩。

有位男孩在自己的日记中这样写道："今天，我参加了全市小学生歌咏比赛，并取得了第一名，我真的很高兴。这是我第一次参加如此大型的比赛，我紧张得心都要跳出来了。临近上场时我脑子一片空白，发现朗朗上口的歌词怎么也记不起来了，这时候一个厚重的手掌拍在我肩上，我回头一看原来是爸爸，爸爸并没有开口说话，但是我感觉到爸爸对我的肯定和鼓励，心情一下平静许多，歌词也悄悄地又回到脑中。我自信地走向舞台，成功地完成了演出。我要谢谢爸爸的鼓励，是他让我自信地站在舞台，取得好成绩。"

不要小看拍男孩肩膀给他所带来的力量，一个简单的动作就能起到"无声胜有声"的作用，让孩子深刻体会到你对他的肯定和鼓励。

专家给父母的

管教课堂

与孩子的沟通，不能仅停留在"嘴上"这一种形式，还要懂得借助眼神、表情、动作等各种形式传递信息，对此伊丽莎白·哈特利·布鲁尔给出了以下三点建议：

1. 当孩子有话要对父母说的时候，要放下手中的工作，把注意力投向他。

2. 学会观察孩子的表情、站姿、坐姿、说话语气等等细微动作，发现隐含在其中的意义。

3. 与孩子对话时，要直视他，让孩子感觉到你是在认真地与他谈话，以激起孩子继续谈话的兴趣。

第五章

奖罚有方——奖罚男孩要恰到好处

你还在用金钱作为奖励男孩的手段吗?

你还在用棍棒作为惩罚男孩的武器吗?

……

如果你是这样的一位父母，那么证明你已经 OUT 了!

快点到本章节中寻找最 IN 的奖惩方法吧!

第31招

奖罚分明，父母不可做“葫芦僧”

很多教育专家经常告诫父母，在教育孩子时要奖罚分明，但是，在某些情况下，很多家长却奖罚不明，像个“葫芦僧”一样，该惩罚男孩时不惩罚，而是奖赏；该奖赏男孩时不奖赏，反而惩罚。如此一来，男孩自然错误连连。

刘女士正在念初中的儿子乐乐又被校长劝退，令刘女士很烦恼。其实乐乐已经转过很多学校，每次都是因为打架被劝退。乐乐之所以崇尚武力全因妈妈的错误教导。

原因在于有一次乐乐在小区里与年纪差不多的小朋友们玩，见有一个小女孩被一个个头稍大一点的男孩子欺负，就勇敢地站出来帮助小女孩把那个男孩撵走了。这一切被不远处的妈妈看见了，她大大夸奖了儿子的行为，并买了玩具奖励他。乐乐因此很高兴，在心中却产生了这样想法：武力不仅能帮助人还能获得妈妈的奖励。后来，乐乐把自己的拳头看成是征服别人的最有利武器，对于一些纷争常常采用武力方式解决，慢慢地就变成学校里的“小霸王”。

男孩都有强烈的追求奖励和夸奖的欲望，因此很多男孩可能为了获得奖励就不择手段，像故事中的乐乐一样产生错误思想，走向极端。不过奖惩孩子并没有父母想象中的那样简单，不是做得优秀就必须给予奖励，犯错误就必须给予惩罚，还要视情况而定。

幼年时期的男孩正处于是非观和性格形成的懵懂时期，正确的奖励可以让男孩保持积极向上的良好的心态，正确的惩戒可以培养男孩的责任感以及适应生活和学习的能力。不可否认，父母对孩子的奖励和惩罚不恰当就会带来负面的影响，那么父母怎样才能正确的奖罚男孩呢？

方法一：奖罚孩子真正重要的是动机，而非结果

男孩虽然淘气，但在大多数情况下，他做某件事的动机基本是出于善意的，不过有时男孩的想法不能被父母接受，或者结果出现偏差。例如一个男孩帮妈妈洗碗却不小心把碗打破了，如果父母责骂孩子，既打消了孩子今后劳动的积极性，又打击了孩子帮忙的好意。所以，父母在奖罚孩子时，要看孩子的出发点即动机是不是积极向上的，是不是善意的，不能只注重结果的好坏，片面地给予奖励或惩罚。

方法二：抓住男孩心理，善于利用他的自尊心

男孩的自尊心强，有时强硬的批评态度很容易使他产生逆反心理，但是改用温和的态度，甚至给予奖励的方式对待男孩的某些“错误”，就会激发他心中强烈的愧疚感，从而让他发自内心地去改正错误，这也是奖罚的一种妙用。

一次，帅帅在期中考试中名列前茅，妈妈表扬了他，并给他买了很多玩具。但是帅帅心中并不高兴，每当看到玩具时，心中不免心生愧疚感。原来帅帅在期中考试时作弊，并没有被监堂老师发现。

其实，妈妈早就知道帅帅作弊，班主任在批阅卷子时发现了雷同卷，告知了帅帅的妈妈，出于保护孩子的自尊心的想法，老师没有将卷子作废。妈妈知道后继续装作毫不知情地奖励了帅帅，并多次在外人面前夸奖帅帅，说自己儿子最大的优点就是诚实。帅帅对于“诚实”两字更是觉得刺耳，于是在心底暗下决心，下次考试中一定要靠自己的实力获得妈妈的认可。果然，在期末考试中帅帅用行动证明了自己的决心，成绩十分优异，因此获得老师和妈妈由衷的赞扬。

不是只有当孩子做得对、做得好的时候，父母才能奖励。就像故事中帅帅的妈妈，明知道儿子的错误行为还是奖励他。有时候我们应将奖励视为一种刺激，善用男孩强烈的自尊心，帮其改正错误，发奋图强，取得成功。

专家给父母的
管教课堂

在男孩心理教育过程中，正确运用奖罚教育，可以使男孩提高认知水平，强化良好的活动动机，促进能力的发展，激发积极向上的精神情感，增强上进心和责任感。卡尔·威特给父母们建议是：

1. 按照孩子的个性，恰如其分的选择奖惩的方式。

2. 奖惩孩子时一定要讲明原因。

3. 奖惩孩子时要就事论事，不能牵扯到别的事情上去。

第32招

制定一份规范男孩行为的家规

在成人的世界中，人们总会被这样或那样的规则规范着自己的行为，因此才能井井有条地生活、工作、学习。其实，规则的设立不能仅仅限于成人，男孩心智不成熟，是非判断力和约束力较差，他们的行为更需要用规则规范和约束。

通常情况下，大多数父母习惯于以自己的准则监督孩子的行为，并随时督促孩子改正缺点。但是在孩子眼中，最怕的就是整天唠叨的父母，孩子会避而远之，不愿意与其沟通，代沟就这样产生了。男孩天生就不习惯被约束，叛逆心理又强，要让男孩养成良好的行为习惯不是一朝一夕的事，需要父母与孩子长时间的共同努力。

俗话说："国有国法，家有家规"，要想规范男孩的行为，就要制定一份合理的家规。家规就是孩子行事的准则，明确地告诉他哪些事能做，哪些事不能做，违反规则又会受到什么样的处罚。当孩子的行为一旦被准则规范时，他们做事情就会有底线，并且知道超越底线会有什么后果。例如规定孩子必须在8点钟之前去睡觉。那么，孩子到时间必须要去睡觉，养成良好习惯后，父母也不必每天去催促孩子睡觉了。

我们都知道规则的制定要比打破规则难得多，过于宽松的家规没有约束力，起不到规范行为的作用；过分严格的家规又会使孩子中规中矩，缺乏自我，也有可能使孩子产生强烈的逆反心理，跟父母对着干，令家规的制定得不偿失。所以，在制定家规时一定要根据孩子的性格特点和实际情况制定，并要统一与孩子的意见，这样孩子才会去遵守。

下面，介绍两种比较实用的制定家规的形式。

方法一：设立“积分制度”

在一个再婚家庭中，男孩与继父的关系很紧张，他很抵触与继父的交往和沟通。继父后来知道男孩想要一个价格不菲的轮船模型，便制定出一个“积分制”的方法改善了父子关系。他们是这样规定的：每天按时起床，收拾房间（每天2元钱）；每天饭后帮助妈妈收拾碗筷、洗碗（每次5元钱）；每天做一个半小时功课，做完后交由继父检查（每天3元钱，视质量可加减）；每天饭后要和继父遛狗（每日3元钱）……如不能完成上述条款，要相应双倍扣除。

这样下来，如果男孩努力，每天都会有20块钱左右的收入，三个多月就能靠自己的力量买到心爱的模型。在这三个月中，男孩为了得到模型，表现出很多以往没有的好行为，而且在与继父的接触中，他又重新认识了继父，两个人建立了亲密的感情。

这种奖惩机制明确地规定了孩子的行为，做得好就加分，有奖励；做不好就扣分，有处罚，特别适合教育男孩。当你给男孩设定一个目标后，好胜心强的男孩往往会有很大的激情和动力努力希望尽早完成目标。

方法二：与男孩签订“行为契约”

如果每天都追在孩子后面对他言谈举止进行监督、指正、批评或赞扬的话，即使孩子不觉得父母唠叨，做父母的也会烦。那不妨和孩子签订一份“亲子合约”。

刘女士一直希望儿子能比同龄孩子出色，所以平常十分关心孩子的事。儿子每天放学一到家，刘女士就会询问儿子学习状况，比如学校今天发生什么事，和同学的关系怎样等等问题，晚上还陪儿子做作业。随着儿子一天天的长大，刘女士的关心很令儿子苦恼。后来，刘女士和儿子决定制定一份“行为契约”，内容有以下几点。

1. 妈妈不得在吃饭时间询问学习情况。

2. 作业不会时，妈妈要耐心讲解，不许生气发脾气。

3. 儿子每天主动找妈妈谈心。

4. 要听妈妈的话，多帮妈妈做家务，不乱花钱。

5. 合同有效期：本学期。

母子俩在下面签了字，并严格按契约行事。渐渐地，儿子也比之前懂事并愿意和母亲沟通，母子之间的关系变得融洽了。

可见，家庭教育也可以模仿企事业机构的管理经验，制定严格的制度。一旦孩子的行为被约定成俗，孩子自然会去遵守，你也并不必每天在孩子身后三令五申了。契约制度类似于公司签订协议的方式，能帮助孩子自我监督，自我观察，养成良好习惯，既省去了说教，又使亲子之间的冲突大大减少，不失为一种科学有效的教育方法。

专家给父母的
管教课堂

孙云晓老师说过：“训子千遍不如培养一个习惯！”他在培养孩子良好习惯上给父母的建议是：

1. 引导孩子对某个习惯产生兴趣。

2. 明确行为规范。

3. 适时进行榜样教育。

4. 及时评估和奖惩。

第33招

永远不对你的男孩进行体罚

苏霍姆林斯基说过："父母不用温柔、理智的良言善语，而打耳光和用皮带抽打孩子，如同在雕塑作品时不用精巧的雕刀，却动用生锈的斧头。"如今社会推崇理性教育，不打不骂管教孩子，但是中国"不打不成器"、"棍棒之下出孝子"的传统教育观念仍然根深蒂固。大多数情况下，父母知道打孩子的行为不对，可当孩子犯错时又想不出更好的教育方法。

中国政法大学的田岚、何俊萍两位教授曾对"家庭体罚子女现象"进行调查。调查显示，将近2/3的大学生在儿童时期遭受过家庭暴力，其中男孩居多，体罚的形式多以手打脚踹的形式为主，其次是罚跪、罚站。

心理学家指出，父母在男孩的成长过程中滥用体罚，会给孩子造成诸多心理问题。如果经常打儿子，他就会缺乏自信心、多疑、有挫折感，还会产生强烈的逆反心理，不愿服从社会规范，或者幼稚、软弱，缺少男子汉气概等。

体罚孩子还会破坏亲子关系。一旦体罚男孩，既会伤害到男孩的自尊心，又会使父母丧失在孩子心目中的威信，亲子之间产生严重隔阂。体罚男孩会使孩子对家长产生怨恨，严重时甚至与父母对抗、对骂、对打。当被打得多了、骂得多了，男孩便会习以为常，不再畏惧，此时体罚就失去了惩戒的效果，失去了对孩子的威慑力。

体罚是一种无能的教育，父母在教育男孩时还是要遵从孩子的成长规律，宽容对待，以理服人，做一个不打不骂的好家长。

方法一：以理服人，以情动人

下面是一对父子的对话：

爸爸：“今天不准出去玩，好好在家做作业。”

儿子：“我作业做完了，出去玩一会还不行吗？”

爸爸：“做完了可以看书。”

儿子：“老师说要劳逸结合效率才会高，我玩一会儿再回来看书。”

爸爸：“什么劳逸结合，我让你看你就得去看！”

儿子：“你不讲理！”

爸爸：“哪有那么多道理跟你讲。当年我要是敢跟你爷爷说个‘不’字，早挨揍了！”

类似的一幕经常会在不少家庭上演，很多父母认为孩子小，不懂得大道理，在教育孩子时不会对他讲理，而是常常摆出一副家长的架子以势压人，甚者更是拳脚相加。孩子也有思想，也懂道理，要想孩子真正明白是与非，黑与白，还是要采用说服教育，动之以情，晓之以理。

方法二：“事不过三”原则

小军在学校偷了同学的钱，被同学揭发告诉了老师。老师批评了小军并告知了他妈妈。妈妈知道后很是气愤，回家便对小军一顿暴打，小军吓得哇哇大哭：“妈妈别打了，以后我不敢了。”可是没过多久，小军的班主任给小军妈妈打电话说孩子又犯老毛病了，让父母好好教育。妈妈比上次更激烈地揍了小军，并把穿着单衣的小军关在门外，让小军冻了一个多小时。往后很长一段时间，小军都很乖，不再偷东西。不过，小军很害怕妈妈，说话也不敢大声，每天郁郁寡欢，母子之间的隔阂越来越大。

父母在教育孩子时，惩罚是必不可少的，但是它与体罚的概念完全不同。当孩子犯错时，你可以采取“事不过三”的原则。初次犯错时，父母可以温和的态度告知，让孩子明白自己哪错了，为什么错了，所带来的后果是什么，以及应该如何改正。孩子第二次犯错时，就要严厉地批评。除了警告之外，还要好言相劝、耐心教导。如果同一错误第三次犯的话，就要给予相应的惩罚了。但惩罚一定要恰如其分、说到做到，不能给孩子留有任何侥幸心理。

专家给父母的
管教课堂

孙云晓老师说过：“惩罚绝不等于体罚，也不是伤害，更不是心理虐待、歧视，让孩子觉得难堪，打击孩子的自信心。”下面我们看看他给父母们的以下三条教子方案：

1. 让孩子为自己的过失负责。

2. 惩罚也需要尊重与信任。

3. “惩罚”在教育中起着积极的作用，但记住“惩罚”不等于体罚。

第34招

和风细雨，宽容往往比惩罚更有效

在传统惩罚式教育思想影响下，父母与孩子的关系往往弄得非常紧张。殊不知，最好的家庭教育应该是多一分宽容，少一分惩罚。

惩罚不但会破坏亲子之间心灵的联系，也会使孩子变得迟钝、粗野，甚至出现心理障碍。孩子最害怕的就是父母的责骂，时间一长，要么变得软弱无能，唯唯诺诺；要么变得麻木不仁、我行我素。

对他人宽容，是为人处事的一种美德；对孩子宽容，就不仅仅是一种美德，还是一种教育艺术。

我们要知道，孩子犯错与成人犯错，在性质上有很大的不同。首先，孩子涉世未深，明辨是非能力差，所以很多情况下不是明知故犯，而是根本就不能明辨是非对错；其次，孩子自控能力差，不能像大人一样懂得规范自己的行为，这时宽容的力量要比惩罚的力量更强大，所以父母要学会用一颗宽容的心面对孩子的错误。

方法一：关注孩子做对的地方，而不是错误之处

黄宇在数学考试中得了96分，他高兴地拿着卷子往家跑。边跑边想："这次一定能让爸爸妈妈满意。"原来，在上一次数学考试中，黄宇考了90分，都是由于马虎出现的计算错误，被爸爸妈妈批评了，之后黄宇更努力、认真地学习，希望下次考试能考好。

回到家后，黄宇迫不及待地把卷子拿给爸爸妈妈看，爸爸的脸色沉重，半天才说话："还差4分呢，你是不是又马虎了，怎么老改不掉这个坏毛病呢？以后考试要多检查几遍，下次拿100分才行。"听

到爸爸的这番话，黄宇心里很不是滋味，没想到自己的刻苦努力不但没有得到表扬，反而被教训一顿。失落的黄宇回到房间决定以后不努力学习了，因为无论自己怎样努力都不会得到父母赞扬。

父母们要尝试改变对孩子的评价方式和评价习惯，如果上例中的黄宇爸爸将“还差 4 分”改为“得了 96 分”，效果就会不一样了。在教育孩子时，不要只盯住错的地方，这样只会使孩子失去信心。

方法二：对男孩宽容而不纵容

宽容对待男孩，不等于可以无限度的放纵他，更不等于可以对孩子的错误不管不问。我们这里所讲的宽容，是指父母对孩子所犯的一般性错误行为暂时不作批评和指责，经过冷静思考后，再采取最有效的解决办法。

专家给父母的
管教课堂

海姆 ·G· 吉诺特博士说：“孩子总归是孩子，要宽容接受孩子的孩子气。”他认为家长对孩子的宽容主要表现在以下几点：

1. 接受孩子所有的感觉，但不能过分纵容他。

2. 接受孩子拥有法律规定的各种权利，尊重他的各种情绪和愿望。

3. 告诉孩子可以不必为自己的感觉负责，但是要对自己的行为负责。

第35招

家庭教育中奖励男孩的规则

每个孩子都有这样一种心理特征，那就是喜欢被赞许、奖励，而讨厌被批评、惩罚。而且教育专家研究发现，男孩在激励的刺激下改过的几率要远远大于受责骂改过的几率。所以父母在教育孩子时要懂得如何通过激励使孩子进步。激励除了口头表扬的方式之外，当然还有物质奖励的方式。

对于物质奖励方式，很多父母像是抓住了救命稻草一样，事无大小，都会对孩子物质奖励一番，并称之为“奖励教育”。这种“奖励教育”的确对男孩的成长起着积极的作用，但是过度的物质奖励会让男孩对金钱产生强烈的依赖感，不利于孩子的成长。

过度奢侈的物质奖励对心智不成熟的小男孩的成长没有任何好处。一旦孩子对奖励产生麻痹的时候，男孩就不会有幸福感与成就感，而且父母也很难再调动起孩子对生活的积极性。

物质奖励是家庭教育中的一把“双刃剑”，有积极作用也有消极作用，要学会把握好其中尺度，让它发挥最大的功效。

方法一：奖励宜“精”不宜“滥”

要根据事情的意义和重要性，给予孩子适当的奖励，掌握好度。如果一个孩子轻松就能获得奖励，那么他对奖励也不会有那么大的期望值了，自然努力的动力也随之减小。奖励的意义也便没有了。

方法二：奖励聪明不如奖励努力

在生活中，我们发现很多小时候聪明的孩子长大却变“笨”了，而那些“笨孩子”长大后却很聪明，其实在这里面起决定作用的就是“努力”。爱迪生说过：“天才是1%的灵感加上99%的努力的结果。”一个知道努力的孩子往往要比聪明的孩子更能接近成功。因此，在奖励孩子聪明的时候千万不要忘记奖励孩子的努力，而且对于一个孩子而言，他的努力也是最值得父母肯定和奖励的。

方法三：一定要讲明奖励的原因

萧萧在学校把班级的花盆不小心打碎了，他主动去找老师承认错误，老师不但没有批评他，反而在班级同学面前表扬了萧萧，说他敢于承担错误。回到家后的萧萧把这件事告诉了妈妈，妈妈也表扬了萧萧。可是在接下来的几天，家里的东西总是被萧萧“不小心”弄坏了。原来，萧萧以为做错事并且敢于承担错误就能获得表扬，因此他故意打破东西，想获得更多的表扬。

奖励孩子时一定要讲明原因，让他知道为什么能获得奖励，怎样做才能获得奖励。这样既能让孩子因获得奖励而高兴，又能让孩子的心智跟着成长，还培养出孩子明辨是非的能力。

专家给父母的
管教课堂

男孩取得成绩时，最希望得到父母的肯定与奖励。为此孙云晓老师为男孩的父母提出以下几条建议：

1. 奖励要多样化。
2. 注重精神上的奖励。
3. 奖励少用“讨价还价”的形式进行。

第六章

激励教育——给予男孩成长的动力

你会为男孩的每个小进步喝彩吗?

你会用赞美点击男孩身上的缺点吗?

你会在家庭教育中巧用激励教育吗?

……

每个男孩身上都蕴藏着巨大的、不可估量的潜能，而激励教育恰恰能唤醒男孩这部分能量，使之成为男孩健康成长的动力。

那么，身为男孩父母的你知道如何才能发挥激励的作用吗?

快到本章中学习经验吧!

第36招

为男孩的每个小进步喝彩

人最渴望的需求就是得到赏识、理解、尊重和爱。就精神领域而言，每个孩子都渴望得到别人的赏识。被誉为20世纪最伟大教育大师的尔奎哈德曼说过：“孩子真正需要的其实是内在的奖励，它并不需要拿什么具体的东西来装饰，只要给他一点鼓励，他就能深刻感受到父母对他的信任。”然而，在现实生活中，很多父母却不懂得用欣赏的眼光去看待男孩，不懂得去赞扬男孩的每一点进步。

一场橄榄球比赛结束后，儿子兴致勃勃地跑到爸爸身边说：“爸爸，你有没有看见我在底线得分的那个球？”爸爸冷冰冰地说：“看见了，可是你怎么会在四分之三位丢失一个球呢？你以后要多练习拦截和接球！”听完爸爸的话，儿子如同当头一盆冷水泼下，刚才的兴奋劲儿顿时烟消云散。

这位爸爸的动机无可指责，但他的话语不仅贬抑了儿子的长处和才华，而且伤害了儿子的心灵。当一个男孩感到很难从家长那里获得鼓励和赞许时，就会将心灵之窗关闭。

著名的儿童心理学家赫洛克做过这样一个实验，他将孩子分为四组：赞赏组（每次工作后予以表扬和鼓励）、斥责组（每次工作后严加训斥）、被忽视组（不予评价，只让其静听其他组受赞赏和挨批评）和统制组（与其他组隔离，不作任何评价），要求这些孩子连续三天做加法演算。第一天，各组的平均分数大致相同，然后随着时间的推移，赞赏组的成绩不断进步，明显高于其他三组。赫洛克认为产生这种结果的原因是，赞美组的孩子认为被父母寄予了厚望，所以有较强的努力欲望，成绩自然要高。

很多家长忽视了对男孩的赞美与鼓励，特别是在一些小事上面，认为这些是男孩分内的事，是应该做到的。其实，每当男孩努力做好一件事后，都会产生强烈的欲望想要获得父母的肯定。所以，在平时的生活中要学会发现并肯定男孩的每一点进步。

方法一：相信每个男孩身上都有无限潜能

有一位心理学家曾经到一所中学做调查，让孩子尽可能说出自己身上的优点。没想到很多孩子居然一个也说不出来。为什么会出现这种情况？原来，这些孩子的父母经常对他们说："你看人家某某多优秀"、"你怎么这么笨"，时间一久，孩子就认为自己没有任何优点了。

世界上没有一无是处的孩子，只有不会教育孩子的父母。每个男孩身上都蕴藏着巨大的、不可估量的潜能，只要懂得适当地开发，孩子任何事情都可能学会。所以，当男孩在生活、学习中出现问题或遭遇挫折时，不要急于批评和指责，而是要积极地给予鼓励。这种鼓励会转化为男孩进取的动力，帮助他克服一切困难，做得更好。

方法二：为男孩的每个小进步喝彩

有这样一个家庭，母亲初中毕业，她不懂英语，根本看不懂儿子的英语作业，可是每次儿子把英语作业拿回来让她看，她都说："儿子棒极了！"然后小心翼翼地挂在客厅的墙壁上。一有客人到访，母亲总是自豪地炫耀说："看，我儿子写得多好！"其实，儿子写得并不好，客人见主人这么说，都连连点头应和。儿子受到鼓励，心想："我明天写得会比今天更好！"于是，儿子的作业一天比一天写得好，学习成绩一天比一天提高。后来，这个男孩考上了重点大学，成长为一位杰出青年。

男孩就是这样有可塑性，你说他行，他就行；你说他不行，他很可能就真变得不行。当父母为儿子喝彩时，儿子会给父母一个又一个惊喜；当父母说他笨时，儿子会用行动证明他真的很笨。要做称职的家长，就要用心去发现男孩身上每一个闪光点，为他的每个小进步喝彩。

方法三：将鼓励男孩的行为坚持下来

小豪每次写完作业都会拿给妈妈检查，而且妈妈在检查完后都会夸奖他一番，因此，小豪尽量把作业写得工整，漂亮。到了二年级的时候，可能由于妈妈工作忙，不会每天都检查小豪的作业，自然小豪也经常听不到妈妈的夸奖。小豪心里想："是不是我做得不够好，妈妈不喜欢我了，也不关心我了。"之后，小豪写作业时再也没有以前那股认真劲儿了。

男孩的成长不是一朝一夕的事情，也不是仅靠三言两语就能鼓励起来的事情。在男孩成长的过程中，他们各方面的能力都需要父母的培养，人生观和价值观也需要在父母的帮助下不断建立和完善，想一蹴而就是不现实的，所以你要把鼓励男孩当成自己的功课，每天都要去肯定自己的孩子。

专家给父母的
管教课堂

鼓励教育是家庭教育的基石，要想挖掘孩子的潜力，就不要吝惜你的赞美之词，多给你的男孩一些鼓励，男孩也会多给你一些惊喜。伊丽莎白 · 哈特利 · 布鲁尔有以下三点建议：

1. 对于孩子的每一点成功，都要充分鼓励。

2. 对孩子的正确行为要表示赞赏。

3. 教育孩子时，应多一分赞美、鼓励，少一分批评、指责。

第37招

用赞美点击男孩的缺点

在家庭教育中，父母与男孩之间的沟通总会遇到很多困难。望子成龙的家长们，通常会给孩子设定很高的标准和要求，不容许孩子身上有一点瑕疵，在不经意间把目光聚焦在孩子的不足上，使孩子的缺点不断被放大。

小华和熙熙在同一所小学上学，两个孩子都非常聪明可爱。一次测验，两个孩子都得了98分。两个孩子高兴地把试卷拿给父母看。

当小华的妈妈看完后，对小华说：“小华真聪明，100分的卷子能答98分，错的这道题离正确答案也不远了。25减8等于16，你现在算算应该等于几啊？”小华挠了挠头说：“是17。”妈妈笑着说：“对了，以后小华还要继续努力哦！”小华听完妈妈的话，心里美滋滋的，认认真真地把做错的题改正过来。

当熙熙的爸爸看到卷子后，非常生气地说：“25减8等于16？你怎么算的，连这么简单的题都不会做，以后可怎么办？”熙熙低着头听着爸爸的训斥，默默地留下了眼泪。

虽然两个孩子的天资和努力程度都差不多，但是随着年龄的增长，两个孩子的成绩越差越远。小华的成绩一直在班级前三名，而熙熙却从来没有进过前十名。

没有一无是处的孩子，只有不会教育孩子的父母。两个孩子之所以产生差距，完全取决于他们从父母那获得的态度。古语说：“金无足赤，人无完人”。每个男孩身上都会有这样或那样的缺点，父母要宽容地看待他的不足之处，多鼓励孩子自信、自强、自尊，从而与孩子建立起良好的亲子关系。

男孩的可塑性很强，每一个缺点都有转化成优点的可能，关键在于父母是否能采取科学的教育方法。因此，我们提倡赏识教育。赏识教育是一种发自内心的对孩子的赞扬和欣赏，父母在欣赏孩子优点的同时，也要接纳孩子的缺点，倡导成长的快乐。那么，如何在教育男孩时实施赏识教育，用赞美点击他的缺点呢？

方法一：不要随便否定男孩

晓宇已经上小学四年级了，但是他有一缺点——经常迷路。对于家附近的路，晓宇还是没问题的，但是远一点的地方他就找不到家了。因此，妈妈限制了他的活动范围，不让他独自出门或走太远。一天，晓宇跟同学们约好去新建的体育场踢球，妈妈知道后阻止说："那么远的地方，你都没去过，一定又会迷路，你不可以去。"晓宇说："我用本子记下怎么去了，不会走丢的。"最后，妈妈还是态度坚决地不让晓宇去，晓宇生气地把自己锁在屋子里。

孩子遇到困难时，父母切记不要指责、挖苦，而要想办法帮助孩子逾越这些障碍。我们在生活中经常会遇到像故事中的妈妈一样的父母，经常对男孩说"你不行""你不可以""你不许这么做"之类的话。不能为了避免孩子犯错，就限制他的行为，这样很不利于男孩的成长。也不能纠结于男孩身上的缺点，要正确对待并有意识地、耐心地去引导孩子，潜移默化地让他身上的缺点变成优点。

方法二：与男孩进行心灵沟通

每个人都喜欢听赞美之词，不喜欢被批评。当父母指出男孩的缺点时，他会产生抵抗情绪，逆反心理。一旦孩子认为这是父母在精神上驾驭自己，双方就很难有实质上的沟通。因此，要学会站在男孩的角度思考、行动，了解孩子为什么会存在问题，做到真诚的沟通，让孩子自己明白其中的道理，自觉去改正。

方法三：用“暗示法”引导男孩改正缺点

儿子小龙打碎了妈妈心爱的花瓶，但当妈妈问起他时，他却一口咬定与他无关，说可能是风吹倒的。爸爸知道后，晚上拉着儿子的手说：“爸爸小时候把爷爷的自行车弄坏了，我虽然害怕你爷爷揍我，但是我还是主动承认了错误，没想到你爷爷居然跑去给我买糖吃，你知道为什么吗？”小龙摇摇头问：“为什么呢？”爸爸接着说：“因为爸爸诚实啊，一个孩子犯错并不可怕，怕的是没有勇气承认错误。”这时，儿子跑到正在厨房做饭的妈妈身边说：“妈妈，花瓶是我打碎的。”

苏霍姆林斯基说过：“任何一种教育，孩子在其中越少感觉到教育者的意图，教育的效果就越大。”暗示法可以说是一种“润物细无声”式的教育，而且对于有强烈自尊心和自信心的男孩来说，他的受暗示性也比较强。在暗示下，男孩能很快的根据道德标准去衡量自己的行为，并做出改正。

专家给父母的
管教课堂

尹建莉老师曾说过：“当孩子在对自己的能力不确信的情况下，需要有外在的赞美和肯定来巩固他的自信。”对此，尹老师建议父母：

1. 用心观察孩子的成长，赞美孩子要全面。

2. 赞美不仅仅是事后对孩子的肯定，有时事先赞美孩子，可能会有意想不到的“疗效”。

3. 赞美言语要详细、真实、具体。

第38招

激发男孩的求知欲和上进心

一个人要成长进步，有所作为，就离不开求知欲和上进心。求知欲是让人变聪明的法宝。著名的科学家培根说过："知识就是力量。"一个人只有拥有强烈求知欲才能不断地学习，不断地进步，并最终取得成功。人生中最大的乐趣莫过于对未知知识的探索和追求。而上进心是一个人成长进步的内在动力。一旦人有了上进心，他就有了奋斗的目标，才能奋斗拼搏，铸就辉煌人生。在现代家庭教育中，父母一定要注意培养男孩的求知欲和上进心。

每个孩子在小时候都会对周围的一切事物充满好奇心，对于孩子的千奇百怪的问题，有的父母会耐心地讲解，有的父母会推脱或敷衍。推脱和敷衍得多了，孩子的好奇心与积极性也会一点点的减少。

方法一：妥善解决男孩的每一次提问

父母一定要积极面对孩子的每一个问题。当孩子提出问题后，应尽快正面回答，如果时间允许，还可以把孩子熟知的事物和已掌握的知识联系在一起。如果遇到无法回答的问题，父母应坦诚告诉孩子，并想办法尽快解决，例如向专业人士请教，上网查询等等。如果父母能妥善处理好男孩的每一个问题，就是对他求知欲最直接的保护。

方法二：不断给男孩设立小目标

学校在一年级开设了英语课，但是小华怎么也学不好。一天，爸爸考小华20个单词，批改完后，爸爸对小华说："下周我还考你单词，这次你写对8个，如果下次你能对15个，我就带你去看电影。”小华很高兴，决定努力背单词。果然，小华的努力有了成效，他轻松地完成了目标。之后爸爸又对小华提出了更高一些的要求，他先是赞美了小华的努力，接着要求小华在下一周写对20个单词。小华在爸爸的激励下，更加努力学习，因此又一次的完成了目标。慢慢的，不断地完成目标，他的英语成绩也上来了，而且还学得非常好。

要引导男孩不断设立一些目标，但是目标要易于完成，这样有利于增强男孩的自信心。另外，还应适当地给予男孩物质和精神奖励，以提高男孩的积极性。如此累积，男孩的目标会不断扩大，他自然也会为达成目标而不断努力。目标是人奋斗的方向，一旦一个男孩有了奋斗的方向，就会产生进取的动力，这样他离成功也不远了。

专家给父母的

管教课堂

男孩的潜能是无限的，父母要仔细观察和发现，懂得如何开发。求知欲和上进心是孩子成功路上必不可少的动力，关于激发男孩的求知欲与上进心方面，孙云晓老师给出的建议是：

1. 引导孩子学会观察身边的现象。
2. 鼓励孩子提问题。
3. 认真对待孩子的每一次提问。
4. 培养孩子的探索精神。

第39招

赏识男孩的努力和勤奋

迄今为止，世界最著名的教育方法有六种，分别是：天才教育法、自然教育法、特殊教育法、才能教育法、实践教育法和赏识教育法。其中赏识教育法是由我国教育学专家周弘提出的，它作为世界著名的六种教育方法之一，是一种人性化、人文化的家庭素质教育新理念。周弘曾说过："无论什么人，受激励而改过是很容易的，受责骂而改过是不大容易的。而小孩尤其喜欢听好话，不喜欢听恶言。如果父母总是用消极的办法来对待孩子，其结果只能是小孩子改过的少，怨恨的多，即使不怨恨父母，至少也会有一点不喜欢父母。"因此，在教育孩子时，要少一些责骂，多一些赏识。

父母们在看自己的儿子时觉得全身都是优点，但是父母在赏识孩子时也不能盲目。有一位学者到美国家庭做客曾经历过这样一件事：

周末，我去拜访一位老友。一进门，我就看到朋友5岁的儿子。小男孩满头金发，还有一双清澈似水的蓝眼睛，我不禁从心里称赞小男孩长得帅气。当我把从中国带去的礼物送给小男孩后，小男孩有礼貌地道谢。我不禁夸道："你长的真漂亮，真可爱！"这种夸奖在中国是很平常的，是很受孩子喜欢的，但是老友并没有领情。在小男孩离开后，老友脸色一下子就阴沉下来说："你伤害了我的儿子，你要向他道歉"。我十分惊讶地说："我只是夸奖了你的儿子，并没有伤害他啊！"老友坚决地摇摇头说："你是因为他的漂亮而夸奖他。但孩子还小，不会分辨，你的夸奖会让他认为这是他的本领。而一旦一个男孩认为天生漂亮是值得骄傲的资本，他就会过于看重一个人的容貌，甚至会瞧不起长相丑陋的孩子，造成认知上的误区。其实，你只要夸奖他有礼貌就可以了，因为这是他努力的结果。”后来，我很正式地向老友的儿子道歉，同时赞扬了他的礼貌。

这件事让该学者明白一个道理：赏识男孩的时候，只能赏识他的努力和勤奋，而不是赏识他的聪明与外表。

所以，父母在赏识男孩时要注意聪明与外表是孩子先天的优势，不是值得拿来炫耀的技能和资本，但是努力和勤奋则不然，它是对孩子后天成长给予的肯定。所以，父母在今后的教育中要学会赏识男孩的努力与勤奋。

方法一：不要赞扬孩子聪明

亮亮是个思维敏捷，反应迅速的孩子，从小就被大人们夸奖聪明。亮亮自己也是这样认为的，对于其他小朋友回答不上的问题亮亮总是抢着答，希望获得更多的赞扬。当亮亮上小学后，他没有那种被人夸赞聪明的新鲜感，也不愿意去和小朋友抢着回答问题，而且对老师布置的作业也不屑于做。到了三年级的时候，他的学习成绩也开始下降，很多题都不会做，亮亮认为是自己长大变笨的缘故，因此常常抱怨妈妈把自己生笨了。

聪明是一种天生的个人资源，人们都希望拥有这种资源而被别人称赞，尤其是对虚荣心很强的男孩来说。当一个男孩把聪明作为衡量一个人的标准时，他会把所有的成功与失败都归结于先天的因素，而不去努力争取。所以，父母若想激励男孩取得更大的进步，就不要去赞扬孩子聪明。

方法二：给孩子努力和勤奋的力量

有一个小男孩在一家工厂做工，他非常喜欢唱歌并梦想着成为一名歌星。可是他的音乐老师却说：“你五音不全，你的歌声简直像风吹百叶窗，你成不了歌星。”小男孩很伤心，回到家中告诉了母亲这一切。母亲搂着男孩轻轻地说："孩子，其实你很有乐感，你今天的歌声已经比昨天动听多了，妈妈相信只要你努力，将来一定能成为大演唱家。"

这个男孩就是恩瑞哥·卡素罗，著名的歌剧演唱家。他在回忆成功之路时说："是母亲肯定的话，给了我力量，让我取得了今天的成绩。"

其实，卡素罗的母亲只不过是一个普通的农妇，她从来没想到过儿子能成为一个演唱家，也没指望那三言两语能改变儿子的命运。但是，她那句赏识的话却真正的激励了儿子，成就了那个时代最伟大的歌唱家。

因此，父母要多给男孩一些赏识，哪怕所有人都看不起他，也要发自内心的欣赏他、信任他、赞美他，帮助他树立自信，一步一步地迈向成功的殿堂。

专家给父母的管教课堂

"知心姐姐"卢勤说过："赏识的语言和行动如温暖的阳光，能融解人心中的冰山，注入无穷的力量。"对孩子的赏识教育是一种艺术，父母要根据自己孩子的特点和心理，正确赏识孩子的优点。卢勤建议父母在赏识孩子时，要遵循以下几个原则：

1. 及时激励孩子，而且表扬要具体。
2. 注意赏识的态度和语言，让孩子有满足感。
3. 不能仅仅赏识而没有引导，赏识和引导是连在一起的。

第40招

激励男孩敢于追求自己的梦想

黎巴嫩著名诗人纪伯伦曾说过：“我宁可做一个有梦想和有完成梦想的愿望但可能最渺小的人，也不愿做一个最伟大而无梦想、无愿望的人。”

每个人都有梦想，它是深藏在人们内心中最深切的渴望，能激发生命中的全部潜能，是成就未来的原动力。人世间的一切奇迹都是梦想成真的结果，一个男孩儿时的梦想往往能改变他的一生。

每个男孩都有梦想，也许这些梦想在大人眼中十分幼稚、可笑，或是对孩子来说是那样的遥不可及，但是作为父母万万不能打击男孩的梦想。一个有梦想的男孩才是一个有思想、有上进心的孩子。

梦想就像男孩成长时所需要的微量元素和氨基酸，缺少它，大脑的营养就供应不上，思维就会变得迟钝，也便没有了想象力和创造力。男孩的梦想可能是荒唐的、怪异的、难以实现的，但是它是孩子单纯思想的结晶，是童心上长出的灵芝草。如果父母给男孩的梦想多一分欣赏、多一分呵护、多一分激励，它就可能长成参天大树。

方法一：不要嘲笑男孩幼稚的想法

每个男孩心底都有一个原始的梦想，父母不要嘲笑孩子的幼稚或是妄自尊大，当一个男孩不知天高地厚的时候，当一个男孩正值初生牛犊不怕虎的时候，请允许男孩插上梦想的翅膀天马行空。这些梦想对于一个思维活跃的男孩子来说，是大有裨益的。

方法二：帮助男孩插上梦想的翅膀

很多年前，一个牧羊人领着他两个儿子在山坡上放羊。这时，一群大雁鸣叫着从他们头顶飞过。小儿子问：“爸爸，大雁要飞到哪啊？”牧羊人说：“冬天要来了，为了躲避严寒，它们要飞到一个温暖的地方安家。”大儿子眨着眼睛羡慕地说：“要是我们会飞就好了。”小儿子应和道：“是啊，要是我们有翅膀就不用在这儿放羊了，可以去任何我们想去的地方。”牧羊人摸摸两个儿子的头说：“只要你们想，你们也能飞。”

两个儿子使劲地挥动胳膊，可是没有飞起来。他们疑惑地望着爸爸，牧羊人试了几下，也没有飞起来，便对孩子们说：“我是因为年纪大了才飞不起来，你们还小，只要不断努力就一定能飞起来，到时候就可以去任何你们想去的地方了。”

后来，兄弟俩慢慢长大，一直没有忘记父亲的话，并不断地努力着。终于，他俩制造出世界第一架飞机“飞行者1号”。没错，他们就是美国著名的莱特兄弟。

孩子的梦想受周围环境影响很大，父母要学会激发、引导男孩的梦想。莱特兄弟取得成功离不开父亲的引导和激励，使他们从小就有了远大的理想和坚定的信念。梦想是一盏明灯，它能照亮一个人前行的道路。信念是一支火把，它能最大限度地燃烧一个人的潜能，使人生的火花更加绚丽多彩。

专家给父母的 管教课堂

孙云晓老师曾说过：“在成材之路上，健康的人格、良好的教育、好的习惯等都不是第一位，处于第一位的应该是梦想。”下面我们看看他给父母们的三点建议：

1. 梦想是孩子奋斗的目标，父母要引导孩子敢于做梦。
2. 梦想是孩子进取的力量，父母要激励孩子为梦想努力。
3. 梦想是孩子成材的“发动机”，父母要帮着孩子实现梦想。

第七章

善用批评——呵护男孩的自尊与自信

善用批评的父母，会给批评穿上表扬的外衣；

善用批评的父母，能让男孩心甘情愿地接受批评；

善用批评的父母，能让男孩更快地发现和改正错误；

……

批评是一个男孩成长过程中必不可少的良药，是父母管教男孩的法宝。

你是个善于批评的父母吗？这一章将告诉你答案！

第41招

给批评穿上表扬的外衣

批评是一个男孩成长过程中必不可少的良药，父母要善于批评，不能将它变成伤害孩子的毒药。高明的批评是给它穿上表扬的外衣。

常言道“响鼓不用重锤”，对于男孩的缺点和不良习惯，父母没有必要一脸严肃地说教。父母要顾及男孩的自尊心和感受，从正面进行教育，给批评穿上表扬的外衣，使孩子自觉地改正错误，不断进取。那么，父母如何运用这种巧妙的批评方式呢？

方法一：在外人面前表扬男孩

父母应学会发掘孩子的长处，扬长避短，让孩子建立自信心。通常情况下，只有父母和孩子在场时，孩子是很容易接受批评的，但是有第三方存在时，孩子就会觉得丢了面子，批评效果反而不好。表扬则不一样，如果在第三方面前表扬孩子反而效果会更好。孩子会特别重视这样的表扬，认为这是父母对自己的信任和鼓励，因此会表现得更好。

表扬与批评在教育孩子的过程中缺一不可。在家庭教育过程中父母要谨记一条原则，即“三分表扬，一分批评”。

方法二：给孩子贴上“好孩子”的标签

儿子自从升上三年级就不爱学习，期中考试数学不及格。虽然张先生对此很生气，但是他并没有批评儿子，而是对儿子说：“乖儿子，你学习一直挺努力的，为什么最近成绩下降了？新的功课是不是很难啊，用不用爸爸指导一下？你底子好，用不了几天成绩就能上来。”儿子很惭愧地说：“爸爸不用了，我再加把劲，下次考试一定能考出好成绩。"

高明的批评是要让孩子听得进去，听得舒服，也乐于接受和改正。给孩子贴上"好孩子"的标签后，孩子会因父母的积极评价而高兴，进而为了维护自己的名誉而努力做个好孩子。这样，父母就在表扬的掩盖下达到了批评的目的。

方法三：把批评建立在尊重的基础上

阳阳偷拿了妈妈钱包里的钱去买零食，妈妈知道后大怒，认为孩子品行不端，是非常严重的问题。于是妈妈怒斥了阳阳的行为，让阳阳拿着"我是小偷"的牌子站在烈日下反思。邻居看到阳阳罚站，便好心地问阳阳原因，旁边的妈妈说："这孩子这么小就开始偷钱，非得好好惩戒一下，让他记住今天的教训。"

很多父母在批评男孩时，会毫不留情地斥责他，甚至当着众人的面打骂他。父母在教育男孩时，不要将"尊重"和"管教"这两件事简单的对立起来，批评时也要保护好男孩的自尊心。

专家给父母的管教课堂

孩子在成长过程中免不了犯错，如何使批评孩子达到最有效的教育效果，就要看父母们是否掌握了批评孩子的技巧。玛利亚·蒙台梭利提倡家长在批评孩子时应掌握以下原则：

1. 批评孩子要注意时间和场合。
2. 批评孩子之前要先让自己冷静下来。
3. 批评孩子要给孩子申诉的机会。
4. 批评孩子之前可先进行自我批评。
5. 在批评孩子方面要形成"统一战线"。
6. 批评孩子之后要给孩子心理上一定的安慰。

第42招

不要当众让你的男孩丢面子

俗话说："金钱如粪土，面子值千金。"在生活中，人人都好面子，不喜欢被当众批评或被当众指出缺点和过失。面子问题可以说是人性的弱点，它不仅存在于成人世界，孩子们也会因此而苦恼。但孩子的面子问题常常被父母忽略。对于自尊心特别强烈的男孩来说，面子问题可是家庭教育中一个大问题，一定要予以重视。

现实生活中，不懂得顾全男孩面子的父母大有人在。经常听他们说："一个小孩子，什么面子不面子的？"甚至一些父母会当众数落、责骂、惩罚孩子。殊不知，这样做会深深伤害男孩的自尊心。

中国有传统讲究"当面教子，背地教妻"，认为当众惩罚孩子，让孩子记住教训，教育效果最好。的确，孩子会牢记在心，不过记在心里的可能不是父母的教诲，而是对父母的怨恨、敌对和不满的情绪。当一个男孩在外人面前颜面尽失，他可能从此抬不起头，产生自卑心理，或者滋生报复心理，报复家长、报复社会，后果不堪设想。

孩子虽小，但也有自尊心，也好面子。父母要尊重孩子的人格，顾及孩子的面子，用科学的教育方法让男孩健康快乐的成长。

方法一：不当众揭男孩的短

英国的教育专家约翰 · 洛克曾说过："不要去宣扬孩子的过错，则孩子对自己的名誉就愈加重视，因而会更加小心地去维护别人对自己的好评。若父母当众宣布孩子的过失，使其无地自容，孩子就会失望，觉得自己的名誉已经深受打击，一旦孩子认为无法维护别人对自己的好评时，便会开始堕落。”

实际情况正如洛克所言，如果一个男孩被家长当众揭短，触动到心灵上的“伤疤”，那么他就会对父母产生怨恨，破罐子破摔，甚者会产生以丑为美的变态心理。

方法二：不当众拿男孩做比较

一次单位组织郊游，赵女士领着儿子一起去玩。在野餐时，几位同事聊起了自家的孩子。这个同事说他家孩子成绩好，那个同事说自家孩子聪明。赵女士谦虚地说：“我家孩子脑子笨，学习也不努力，都没进过前十名。”这话被边上的儿子听见了，一整天闷闷不乐，一点玩的心思都没有了。

印度的一位思想大师曾说过：“玫瑰就是玫瑰，莲花就是莲花，它们只是用来看的，不是拿来比较的。”在家庭教育中，很多家长会采用比较的方式激励男孩的上进心，这的确会起到些积极的作用，但是切记千万不要当众拿自己男孩与其他孩子做比较。

每个男孩都有自己的特质和优点，可以用孩子的今天与昨天作比较，成功与失败作比较……切记用自己孩子的短处与人家孩子的长处比，这样做只会令男孩失去信心。

专家给父母的
管教课堂

苏霍姆林斯基说过：“尊重被教育的对象，是教育的实质和精华。”下面，我们看看尹建莉老师在尊重孩子的问题上给父母的一些建议：

1. 面对孩子错误和缺点时，首先要想到尊重孩子而不是责怪他。

2. 每个孩子都有自由和被尊重的权利，给孩子自由，对孩子实行鼓励教育、激起孩子的自信心才是家庭教育最重要的。

3. 不能用自己的思想压制孩子，要多包容孩子，允许他犯错误。

第43招

发现错误及时纠正，不做“事后诸葛亮”

出于对男孩的保护和溺爱，很多家长对男孩的小错误选择了宽容处之，并不能在第一时间给予指正和批评。千里之堤，溃于蚁穴，孩子的任何小错误在日后都可能酿成大祸，这个问题父母应该予以重视。

孙女士现在就懊悔当初没有及时纠正孩子的小错误而令儿子锒铛入狱，下面我们看一下她和儿子的故事。

瑞瑞小的时候对变魔术很感兴趣，跟路口魔术店老板学了点本领。我们知道变魔术的人都是靠眼疾手快，一次，瑞瑞在和妈妈逛超市的时候，顺手“拿”了两个鸡蛋。回到家后，当瑞瑞兴奋地把鸡蛋交到孙女士手里时，孙女士先是很惊讶，问清情况后对瑞瑞说：“以后不许这样了，这多危险，被人家发现了怎么办？”随后，孙女士把那两个鸡蛋炒给儿子吃了。没过多久，瑞瑞又不知道在哪“变”出一些本子、铅笔、小玩具。孙女士认为这些都是不值钱的小玩意，没什么大不了，简单地批评几句便算了。当儿子因盗窃被警察带走的一刻，孙女士泪流满面地对儿子说：“是妈妈害了你啊！”

孩子第一次“拿”东西的时候，可能出于一时兴起，可能是为了证明自己身手快，也可能是为了寻找刺激，不会意识到这是偷盗行为。而当孩子享受着“拿”来的鸡蛋和玩具时，并没有受到妈妈的批评和惩罚，他就会觉得“拿”也是不错的行为，以后便变本加厉。正所谓“小时偷针，大时偷金”。

孩子的健康成长主要受教育、环境和遗传三个因素影响，其中后天的教育和环境因素对他的一生起着决定性作用。幼年时期是孩子判断力、是非观学习与成长阶段，父母要时刻注意他的行为与习惯。当男孩犯小错误时，如果父母没有及时的给予恰当的处理，久而久之，孩子就养成一身的坏毛病与坏习惯。小错虽小，但经不住日积月累，一旦由量变到质变，便陷进犯罪的深渊。那么，面对男孩的小错误，我们又该如何处理呢？

方法一：教导男孩树立正确的善恶观

一天，王女士领着儿子小昂逛街，在一家繁华的商场门口，看见有一个衣着褴褛的盲人乞丐。小昂拿起块小石头扔进乞丐的碗中，盲人乞丐连声道谢。王女士看见后很生气，对儿子说："他沦为乞丐已经很悲惨了，你还这样戏弄他，你不觉得可耻吗？虽然你觉得放一块石头没什么大不了，但是一点小事就反映出一个人的道德品质。"小昂觉得妈妈训斥的很有道理，跑到乞丐身边将碗中的石头捡了出来，并从兜里掏出5块钱零花钱放入碗中，说了声"对不起"。

古语有训："勿以恶小而为之，勿以善小而不为。"父母要在孩子脑中建立这样的思想，让他形成这样的观念。对恶事，无论多小都不能去做；对善事，无论多么微不足道都应该积极主动地去做。

方法二：及时纠正男孩的错误

孩子判断是非的能力与大人相比较虽然差些，但也能区分好坏。当孩子犯错，意识到自己做了错事的时候，如果父母及时抓住孩子"我做错了"的心理，给予有效的教育，孩子就会不犯或少犯这类的错误。

一次数学考试后，老师让同学们把卷子带给父母看，并让签上字。拿着不及格的数学卷子，可让小吉犯了难。害怕回家挨骂的小吉心生一计，把35分涂改为85分。看着自己的成就，小吉高高兴兴地回家了。

小吉把改过分数的卷子递给爸爸，爸爸一眼就看出了纰漏，严厉地说："考得差没关系，可以继续努力。但是，改分数就不对了，这是欺骗行为。做人要诚实，先写份检讨书去。”小吉回房乖乖地写了份检讨书，反思了自己的行为。

在爸爸的教育下，小吉在之后的学习生活中，再也没有偷改过分数的行为了。

父母要时刻保持警惕，发现男孩犯错误时决不能姑息迁就，一定要及时纠正。小恶不除，必成大患，防微杜渐，才能防患于未然。

方法三：就事论事，不能夸大孩子的错误

有些家长在教育孩子时有些激进，当男孩犯错误时希望能立即改正，从而夸大错误的严重性。对于男孩不是原则性的错误，父母还是要多一分宽容，就事论事，不能过于夸大事实。幼儿时期男孩心智并不成熟，由于一件小事而被父母数落得一无是处时，就会产生自卑心理，丧失对自己的信心，对他今后的成长很不利。

专家给父母的

管教课堂

我们鼓励赏识教育，但不能一味的对孩子鼓励和赞扬，不敢批评。孙云晓老师曾说过：“无批评教育是伪教育。如果孩子人格中出现不良方面，没有得到及时制止就会信马由缰地失控发展。”他提出的教子建议是：

1. 教育孩子的核心不仅是传授知识，重要的是对其人格的塑造。

2. 孩子良好的习惯是健康人生的基础。

3. 对于孩子的不良行为要及时指出和纠正。

第44招

避免长篇大论的唠叨和说教

中国式家长有一种通病——唠叨。大多数父母认为孩子小，不懂事，就不断地在孩子耳边叮嘱、提醒、督促，用嘴巴时刻“盯”着孩子。但是，父母的苦口婆心孩子并不领情，还常常表现出一副不耐烦的样子。

唠叨的基本形式表现为机械的重复陈词滥调。从心理学的角度来说，唠叨是一种刺激弱化的现象。父母的第一次唠叨，会对男孩产生刺激，在内心深处有所触动。而当你反复地用同一种刺激，会使男孩对这种刺激产生麻木感，弱化了刺激的作用。久而久之，男孩形成一种封闭心理，对你的劝导充耳不闻。那么，要怎样避免教育男孩时犯唠叨的毛病呢?

方法一：三思而后言，不说“没营养”的话

刘女士让儿子做完作业才可以吃饭。快到吃饭的时间，刘女士怕儿子饿，跑到儿子房间说：“你饿不饿? 饭都凉了。还不快点写，不想吃饭了。你可别着急吃饭，不认真做题啊，我一会儿还要检查……”儿子把笔一摔，说：“你还让不让我写作业了，我不吃饭了，可以了吧！”

父母要克服唠叨的毛病，首先要做到三思而后言。男孩对已熟知的事情被父母反复不断的重复，会表现出强烈的厌烦感。所以，你在讲话前要经过一番理智过滤，避免说一些没有营养、没有意义的话。

方法二：尽量用简洁、明确的语言

我们每天都会对孩子讲许多话，但是很少会讲在点子上，常常事无巨细，都反复叮嘱。有些话可能连你自己都讲烦了，更不用说听者心里有多么厌烦。所以，父母对男孩的生活、学习进行管理、指导时，尽量用简洁、明确的语言。讲道理、叙事情时只需讲明前因后果或具体建议即可，要避免不必要的话语和一遍又一遍的强调。让孩子明白你的真正意思，心甘情愿地去遵从，而不是被强迫或迫于无奈。

方法三：适时沉默，以无声胜有声

北宋散文家苏洵的两个儿子——苏轼和苏辙都是一代名家，但是这两兄弟小时候可是很顽皮，不喜欢读书。苏洵多次说服教育都不见成效，便决定改变教育方法。每天兄弟俩玩耍时，他有意地躲在角落里看书，当兄弟俩过来时，他故意将书“藏”起来。两兄弟很好奇，以为父亲瞒着他俩看什么好书。于是，俩兄弟趁父亲不在家的时候把书“偷”出来，认真地读，慢慢地就养成了爱读书的好习惯。

苏洵教子的成功之处在于没有采用“唠叨不休”、“恐吓”、“棍棒教育”之类的强制手段，而是巧妙地利用男孩强烈的好奇心和求知欲加以引导。所以，在教育男孩时，父母要根据男孩性格特点、成长规律采取对策，无声胜有声的教育更容易获得成功。

专家给父母的
管教课堂

对于大多数孩子来说，最不愿意听的，最反感的事情就是唠叨。有时孩子越不愿意听，父母就越不放心，加倍地唠叨起来，陷入恶性循环。对此，海姆·G·吉诺特博士给出了以下三条建议：

1. 要遵守与孩子谈话的原则：理解和共鸣。
2. 对孩子的感受作出反应，而不是对其行为。
3. 要在尊重孩子的基础上，提出意见和建议。

第45招

适当提点，让男孩学会反思错误

在家庭教育中，我们发现一个有趣的问题：当男孩犯错后，父母打也打了，骂也骂了，但是教育效果却差强人意，而且孩子可能重复犯同样的错误，这也是令家长们最难以接受的。有些父母不免开始怀疑自己的教育方法，也开始怀疑孩子的品行问题。对于这样的情况，父母其实只有一项工作没有做到位，就是传递给男孩一个好习惯——用积极的心态去反思错误。

爸爸给小盛买了两条金鱼，小盛很是喜欢。一天，小盛突发奇想把金鱼从鱼缸中捞了出来，丢在地上。看着金鱼不停地跳动，小盛觉得很有趣。“小盛，鱼会干死的，你怎么能这么残忍，快放回去！”妈妈看到这一幕，大声训斥小盛。小盛对妈妈的话无动于衷。妈妈见状要去打小盛，被一旁的爸爸拦住了。爸爸说：“儿子，如果你口渴时不给你水喝，你会有什么样的感觉？”小盛不假思索地说：“当然很难受了。”爸爸又说：“鱼儿和人一样，没有水也会很难受。而且鱼一直生活在水中，它比人类更需要水，一旦缺水，很快就会死的。你看它拼命地翻动，就是因为太难受了。”小盛看着奄奄一息的金鱼沉思了片刻，对爸爸说：“我知道错了，我以后再也不会把金鱼丢在地上了。”说完把金鱼放回鱼缸中。看着鱼儿在水中又自由地畅游，小盛开心的笑了。

故事中的妈妈对于儿子的错误只是一味的责备，很明显教育效果并不理想。而爸爸循循善诱、晓之以理动之以情地引导儿子自我反省的方法，使小盛对自己的行为作出判断，认识到自己的错误，并发自内心地接受教诲，改正错误。

大多数父母面对男孩的错误时，只是一心想着孩子能早些改正，而不会想到他以后是否还会犯同样的错误，从而忽略了让男孩养成反思错误的习惯。反思错误是一种内在的人格智力，是自我认识、自我完善、自我学习的过程。对于幼儿时期的男孩而言，他还没有形成完备的自我意识，自我反省能力还处于萌芽阶段，所以仍需要父母适当提点，从很小时就培养男孩在错误中反思的习惯。

方法一：善用“诱导自省法”

“诱导自省法”又叫“冷处理法”。顾名思义就是当孩子犯错后，不要急于纠正或进行教育，而是将孩子的错误先搁置一边，等待时机成熟再稍加引导，让孩子自我反省。这样的教育方式不仅能让孩子养成良好的反思习惯，还能使父母与孩子之间实现有效的沟通。

一天，妈妈带小晨到姑姑家做客，小晨不小心把姑姑家的花瓶打碎了。姑姑问是谁打碎花瓶的时候，小晨因为害怕被姑姑责骂，便说不是他打碎的。小晨的妈妈知道这件事是儿子做的，因为他是一个好动的孩子，在家也经常打碎东西。但是妈妈没有当面揭穿小晨的谎言，并装出一副相信的样子，一直没有再提这件事。不过每天空闲时，妈妈有意识地给小晨讲诚实守信的美德故事，等待儿子主动认错。后来，妈妈又领小晨去姑姑家，小晨胆怯地对姑姑说：“上次我撒谎欺骗了你，那花瓶是我打碎的。”姑姑看着羞愧的小晨，笑着说：“没关系，敢于承认错误就是好孩子。”

家长们都应该向故事中的小晨妈妈学习，引导孩子去反思错误。通过男孩自我认识错误而改正要比正面教诲而改正教育效果更好。要针对男孩的思想状况、错误类型，对孩子进行启发式的教育，逐渐培养男孩的自我反省能力。

方法二：让男孩学会自我总结经验教训

很多父母喜欢越俎代庖，帮孩子总结经验教训。这无疑会掺杂进父母自己的人生观、价值观，既剥夺了孩子自我反省的空间，又影响了孩子独立的思想。总结是错误反思的根本，让孩子学会总结，其实就是帮孩子养成用积极心态反思错误的好习惯。例如孩子第一次把别人心爱的玩具抢过来，而遭到其他小朋友的排斥，父母可以提示孩子要换位思考，当他第二次抢的时候就会想到“要是我的玩具被抢了，心里一定很不舒服，我也不会理他了”，孩子就不会再抢玩具了。这就是反思的效果。

父母要教会孩子将过程和结果结合在一起思考，反思上次错误的原因与结果，当再次行动时孩子就会有判断对错的依据和准则了。

专家给父母的

管教课堂

如果孩子养成好习惯，那将是他一生享用不尽的“利息”；如果孩子养成坏习惯，那他将一生都偿还不尽“债务”。孩子的健康成长离不开良好的习惯，一个有自我反思习惯的孩子，才能减少错误，不断进步。孙云晓老师关于如何引导男孩反思错误提出了三点建议：

1. 当男孩知错不改时，让他面壁思过。

2. 当男孩狡辩时，帮男孩壮大内心的理性“势力”。

3. 当男孩为错误撒谎时，讲究技巧的宽容能使男孩主动“坦白”。

第八章

品行打磨——铸造男孩的优良人格

送给男孩一颗“爱心”种子，让他体会爱带给人们的温暖；

浇灌男孩心中“宽容”之花，让他懂得快乐可以来得如此容易；

……

每一种美德在男孩心中都是一株含苞待放的奇葩，它们会在父母爱心的培育下，竞相开放，吸引人们的注意和赞赏。

第46招

将宽容植入男孩的心灵

在人生中，宽容是一种伟大的力量，它能够把敌人变成朋友，让朋友更加亲密。莎士比亚曾这样形容宽容：“它就像天上的细雨滋润着大地，赐福于宽容的人，也赐福于被宽容的人。”一个懂得宽容别人的人不但能得到他人的尊重与理解，更能建立良好的人际关系。所以对于一个男孩来说，宽容是必不可少的品德。

清朝著名宰相张英的老家在安徽桐城。他的邻居是一户吴姓人家，一次两家因改造房屋争地皮的事发生了激烈的矛盾。张英家人写信给张英，让他以官威干预。张英看过信后，回给家人一首诗。诗的内容是这样的：千里家书只为墙，再让三尺又何妨？万里长城今犹在，不见当年秦始皇。张英家人见诗明理，便将墙让出三尺。吴家见此情景，出于羞愧也将墙让出三尺，两家又重修旧好。

张吴两家各退三尺，就有了今天桐城有名的“六尺巷”。宰相张英宽广的胸襟数百年来还受到人们的赞扬。

宽容是一种对他人的理解，是一种放得下的大度，是一种与人为善的观念。现在的男孩大多是独生子，习惯于独自享受父母的恩惠，不免有些自私的倾向，父母应该让男孩学会宽容，它不仅是一种重要的品质，也是一个人在社会中生存、发展的能力。记住，多一分宽容，就多一分理解、多一分豁达。

中国流传着这样的一句话：“比大地更宽广的是蓝天，比蓝天更宽广的是男子汉的胸襟。”没有一位家长希望自己的儿子斤斤计较、小家子气，所以，父母从小就要将宽容植入男孩的心灵。

方法一：父母要摆正教育观念

有些父母怕男孩吃亏，就教导孩子说："在外面不能被欺负，别人打你，你就打他，别人打你一下，你就打他两下。"还有些父母甚至把欺负其他小朋友看作男孩的"本事"。幼年时期的孩子心智本来就不成熟，在这样错误的教导下，男孩很难会有一颗宽容的心，长大后必然小肚鸡肠、睚眦必报。

因此，我们在教育男孩时，一定要摆正教育理念。我们的目标是要把孩子培养成一个宽容、谦逊、懂礼貌有修养的人，而不是培养一个"小霸王"。另外，我们还要以身作则，为儿子树立一个好榜样，待人接物宽容示人。这样，男孩便会在生活中潜移默化地学会宽容与理解，成为一个胸襟广阔的人。

方法二：给儿子上一堂"宽容课"

一位妈妈曾讲述过她是这样教育儿子拥有宽容之心的：

在儿子班上，有一个名叫叶诚的孩子，仗着自己块头大，经常欺负同学。一天下大雨我开车去接儿子放学，发现门口正在发愁的叶诚便叫他上车，旁边的儿子不住对我使眼色，我装作没看见，热情地把叶诚叫上车并把他送回了家。当时叶诚很热情，一个劲儿地邀请我和儿子到他家坐坐。回到家后，我对儿子说："叶诚欺负同学是不对，不过不能因为他有缺点就讨厌他，同学之间要友好地交往，你要帮助他改正缺点和不足。"

那天以后，叶诚再也没有欺负儿子，而且两个人还成为了好朋友，儿子在这件事中深刻体会到宽容的力量与意义。

孩子毕竟是孩子，他有着自己的任性，有时很难做到对人宽容。作为父母要在恰当的时候给孩子上一堂"宽容课"，让他明白宽容的重要性，从而学会宽容地对待别人。

方法三：引导男孩学会换位思考

许杰喜欢看书，一次他把爸爸给他买的新书拿到了学校，并在课间时翻阅起来。不巧，一个同学把书碰到了地上，沾上了脏水。许杰心疼坏了，不仅嚷着让同学赔一本新书，还把他的行为告诉了老师，使得这位同学被老师批评了一顿。

当儿子回家把这件事告诉给爸爸的时候，爸爸语重心长地说："我知道你很喜欢那本书，但是谁都有不小心犯错的时候，如果是你不小心将同学的书碰掉到地上弄脏了，你的同学跟你采取一样的处理方法，你会作何感想。"许杰眨了眨眼睛说："我当然会很难受了。"爸爸又说："所以，我们要学会理解与宽容，时常站在别人的角度替他想一想。"第二天，许杰主动向那位同学道歉。

理解能带来宽容，宽容能带来和谐。要想让男孩学会宽容，就要让他懂得换位思考，理解别人的难处，只有设身处地为别人着想才能学会宽容，拥有宽广的心胸。

专家给父母的
管教课堂

德国著名教育学、人类学专家冯纳斯基斯教授曾说过："宽容待人是被世人公认的一种善良品质。"对此，他给父母们提出以下三点建议：

1. 家长要以身作则，宽容待人。
2. 从生活中的点滴入手，培养孩子宽容之心。
3. 以感化的方式，让孩子感悟宽容的效力。

第47招

培养男孩高度的责任感

责任感是一个人立足于社会、获得家庭幸福和事业成功的重要人格品质。它对于一个男孩来说尤为重要，因为他将来要比女孩背负更多的责任。作为一家之主，他要承担起养家糊口的责任；作为一个儿子，他要承担赡养父母的责任；作为一个父亲，他要承担教育子女的责任；作为社会的一分子，他更要承担起建设的责任……如果一个男人缺乏责任心，就无法担当起自己的职责，无论是对家庭、事业还是社会未来的发展，都会有消极影响。

和女孩相比，男孩要更敢于承担、敢于挑战，但是现在很多小男孩却缺乏责任意识。这与父母的教育有很大的关系。

许多父母过度娇惯、保护孩子，让男孩从小养尊处优，变得为所欲为、自私自利，缺乏责任感。当他们做一件事的时候，并不会全力以赴，稍有困难就会选择放弃，根本不考虑后果。有些男孩还会为此找借口，推脱责任。这样的男孩长大后便会缺乏对社会和对他人的责任心。

男孩的责任心是要从小培养的，“树大自然直”的想法是不对的。任何一种好的品质与习惯都不是天生的，而需要后天的培养。那么，怎样培养男孩的责任感呢？

方法一：让男孩明白责任心的重要性

孩子的认知能力相对较差，思想不成熟，对“责任”二字没有太多的概念，所以父母要在平时的生活中给他灌输责任的重要性，并给他树立一个好榜样，通过言传身教，培养男孩的高度责任感。

方法二：让男孩意识到自己的责任，并为自己的行为负责

一个学者在纽约访问的时候，在卫生间里听见隔壁有种奇特的响动。出于好奇心，这位学者透过门缝向里面探望，这一看使他大为吃惊。原来里面有个七八岁大的小男孩正在努力地修马桶的水箱。学者经过一番了解才知道，这个男孩上完厕所后，发现水箱有问题，没有把脏东西冲下去，于是他蹲在那里，千方百计地想修好它。

在没有父母和大人的监督下，小男孩竟有如此强烈的责任感，我们不得不为之感叹。但是很多父母常常抱怨自己的儿子没有责任心，其实他们的责任心正是被父母亲手抹杀了。

男孩在幼年阶段所表现出的各种主动尝试就是一种责任心的萌芽，家长要密切关注他、鼓励他、扶植他，而不是越俎代庖，帮他去做。在生活中适当地给男孩安排一些家务，让他明确每个人都有自己的角色和任务，这样很有利于男孩责任感的培养。另外，培养男孩责任感的同时还要让他学会为自己的行为负责，尤其对自己犯下的错误负责。例如男孩把同学的玩具弄坏了，父母必须教导他勇于承担错误并做出相应赔偿。只有把握每一次细节，才能培养出男孩的责任心，使他对自己负责、对他人负责、对社会负责。

专家给父母的
管教课堂

责任心是孩子健全人格的基础，是立足于社会的必须品质，是能力发展的催发剂。那么如何在男孩心中播撒责任的种子呢？“知心姐姐”卢勤是这样告诉家长的：

1. 不要包办孩子的事情，让他自己作决定。
2. 告诉孩子要为自己的决定负责任。
3. 在家里给孩子参与劳动的岗位和机会。
4. 要赞赏孩子的努力，及时给予认同。

第48招

让男孩学会关爱他人、帮助他人

古人云："仁爱之心，人皆有之。"但是在现实生活中，我们发现许多家庭中的"小皇帝"很少会关爱他人、帮助他人，其实这与父母重智轻德的教育观念有很大的关系。父母为了让男孩将来成为社会中的强者，非常重视男孩知识的传授和智力的培养，而忽略了非智力因素的教育，其中就包括道德教育。

莎士比亚说过这样一句话："慈悲之心不是出于勉强，它像甘露一样从天上降临到尘世间，不但给幸福于受施的人，也同样给幸福于施予的人。"因此，我们要让男孩成为幸福的受予者和施予者，必须重视道德教育，养成关爱他人、乐于助人的良好品德。

方法一：让孩子设身处地地为他人着想

一位育儿专家到一家幼儿园进行心理测试，其中有一道题是这样的：如果幼儿园中的一位小朋友感冒了，冷得直哆嗦，你愿意把你的外套借给他吗？

孩子们左看看右望望，半天都没人回答，于是专家开始点名提问。第一个孩子说："我不会借的，生病了会传染的，他穿了我的衣服，那我也会生病的，我还得去打针吃药，多难受啊！"第二个孩子说："我妈妈不会让我借的，她会教训我的。"……结果，半数以上的孩子都会找各种理由拒绝借衣服给生病的小朋友。

听了孩子稚嫩的回答，不知道家长们的内心有什么感受。这就是今天父母培养出来的自私自利、以自我为中心的孩子。

要培养男孩的爱心，可以让他把自己的痛苦感受与其他孩子在同样情景下的体验做比较，从而学会理解、关爱他人。就像故事中的孩子们如果想到生病的小朋友是多么痛苦，就会很乐意借外套了。

方法二：在日常生活中培养男孩的爱心

生活中，很多父母会给孩子进行一些特殊教育，灌输给孩子一些社会上尔虞我诈、勾心斗角的负面信息，目的是告诫孩子要保护自己。

虽然父母们的本意是好的，但要把握好尺度。如果长期在过分偏激的负面教育中成长，男孩容易形成消极的人生态度，变得冷漠、自私。因此，父母要以积极的态度培养男孩的爱心，特别是在日常生活的细节中。例如在公共汽车上对孩子说：“你看，那位抱着小弟弟的阿姨多累啊，我们把座让给她吧。”还可以带上孩子去做慈善捐款，为他人献上一份爱心。

孩子的爱心像一朵含苞待放的花蕾，你在乎它，它就会持久绽放；你忽视它，它就会慢慢枯萎；你打击它，它就可能立刻消逝。如果你想让自己的儿子充满爱心，就要在生活中小心地呵护和培养。

专家给父母的
管教课堂

伊丽莎白·哈特利·布鲁尔曾说过：“如果一个男孩能提升其关爱他人的本能和其他个性特征，他就会觉得别人会更加认同自己，也就更容易与人和谐相处。”她给父母们提出的教子建议是：

1. 教会男孩如何照料他人。

2. 允许男孩表达对玩具、动物、兄弟姐妹的慈爱之心。

3. 切忌抱有“男孩总归是男孩”的思想，放纵男孩说出伤害他人的言语或做出伤害他人的行为。

第49招

让男孩拥有谦虚的美德

“谦虚使人进步，骄傲使人落后”这是一句我们非常熟悉的话，但是在现在孩子的身上，我们很难找到谦虚的影子，骄傲自大好像成为许多男孩的典型特征。男孩天生好胜心强，又有强烈的表现欲，因此男孩比女孩更容易滋生骄傲自满的情绪。

佩佩是一个很有写作才华的小男孩，刚上小学五年级的他就在作文书上发表过不少文章，还立志要当一个知名作家。佩佩若能为此目标不懈努力，脚踏实地地读书、认真地写作，他很有可能实现他的心愿。但是他开始想入非非、自以为是，认为别人的文章都没有自己写得好。在这种情绪的影响下，他开始厌恶看书，讨厌学习，连老师也开始不放在眼里，说老师只是些照本宣科的庸人。结果可想而知，佩佩的成绩一路下滑，而且没有以前的灵性，再也写不出好文章了。

骄傲自大的男孩会给自己建立一道无形的城墙，把自己包围起来与外界隔阂，这不但使他们心胸变得狭隘，更会令他们裹足不前，再难取得进步。有些男孩因一次成绩优异，就不再认真学习；有些男孩因在班级担任干部，就颐指气使；有些男孩因自己的一技之长，就以此为炫耀的资本，目中无人……这些有骄傲心理的男孩一般都很难再有太大的发展空间。

要让男孩摒弃骄傲的心理，做一个谦虚的人。谦虚不仅仅是一种美德，它带给人的好处也非常多。谦虚的男孩能够接受别人对自己的批评，不会妄自尊大、自以为是；谦虚的男孩能虚心好学，分清自己的优势与不足；谦虚的男孩能获得更多人的认可和喜爱，他能给人一种亲切感，很容易让人靠近。因此，培养男孩谦虚的美德是父母们的一项重要任务。那么，父母又该如何做呢?

方法一：让男孩自食“恶果”，认识骄傲的危害

要让男孩充分认识到骄傲的危害，这样他才能很好的控制自己的骄傲情绪。如果只是教条地告诉男孩骄傲的危害，一般情况下男孩是很难理解和接受的。不过，当他自食“恶果”后，他就会反思并认识到问题的严重性，自然有悔改之心。

方法二：让男孩正确看待批评

批评往往直指一个人的缺点，如果一个孩子能很好地接受批评，他就能清楚地认识到自己的不足，不断改进，取得更大的进步。对于男孩来说，让他耐心听取别人的批评可不是件易事。男孩的思想具有强烈的独立性，不喜欢被别人质疑和支配，对别人的批评有时不但不予接受还可能予以还击。

要教导男孩正确的看待别人的批评，如果别人的批评是对的，就要虚心接受；如果别人的批评是不恰当的，也要耐心倾听，可以对他的建议有所保留。如何正确的面对批评是一个人终生的学问，请记住这十六字箴言“面对批评，坦然接受，有则改之，无则加勉。”

专家给父母的
管教课堂

卡尔·威特小时候也有骄傲自满的时候，他的父亲果断地帮他剪掉骄傲的“尾巴”，才成就了今日的卡尔·威特。下面我们看看老卡尔·威特用了哪些方法让儿子改掉骄傲的毛病：

1. 让孩子为自己的“傲慢”吃些苦头。

2. 教导孩子以友好的方式待人。

3. 等孩子因“傲慢”付出代价后，父母适时地讲明问题的实质——骄傲自大是人生路上的障碍。

第50招

把孝顺“传染”给你的男孩

孔子曰：“孝，德之本也。”自古以来，孝敬父母是中华民族的传统美德。《三字经》中“香九龄，能温席”的故事，《二十四孝》中“苦竹生笋”、“鹿乳奉亲”、“卧冰求鲤”的故事，都是赞扬孝道，激励人们尽孝的经典。然而，在我们这样一个崇尚“孝”的民族里，在新的一代身上经常看到令人失望的画面。

一位妈妈向大家讲述了她的育儿教训：

在儿子小的时候，我从来不让孩子做家务，每次吃完饭，儿子就丢下碗筷，跑去看电视，玩玩具；家里有好吃的都会让儿子先品尝，儿子很少会请我和爸爸先吃；儿子一旦生病，我总是忙前忙后，百般照顾，着急上火，可是轮到我身体不适时，连给我倒杯水儿子都觉得麻烦，更不用说关心、问候了。为了让儿子有出息，我给他找最好的学校，最优秀的老师，而且每天陪读到深夜，可是考上大学后，儿子假期都不愿回家，一打电话就是要生活费……我觉得很寒心。

相信很多父母会质疑为什么这个男孩会变成这样，其实，家长在对男孩无限的溺爱和关怀下，男孩们很容易形成了“唯我独尊”的思想，忘记了孝敬父母这一做人根本。

常言道：“百善孝为先”，一个没有孝心的男孩长大后无论取得多大成就，成为多么出色的人，都得不到人们发自内心的称赞与肯定。我们教育孩子的最终目的是让他成为身心健康的人，即使拥有再高的智商和再多的智慧，而缺失一颗关爱长辈的孝心，他也不会成为一个成功的人。那么，怎样才能把我们的男孩培养成孝顺长辈的好孩子呢？

方法一：父母要以身作则，给儿子做好孝顺的榜样

有这样一个意味深长的故事：

有一位老人，跟他的儿子、儿媳、孙子生活在同一屋檐下，老人手脚还算灵活，可以帮家里做做饭、洗洗碗。但随着岁月的流逝，老人的身体越来越差，耳聋眼花，经常摔跤。最后老人连碗都拿不稳，常把饭菜撒在桌上或地上，因此没少遭到儿子和儿媳的训斥。

一次，老人在吃饭的时候又把汤撒了一地，碗也打碎了。儿媳大怒，指着老人的鼻子骂道："你这个老东西，一吃饭就给我们找麻烦，以后你别跟我们一起吃了！"后来，每到吃饭时，他们就把老人赶到厨房的角落里，给他一个瓦盆，里面只有很少的饭和菜。老人伤心极了，常常一个人默默流泪。

没过多久，老人颤抖的双手连瓦盆也拿不住了，有次一不小心把瓦盆打碎了。儿子儿媳又开始没完没了地训斥了老人，最后决定给老人做个木碗。等木碗做好后，儿媳正要收拾碎木片，老人的小孙子跑了出来，仔细地拾起地上的木块。儿媳不解地问道："你要这些干什么？"小孙子说："我留着它，等我长大了也给爸爸妈妈做木碗。"听到这里，老人的儿子和儿媳对视了一会儿，然后一脸苦笑。他们明白了：自己的行为都会被孩子看在眼里，记在心上。从此之后，他们再也不敢嫌弃老人了。

每位家长的言行就是男孩的一面镜子，你对待自己父母的态度往往影响着孩子对你的态度。作为父母，要想培养男孩的孝心，就要先从自身做起，做一个孝顺家人的好子女。

方法二：让孩子理解长幼有别的家庭关系

小飞刚满六岁，是家中的小皇帝，父母只要有令他不满意的地方，他就会任性地大哭大闹。一天吃晚饭的时候，小飞已经吃得很饱

了，但是还是闹着要肉吃，妈妈不让他吃，他便把筷子一摔，打了妈妈一巴掌，然后不依不饶地在地上打滚哭闹。

很多父母也都遇到过类似的情况，当不能满足孩子的要求时，他会先动手打人，这就是过分纵容和溺爱的结果。虽然家庭教育要提倡民主、平等，但还是要让孩子知道长幼有别。要明确长辈在孩子心中的地位，告诉他谁才是家庭的主事人与核心，不能自己颠倒主次，任意妄为。

方法三：让男孩拥有一颗感恩的心

要想让男孩学会孝顺，就必须先让他拥有一颗感恩的心。感恩这种情感不是与生俱来的，而是需要父母后天的教育。父母应有意识地让男孩体会自己生活、工作的辛苦，体会挣钱养家的不易，体会对他深切的爱。一个知恩的孩子才懂得感恩，一个懂得感恩的孩子才会力图报恩。

专家给父母的
管教课堂

古语有云："孝子之大，莫大乎尊亲。"一个懂得孝顺父母的男孩才能受大家的喜欢，立足于社会。在培养男孩孝顺的品质方面，美国教育专家威廉·贝纳特给父母们提出以下建议：

1. 为男孩营造一个宽松、和谐的家庭氛围。

2. 在孝敬老人方面，不但要以身作则，还要持之以恒地坚持下去。

3. 不但要教育男孩孝敬与自己有血缘关系的长辈，还要让他学会关爱其他老人。

第51招

教男孩从小学会诚实守信

诚实守信是人们社会交往中最基本的道德规范。诚实就是实实在在，不说假话；守信就是遵守诺言，讲信用。诚是信的基础，信是诚的表现形式。在当今社会，人们对诚信的重视程度越来越高，它不仅仅是一个人的名片，还成为人们的“第二张脸”。

对于一个男孩来说，诚信是他必不可少的品质。《论语》中有这样一句话：“人而无信，不知其可也。”意思是说，一个人如果不讲信用，那么就没什么值得肯定的了。诚信已经成为衡量人的重要标准，它也是一个人在社会中安身立命的根本。

无诚则无德，无信则无为。在竞争激烈的社会中，要想处于不败之地、有所作为，就必须拥有诚信的美德。一个男孩只有具备诚实守信的品质才能得到大家的认可，才能有好的人际关系，进而才能有更大的发展。所以，请早些为你的儿子播下诚信的种子，为他的人生赢得这张重要的通行证。

那么，如何教导男孩诚实守信，做一个诚实的人呢?

方法一：让男孩认识到谎言的危害性

有些男孩为了达成自己的小心愿，常会编造各种理由。在这种情况下，如果父母告诉男孩：“谎言总有一天会被识破，那时谎言不仅让你处于尴尬境地，还会让大家失去对你的信任。”这样男孩在认识到谎言的危害性时，便会从中得到启迪，诚信意识也就逐渐培养起来了。

方法二：尽量满足男孩的合理需求

很多时候，孩子的谎言是父母“逼”出来的。对于男孩的合理要求，父母还是要尽量满足的。一旦男孩学会用撒谎来获得想要的东西，那他往后便会一发不可收拾。

方法三：以身作则，身教胜于言传

妈妈约同事逛街，儿子也要跟着去，妈妈对儿子说：“你乖乖在家，我回来给你买你喜欢的玩具车。”儿子高兴地点点头。但是下午回家后，妈妈忘记了玩具车的事，当儿子用渴望的眼神望着妈妈时，妈妈不但没有承认错误，反而对儿子说：“你要的那种玩具车已经卖完了，等妈妈下次逛街再给你买。”

生活中，父母们经常编造这样的谎言欺骗孩子。在培养男孩诚信方面，一个以身作则的好榜样相对于一堆大道理来说，更容易让男孩养成诚实守信的好品质。

父母要为男孩营造诚信的家庭氛围，彼此之间要相互坦诚、信任，以此来感染孩子的心灵。孩子年纪再小，也会有思想和感受，在他体会到父母对他的尊重和信任的同时，也便学会了怎样去尊重、信任别人。

专家给父母的

管教课堂

莎士比亚曾说过“失去了诚信，就等同于敌人毁灭了自己”。诚信是人生的通行证，下面我们看看孙云晓老师给出的建议：

1. 父母要为孩子树立起良好品行的榜样。

2. 诚信要从小培养，教导男孩要说话算话，并为之负责任。

3. 告诉男孩不能通过谎言去获得自己想要的东西，而是要通过自己的努力和奋斗。

第52招

让男孩拥有一颗感恩的心

在西方一些国家，把每年 11 月的第四个星期四被定为“感恩节”。在节日当天，子女都要回家与父母团聚，借此节日来感谢父母的养育之恩。中国人讲究滴水之恩，当以涌泉相报，更何况于父母的养育之恩。在佛法中有“报四重恩”一说，其中一条就是“感念父母生养抚育之恩”。然而在现代中国的很多家庭中，父母的溺爱导致家中的“小皇帝”觉得别人的关怀是理所应当的，不懂得感激与感谢，只知道一味地索取。

感恩之心不是与生俱来的，它需要靠后天的培养和教育才能获得，其中家庭教育就承担着极为重要的角色。现在很多男孩过着衣来伸手、饭来张口的日子，父母对他的要求更是百依百顺，生怕让男孩受到一点委屈。在这样环境中长大的男孩从不会考虑到父母让他这么舒服的生活要付出多大的辛苦和努力，反而在自己欲望不能被满足时，做出一些“忘恩负义”的事。

长期以来，许多家长在教育男孩上显得过于“伟大”、“无私”，这种教育方式难免让男孩变成霸道的“小皇帝”，自私自利而不懂得感恩。一个不懂得感恩的男孩就不懂得去回报父母、回报社会，回报对他有恩的人，终将被社会抛弃，无立足之地。因此，千万不能忽视对儿子的感恩教育。

方法一：让男孩先学会付出

英国作家萨克雷曾说过：“生活是一面镜子，你对它笑，它也会对你笑；你对它哭，它自然也对你哭。”父母要教导男孩先学会付出，只有付出才能获得回报。而当一个男孩充分体会到父母那种“施恩不图报”的心情时，他便能深刻理解“感恩”二字的意义，并会以一颗真诚的心感激父母的养育之恩。

方法二：让男孩多了解一些感恩故事

一位母亲谈到了这样的教子经验：

我对儿子一直爱护有加，但前几天的一件事，让我感到十分心酸。我生病发烧躺在床上休息，儿子放学回家后，不但没有关心我，反而抱怨我没为他做饭吃。当然，出现这种状况，不能全怪儿子，很大的原因在我和孩子爸爸身上。为了让儿子学会“爱”人，我周末硬拉着儿子看了电影《妈妈再爱我一次》。刚开始，儿子对影片并不感兴趣，但慢慢的他被里面的情节感动了，眼睛里还闪烁着泪光。

从那以后，我经常带儿子去看一些关于“爱”的影视剧，儿子对我和他爸爸的态度也转变了很多，不但学会了关心我们，还学会了友好地对待别人。

面对一些缺乏感恩心理的男孩，父母可以在生活中讲一些与感恩相关的故事，或观看一些相关的影片、电视节目等，让男孩从中反思自己的行为。

专家给父母的
管教课堂

生活需要用感恩的心来创造，而感恩的心需要用生活来滋润，要在生活的点滴中培养男孩感恩的心。对此，王金战老师给出的建议是：

1. 不能事事包办，在孩子需要时才给予帮助。
2. 要让孩子懂得爱、学会爱。
3. 不能溺爱孩子，也不能向孩子索取“爱”的回报。
4. 让孩子的心理、思想、情感随着身体一起成长，并在他情绪低落时，给予适当的安慰。

第九章

性格塑造——男子汉必修的人生课

乐观，可以让男孩的未来充满希望；

自信，可以让男孩充满力量地迎接困难和挑战；

坚强，可以让男孩成为顶天立地的男子汉；

……

一个男孩的性格决定着他的前途。

只有那些具有健康性格的男孩，才能拥有灿烂的未来。

第53招

培养男孩积极乐观的性格

乐观是一种性格，也是一种积极的生活态度，是人内在的动力源泉。华盛顿曾说过："一切和谐与平衡、健康与健美、幸福与成功，都是由乐观向上的心理产生和造成的。"因此，每个父母都想让男孩拥有乐观的个性，获得美满的人生。但是生活中还是有一些小男孩习惯用悲观的眼光看世界。研究表明，悲观情绪的产生与孩子从小接触的环境和所受的家庭教育有很大的关系。

在日常生活中，父母的情绪很容易传染给孩子。例如爸爸早上醒来时，发现今天是个阴雨绵绵的天气，就随口说一句："这该死的天气，又下雨了。"这种话在男孩心中就可能产生消极、悲观的想法。但是如果爸爸说："下雨真好，小花小草们都有水喝了。"这时又会给男孩一个积极、乐观的暗示。

男孩的个性与生活态度很大程度上是在父母的影响下形成的。如果父母以悲观的态度面对生活，那么男孩肯定也会心中充满阴霾。相反，如果父母在困境中总是能抱以乐观的态度，那么男孩也不会怨天尤人，而会积极面对困难。

乐观的性格如同其他习惯一样，是可以通过培养和训练获得的。培养男孩乐观的性格，不仅需要父母们的智慧和耐心，还要讲究一些方法技巧。

方法一：给男孩传递乐观的信息

有一位妈妈要忙于工作，没有时间陪儿子玩，她对儿子说："烦死了，下班后还有这么多工作要做，哪还有时间陪你胡闹。”

同样的情况下，另一位妈妈却对儿子说：“孩子，妈妈的工作没做完，还要忙一会儿，等晚些时候再陪你玩。”

两种回答虽然传递了同样的信息，但是会给男孩的情绪和认知方面造成截然不同的巨大影响。前一种答案会让男孩觉得工作是一件令人厌烦的事情，而后一种答案，则会让男孩觉得妈妈很能干，进而产生自豪感。

在教育男孩时，父母首先自己要学会乐观做人，对任何事都要表现出乐观的心态，营造快乐的家庭氛围。另外，在生活中，要多向男孩灌输一些乐观主义的思想，告诉他任何困难都是暂时的，没有打不败的敌人，没有过不了的坎。

方法二：男孩消沉时，及时帮助他恢复愉快的心情

每个人都会有消极的时候，有的人迅速恢复愉快的心情，而有的人就深陷其中。当男孩因某件事情陷入痛苦或忧虑时，父母应及时帮助男孩找到自慰的源泉。

任何事情都有两面性，要引导男孩去发现事情积极的一面，教他享受其中的乐趣，恢复愉快的心情。

专家给父母的

管教课堂

孙云晓老师曾说过：“一个孩子能否健康、快乐、上进、积极，心智是一个很重要的因素。”在如何培养孩子乐观心态方面他给父母们提出了几点建议：

1. 父母要给男孩做出积极、乐观的榜样。

2. 父母要教会男孩多发现事物积极的方面，并寻找其中乐趣。

3. 父母要鼓励男孩走在别人前头，不能落后于人，不允许他说“我不能”或是“太难了”之类的话。

第54招

为你的男孩建立足够的自信

美国作家爱默生曾说过："自信是成功的第一秘诀。"自信对于人们来说是一种修为，一种能力，一个拥有自信的人才能充满能量地迎接困难和挑战。

曾经有这样一个动人的故事：

有一个男孩因车祸失去了双臂，每当他看到同龄的小朋友玩耍时，便会自卑地问妈妈："我没有手，怎么办呢？"妈妈总是怜爱地抚摸着男孩的头说："没关系，只要你坚持锻炼，你的手臂会重新长出来的。"

小男孩相信了妈妈的话，每天在妈妈的帮助和指导下，练习用脚吃饭、洗脸、写字……很多年过去了，小男孩已经不需要妈妈的帮助能用脚完成很多事情。一天，小男孩又问妈妈："为什么我的手臂还没有长出来呢，是不是我不够努力？"这次，妈妈很认真地说："傻孩子，既然别人用手能做的事情，你用脚一样能完成，你的脚不就是你新长出的手臂吗？只要你充满信心，你的这双'手'就能帮你战胜一切困难。"

妈妈的"谎言"让小男孩再次拥有了"手臂"，其实妈妈给予他的不仅仅是这双"手臂"，更重要的是让小男孩建立起了自信。

自信是一种积极、有效地对自我价值、自我尊重、自我理解的一种认识和心理，它是人们不可或缺的基本品质之一。尤其对男孩而言，一个拥有自信的男孩是总能抱以乐观、积极的态度对待所有问题。对于一个没有自信的男孩来说，无论是在现在的生活、学习中还是在将来的事业发展中，都会遇到很大的阻力，很难取得成功。

美国著名心理学家马克斯威尔 · 马尔兹曾说过：“孩子的自信心不是天生的，而是在后天的生活学习中培养起来的。” 所以，父母应该从小抓起，培养男孩建立坚强的自信心，让他将来能在竞争激烈、复杂的社会中脱颖而出，获得成功。

方法一：帮助自卑的男孩寻找闪光点

小波是一个缺乏自信的男孩，在班级中成绩平平，其他方面也没有什么过人之处，因此常常感到自卑，认为自己什么方面都不如别人。儿子的问题很快引起了妈妈的重视。妈妈觉得小波的身体素质不错，于是给他报了一个篮球班。小波对篮球产生了很大的兴趣，加上老师的指导和刻苦的练习，很快就成为校篮球队的主力队员。每次比赛时，都会有不少同学为小波加油呐喊，这让小波体验到一种成就感，慢慢变得自信起来。

绝大部分孩子都会有这样的一种习惯，他们喜欢把目光放在别人的优点上，然后与自己的缺点相比较，因此他们很容易产生自卑心理。其实每个孩子身上都有闪光点，只是他们自己没有认识到而已。父母要学会发现并培养男孩的优点和特长，多给他们积极、肯定的评价，让他看到希望，相信自己的能力，从而建立起自信心。

方法二：多肯定，少否定

一个心理学家到一所小学考察，校长让他帮忙挑选出智力超常的孩子。心理学家指着班级里的一些孩子说：“你、你、还有你……”之后，这些被点的学生受到同学们的羡慕，并逐渐树立起信心，成绩飞速提高，成为班级里的佼佼者。一年后，校长写信给心理学家感谢他的指点并询问他判断的秘诀是什么。心理学家很快就回信了，信的内容很简单，上面写着：“我只是随便点点。”

这就是心理学上著名的“罗森塔尔效应”。它告诉我们：对一个孩子多进行肯定的评价，有利于他自信心的建立，从而取得更大的进步。所以，父母在平时的教育中要多给予孩子正面的肯定和鼓励，尽可能少些否定和批评。

方法三：让男孩在成功中获得自信

培养男孩自信心的一个有效的方法就是让他在不断的成功中，体验被人认可的滋味。一个有过多失败经历的男孩是很难建立起自信心的。因此，父母可以根据男孩的性格特点、能力提出适当的要求，使他通过努力完成任务，进而逐渐建立起自信。

专家给父母的
管教课堂

李中莹老师曾说过：“一个人是否有足够的自信、自爱与自尊，决定着他的人生会有多少成功和快乐、满足和幸福。”对此，他给父母们的建议是：

1. 父母可以根据孩子的兴趣、能力、价值观为孩子制定一些事让他做，并给予鼓励和支持，但不能代劳。

2. 允许孩子参与家庭计划与决定，多听取孩子的意见，并且要尊重对孩子的承诺。

3. 不能以奖励或惩罚来操纵孩子，更不能在自己情绪不稳时斥责孩子。

第55招

男孩坚强，才能茁壮成长

坚强是一种可贵的品质，是一种强大的力量，它能让人不畏困难，勇往直前。爱因斯坦曾说过：“有百折不挠的信念所支持的人的意志，比那些似乎是无敌的物质力量有更强大的威力。”

对于男孩来说，坚强更是一种必不可少的品质。它能使男孩勇敢地承担起生活中的责任，并有助于他在学业和事业上取得成功，成为“顶天立地”的男子汉。与女孩相比，男孩受自身雄性荷尔蒙的影响，往往表现得更坚强，抗挫折能力也明显高于女孩，但是近些年来，由于父母的过分娇惯，使很多小男孩成了“鼻涕虫”，动不动就哭鼻子、闹别扭。

★小鸿今年13岁，高高的个子，平时很喜欢打篮球，他的理想就是能够成为像姚明一样的篮球巨星。新学期，他参加了学校的篮球队，刚开始的时候，他很用心地进行训练，可是一段时间后，他觉得每天参加枯燥的训练太累了，便决定退出篮球队，任凭体育老师怎样劝说，他也不回去。

★小毅今年8岁，在家中一直享受着父母宠爱，一点儿委屈也受不了。一次小毅在学校受到老师的批评，委屈地哭了半天。回家后小毅对爸爸妈妈说再也不上学了，爸爸妈妈劝说了好久也没有什么效果，最后妈妈给老师打电话，希望老师能帮着劝一劝。

坚持是男孩成长的助力剂，缺少这种品质的男孩，在今后的人生路上只要遇到一点困难和挫折就可能停止不前，懦弱退缩，自然也无法承担起自己的责任。所以，父母应从小培养男孩坚强的个性，让他在困难面前不再低头。

方法一：给男孩积极的暗示，鼓励他站起来

两个五六岁大的小男孩在小区广场上玩皮球，游戏过程中两人不小心撞在一起摔倒了。其中一个男孩的妈妈看到自己儿子趴在地上，赶紧跑了过来扶起儿子，关切地问："宝贝，摔疼了吧？让妈妈给你揉揉。"小男孩之前并没有哭，一听妈妈这么说，便咧开嘴大哭起来并大叫："妈妈，疼，非常疼。"

另一个男孩看见第一个孩子哭，自己的眼泪也要流了下来。这时，他的妈妈蹲下来对他说："儿子，快起了吧！草地很软，摔一下不会很疼，你可是一个坚强的小男子汉啊！来，起来妈妈陪你玩球。"小男孩听妈妈一说，真的觉得身上不疼了，立刻从地上爬了起来，若无其事地和妈妈玩球去了。

从上面的故事中我们可以发现，父母多给男孩积极的暗示，鼓励他们在困难面前站起来，有助于男孩坚强个性的养成；反之，如果你总是传递给男孩消极的信息，就会令他变得更加脆弱、养成依赖性。所以，在家庭教育中，应多给男孩一些鼓励，少一些扶持，让男孩靠自己的力量战胜困难，这样才能让男孩变得更坚强。

方法二：对男孩进行挫折教育，培养男孩的抗挫折能力

小宇在新学期竞选班干部时落选了，失落的他不再像以前那样积极努力地学习和参加班级活动了，小宇的变化爸爸都看在眼里。一天，爸爸对小宇说："你想当班干部吗？"小宇使劲地点点头。爸爸接着说："这一次落选并不能否定你的将来，只是人生道路上的一段小插曲，你要想赢得老师和同学们的认可，就需要不断努力。"小宇听从了爸爸的教导，重新振奋精神，又成为了一个积极向上、乐于助人的好孩子。

一个男孩是否坚强，主要体现在他面对困难和挫折的态度上。软弱的男孩只会低着头，绕着走；而坚强的男孩会更加努力，战胜困难。在生活中要注意对男孩进行挫折教育，培养他的抗挫折能力。

方法三：创造恰当的环境，磨练男孩的意志

著名思想家伏尔泰说过："成就伟大的事业离不开人们始终不渝的坚强意志。"没有坚强意志的人做事常常半途而废。很多城市里的父母都喜欢拿自己娇生惯养的儿子与农村孩子相比，因为我们发现越是在艰苦环境中长大的孩子意志力越坚强。环境对一个男孩的成长有着很大的影响，但是不能为了制造艰苦环境就刻意地让孩子衣不保暖、三餐难继，这样并不能达到我们想要的效果，甚至还会得不偿失。

要学会创造恰当的环境去磨练男孩的意志。例如在生活中多分给孩子一些家务活：告诉孩子自己的事情自己做；让孩子多参加一些夏令营；寒暑假到乡下体验生活等等，都能培养男孩的意志力，让他们变得更坚强。

专家给父母的
管教课堂

很多父母只重视培养男孩的想象力、观察力、记忆力、创造力等显性能力，而忽视了坚强、自信等潜在性格的培养，但这些正是提高男孩能力的必要保证。对此，英国父母教育协会史考特博士给父母们的建议是：

1. 给男孩制造各种不同性质的体验经历。
2. 教导男孩不要害怕失败，勇于接受挑战。
3. 有意识地让男孩面对一些困难和障碍，只有经受一些艰难的磨练及痛苦的洗礼，才能让男孩变得更加坚强。

第56招

教男孩勇敢有妙招

一位哈佛的心理学教授曾说过："勇敢的精神是一个人不可或缺的元素，因为哪怕是人类的每一个微小的进步，都需要勇气作为先导。"做人不能墨守成规，贪图安逸和享乐，应当勇字当头，敢于前进。对于一个男子汉而言，勇气更是必不可少的素质，然而在现实生活中，父母们无微不至的照顾，致使很多男孩胆子非常小。

四岁的鹏鹏是个可爱的小男孩，不但懂礼貌还特别乖巧，邻居都很喜欢他。鹏鹏唯一的缺点就是胆小，不敢一个人睡觉，不敢到关了灯的屋子里取东西，就连小区里很多玩具设施他都不敢玩，因此很多小朋友都不喜欢和他在一起。一次，舅舅带鹏鹏去游乐园，临走时妈妈再三叮嘱舅舅："你外甥胆子小，别让他玩快跑、跳远、爬高的游戏。"

到了游乐场，鹏鹏看着各种电动玩具很兴奋，当舅舅问他想玩什么的时候，鹏鹏左看看、右瞧瞧，最后扫兴地说："我怕，我哪个也不敢玩。"舅舅说："没关系，会有适合你玩的游戏的。"于是，舅舅领鹏鹏玩旋转木马。坐在木马上的鹏鹏一直忐忑不安，紧紧抓着杆子，没想到刚转了两圈，他便哇哇大哭起来，弄得工作人员不知所措，无耐之下，立刻暂停了游戏。下来的鹏鹏一直哭闹喊着找妈妈，舅舅没办法，只好领着鹏鹏回家了。

生活中的大多数问题，男孩自身是可以轻松应对的，只是旁边的父母总是提心吊胆地告诫他这样做危险，那件事要小心，结果孩子信心不足，变得胆怯起来。对于孩子来说，存在胆怯懦弱的心理是很正常的，父母要学会激发和引导孩子内心的勇敢，不能让他养成逃避的习惯。

勇气是男孩男子汉气概的主要来源，家庭教育是影响男孩勇气形成的重要因素。所以，父母要掌握恰当的方法让男孩的胆子大起来，成长为真正充满勇气和力量的男子汉。

方法一：不要把你的儿子当成弱者

一天，妈妈带着小彬去医院打疫苗。挂号的时候小彬有点害怕，一旁的妈妈安慰他说："别怕，妈妈会一直在你身边。"进了诊疗室，小彬紧紧地抓住妈妈的手，哭哭啼啼让妈妈领他走，说什么也不让护士给他打针。这时，一位老护士走过来对妈妈说："请你出去，离开你的孩子！"妈妈不情愿地走出了诊疗室，在门外焦急地等待着。不一会儿，小彬平静地走出来。妈妈搂过小彬问："宝贝，疼不疼？"小杰说："有点疼，但是我没哭！"

后来，老护士解答了妈妈的疑问："父母守在孩子身边会让他产生依赖，就会任性、撒娇。我让你离开是要促使孩子自己直面痛苦。当孩子发现没有了依靠，就会靠自己的意志和毅力战胜疼痛和心中的胆怯。"

有位教育专家说过："如果把孩子的生命比喻成一把披荆斩棘的刀，那么挫折就是一块不可缺少的砥石，为了使孩子生命这把'刀'更锋利，必须先摆脱父母过分保护的教育方式。"

生活中，父母不要把自己的儿子当成弱者，而要给他磨练的机会，让他充分认识到自己的能力，形成"我能行"的心态，勇敢地面对人生中的各种考验。

方法二：告诉男孩——自己的事情自己做

下面是一位小学老师和一个新入学孩子之间的对话：

老师："你平常在家洗袜子吗？"

男孩："不洗，平时都是妈妈给我洗。"

老师："如果妈妈不在家呢？"

男孩："还有爸爸呢！"

老师："如果爸爸妈妈都很忙，没时间给你洗呢？"

男孩："那就放着，等他们有时间再洗好了。"

老师："等你以后长大了，谁来给你洗呢？"

男孩："长大了，我可以请保姆啊！"

试想，这样一个连生活都需要别人照顾的男孩，还拿什么奢求他有勇敢之心。父母为孩子代替和包办的事情越多，孩子的胆子就会越小。要想让男孩拥有坚强的意志和勇敢的个性，首先要让他学会自己照顾自己。所以，父母要想让男孩成为强者，就要学着放手，让男孩慢慢学会独自面对并处理各种事情。

方法三：在男孩遇到困难时，多给他一些鼓励

每个人都有胆怯的时候，何况是孩子。例如在公共场合说话时、在众人面前表演时、遇到某些奇怪的动物或昆虫时，男孩都可能会产生恐惧。这个时候，父母要学会鼓励男孩，引导他做一个敢于面对困难、克服困难的强者。

专家给父母的

管教课堂

孙云晓老师曾说过："孩子的心灵就如一张白纸，你给他灌输什么，这张白纸上就会呈现出什么样的景象。"勇敢是男孩必备的品质，关于如何培养男孩勇敢的个性，云晓老师给出的建议是：

1. 正确看待孩子胆小的问题，父母不能因为他是男孩，就剥夺他胆怯的权利。

2. 如果经常吓唬孩子，那么他就会认为这个世界是恐怖的，做任何事都是可怕的。

3. 如果你将一切困难都"摆平"，那么男孩就会产生惰性和依赖性，以后再遇到类似的事情他就会主动退缩向你求救。

第57招

帮男孩养成独立的性格

人作为一个个体，最本质的人生价值就是独立性。独立性是指人们遵循一定规则，通过发挥自己的能力而去完成某件事情的心理状态。与女孩相比，男孩长大后要负担的责任和承载的压力会更大，所以男孩需要有更强烈的独立坚强的性格。

歌德说过："一个不能主宰自己的人，永远是个奴隶。"独立的性格不是天生的，而是在生活中一点一滴培养起来的。然而，在父母"包办"式的教育和过度呵护下，现在的男孩普遍变得独立性差、依赖性强。教育专家普遍认为，对男孩的娇宠和溺爱，是其独立性格形成的最大障碍。

鲁伯特·默多克是闻名世界的传媒大亨，他今日的成功就离不开母亲从小对他的独立性教导。

作为家中唯一的男孩，小默多克深得父亲的宠爱，渐渐地养成了任性和娇气的坏习惯，还有强烈的依赖性。母亲为了纠正儿子的毛病，专门在花园里建了一间小木屋。每年从春天到秋天，母亲都会要求小默多克住在小木屋内。

起初，父亲十分反对。每次发生争执时，母亲就会说："这对锻炼孩子独立性是个很好的方法。他独自在小木屋睡觉，不仅要学会适应黑暗、适应环境、学会独处，慢慢地就会变得坚强、独立。如果他总是在父母的羽翼下生活，他会变得越来越娇嫩，永远不能独立，长大后又怎么能适应外面竞争激烈的环境呢？"母亲的观点渐渐获得父亲的认同。就这样，小默多克在他的小木屋中度过了童年岁月，并养成了独立自主的好习惯。

其实，幼年时期的男孩可以做的事情很多，他们并没有父母想象中那么软弱，只是父母的呵护扼杀了他们获得独立性的权利。默多克的故事说明：要想让男孩独立，父母就要大胆的放手。下面介绍几种方法，让父母通过学会放手培养男孩的独立性格。

方法一：培养男孩的自理能力

男孩两岁开始就渐渐有了独立意识，这时他的动手能力大大提高，也有了自己做事的愿望。此时，父母就要开始放手培养男孩的自理能力。不要认为让两岁大的男孩开始自理是不疼爱他的表现，这才是对他真正的爱。一旦男孩习惯了父母的“服侍”，再想让他自己动手就很困难了。幼年时期的男孩能从自理中获得成就感，并会享受自我服务所带来的幸福感。

方法二：鼓励男孩独立解决问题

许多男孩在生活或是学习中遇到问题时，无论大小，都习惯于依赖父母，总希望父母帮他“摆平”一切。父母在面对男孩的问题时，只能给予建议，不要亲自动手包办，并要鼓励他独自解决难题。久而久之，男孩就会养成独立的性格，依靠自己的力量解决各种问题。

专家给父母的
管教课堂

卡尔·威特曾说过：“不管孩子现在有多么的弱小，终有一日他会成为世界的强者，所以父母要放手让孩子去学习他不懂的东西。”对于孩子独立性的培养，他的教子建议可归纳为以下几点：

1. 帮助孩子建立自信心，并相信他的能力。

2. 鼓励孩子独自整理房间，即使效果很糟糕，也要继续鼓励孩子去做。

3. 教导孩子要敢于尝试、敢于犯错、敢于失败。

第58招

果断的性格让男孩更容易成功

当今时代，家庭教育是孩子的摇篮教育，也是终身教育，父母的品德修养、教育方法以及家庭氛围和环境等因素直接影响着孩子各种性格的形成。性格决定了一个孩子一生的命运，所以父母要注意对孩子良好性格的培养。

有些人在人际交往或是办事时常常缺乏应有的气魄，瞻前顾后、优柔寡断。有时刚刚决定的事情，马上就推翻了；有时别人问他意见，他就思前想后，迟迟不决。其实这并不是小心谨慎的表现，而是性格缺乏果断性。

心理学家研究发现，一个人是否具有果断的性格要追溯到他的童年，这很大程度上有赖于其家庭教育的影响。其中有以下两方面因素对孩子果断性格的形成有着巨大的阻碍作用。

第一，父母的过度保护，造成男孩依赖性强。父母们常常出于“好心”，唯恐自己的儿子受到一丁点委屈，一味地包办或干涉孩子的事情。这样的“保护”使男孩很难有独立的机会，进而无法获得做事的经验，一旦让他面临拿主意的时候，就会不知所措，只能祈求别人帮助。

第二，父母的要求过分严格，造成男孩自信心不足。很多父母望子成龙心切，对男孩期望过高，总是不满意孩子的表现，批评多于赞许。有时父母提出男孩力所不及的要求后，又不给予相应的指导和帮助。男孩常常在失败中自怨自艾，失去自信，结果自然是害怕做错事，更拿不定主意。

果断是一个男孩必不可少的特性之一，它能使男孩更容易在生活、学习以及未来的婚姻、工作中取得成功。果断的性格并不是与生俱来的，它同其他特质、性格一样，需要后天的培养和自觉的锻炼，因此父母需要注重从小培养男孩，使其养成果断的性格。

方法一：父母在孩子面前必须果断

赵女士就是一个没有主意的妈妈，大事小事常常犹豫不决，这样的性格也影响到了儿子。一天，母子俩逛街时，儿子提出要买玩具，赵女士本来决定不买，但架不住儿子的任性还是改变了主意。在玩具店里，儿子对很多玩具爱不释手，经过很长时间的挑选后儿子还无法取舍该买哪一个，便央求妈妈都买下。赵女士觉得儿子要求过分，但自己也不知道哪个玩具好玩，于是再次改变主意，决定什么都不买了。儿子很生气，在玩具店里和妈妈吵闹起来。

父母的思想、行为可以说是一面镜子，孩子的很多习惯都来源于模仿家长，因此身教胜于言传。所以，我们在男孩面前必须果断，要学会用自己果断的行为潜移默化地去影响孩子性格的形成。例如当孩子提出的要求时，该满足的满足，不该满足的就要坚决地拒绝，不能犹豫不决，出尔反尔，朝出夕改，这样很不利于培养男孩果断的性格。

方法二：给孩子制造决策的机会

以下是张先生的教子经验：

我家每周都会开一次家庭会议，会议上虽然没有什么大事，但也会遇到一些需要决策的事情。例如是否要送儿子学英语，家务要如何分配，家中是否应该换台新电视机等等。每遇到这种情况，我和孩子妈妈总会先询问儿子的意见，并让他说出自己的理由，如果觉得儿子的理由合理，我们就会采纳，如果理由不合理，我们也会尊重地指出其中不足。慢慢的，儿子就养成了独立思考的好习惯，对每件事情总能很快作出判断并提出意见。

父母在生活中要多为男孩制造决策的机会，鼓励男孩自己作决定。其实，生活中很多事情都可以让男孩自己做主的，父母要相信男孩的能力，不要左右他的思想或是包办孩子的一切事情。

方法三：善加引导，分清果断与武断

父母要善于在日常生活中发现并褒奖男孩果断的精神和行为，批评其畏缩和疑虑的行为。值得注意的是，父母在鼓励男孩做出果断行为前，要给予其正面、积极的引导，以免男孩将果断误认为武断。

专家给父母的
管教课堂

果断是一种性格，让男孩遇事时总能当机立断并获得雷厉风行的快感；果断是一种智慧，让男孩更容易接近成功，创造奇迹！对此，伊丽莎白·哈特利·布鲁尔给父母们提出了一些建议：

1. 告诉男孩在作决定前要经过缜密的思考，权衡利弊。

2. 告诉男孩不要怀疑已经作出的决定。

3. 教导男孩学会“一意孤行”，对于自己的决定要坚持，不能朝出夕改、出尔反尔。

第十章

习惯培养——为男孩的成长打牢基础

勤于思考的习惯，可以让男孩的思维更缜密；

节俭朴素的习惯，可以让男孩更懂得珍惜；

与人分享的习惯，可以让男孩变得更豁达；

……

习惯造就性格，性格决定命运。

任何一种好的习惯，都可以影响男孩一生的命运。

第59招

让男孩养成勤于思考的好习惯

每个人都有一个智慧宝藏，那就是大脑。但是很多人并没有充分、合理的运用到它。科学家研究表明：人的一生中仅仅使用大脑能力的20%，其余的潜在能力都处于未开发状态。谁能发掘出这部分功能并使之充分发挥，那么他就能成为学习、工作、生活中的佼佼者。

孩子的幼年时期是开发大脑能力的最佳时间，父母要想使孩子大脑的各项机能获得充分利用，就需要不断的锻炼它，这种锻炼就要求孩子勤于思考。

从前有一位擅长画猫的画家，他画法高超，笔下的猫都栩栩如生，被人誉为“猫王”。他有两个徒弟，已经跟随他很多年，画工也十分精湛。一天，他把二徒弟叫到身边对他说：“你的画技在很多方面已经超越了我，你可以出师自立门户了。”二徒弟只好含泪告别。大徒弟知道后，便心急火燎地找到画家说：“师傅，我进门比师弟早，你的画工我也学了十之八九，为什么先让师弟出师呢？”画家摇摇头说：“你虽然跟我学画的时间长，但恐怕你一辈子也出不了师。你只知模仿，毫无创新，你是用手在画，而你的师弟是用脑子在画。虽然你有过硬的基本功，但不善于用脑，不善于思考，很难取得更大的成绩。”大徒弟听完画家的话十分气恼，不服气地走了。

若干年后，二徒弟的画工已远远超越了他师傅，成为远近闻名的新“猫神”，而大徒弟画的猫在市场上无人问津。

同样是一个师傅调教出来的两个徒弟，结局却有天壤之别，原因就在于二徒弟有勤于思考的习惯。这就如同今天的孩子们在学校接受同一位老师的教导，成绩也有千差万别那样。其实，孩子们之间比的不是智力、运气，而是一个善于思考的好习惯。

培养男孩勤于思考的习惯对他今后的成长至关重要。首先，思考可以让他理解、记忆，并在现有知识层面上进行创新，而形成自己独特的思想和见解；其次，思考也是对他零散的知识进行归纳整理的一个过程，有利于培养男孩思维的缜密性。

良好的习惯都是在生活的一点一滴中慢慢养成的，而且每个男孩都有独立思考的天性，所以父母从小就要注重培养男孩勤于思考的好习惯。

方法一：引导男孩养成独立思考的习惯

聪明的父母对于儿子的问题，总会启发孩子去想、去探究、去分析，并告诉他运用自己现有的知识和经验去探究查找资料。孩子在寻找答案的过程中，思维能力和解决问题的能力都会得到提高。

许多孩子在遇到疑难问题时，总希望父母帮他解决，给出答案。如果父母对孩子的问题有问必答，那么孩子很容易养成依赖父母的习惯，凡事都不去独立思考。一个不会思考的孩子，无论他先天有多聪明也会在惰性中慢慢变笨。

方法二：善于对孩子发问

问题通常是一个人思维的起点，如果一个孩子经常面对各种提问，他的大脑思维也会比较活跃。因此，父母们要想提高男孩的思维能力，就要善于向孩子发问。

著名物理学家费曼的父亲就非常善于向孩子发问。在费曼小的时候，父亲为了引导他思考有关地球的问题，父亲让费曼设想自己遇到火星人并回答火星人的问题，例如“地球为什么有引力？”“人们为什么要在夜晚睡觉？”有时父亲还装扮成火星人，与小费曼一起讨论。

值得注意的是对孩子发问时，父母不要问对和错这种封闭式问题，而是要根据孩子现有的知识和思维能力，问一些答案不唯一的开放性问题。

方法三：鼓励男孩发表自己的意见

研究表明：在平等、民主的家庭氛围中长大的男孩，更敢于发表自己的意见，思维也比较活跃；而在专制的家庭氛围中长大的男孩，则不敢畅所欲言，思维缺乏独立性，常常盲从附和别人的意见。

父母要鼓励男孩发表自己的意见，在他发表意见时，即使存在错误，也要等他把话说完，再给予指正。对于孩子正确的意见，父母应及时给予表扬和肯定，以增强孩子今后发表意见的信心。

专家给父母的

管教课堂

台湾学者陈龙安认为要锻炼孩子思维能力，父母要掌握十个方面，称之为“十字决”：

“假”，发问时采取“假如……”的形式；“例”，让孩子多举例子；“比”，让孩子比较事物的异同；“替”，让孩子思考还有什么可以代替；“除”，多问孩子“除了……还有……”；“可”，让孩子思考尽可能多的情况；“想”，让孩子学会想象；“组”，让孩子学会把不同事情组合在一起；“六”，就是“六何”，即何人、何时、何地、何事、何因、如何发生；“类”，让孩子学会类推各种可能性。

第60招

培养男孩做事有计划的习惯

“我的袜子呢？妈妈，快帮我找找，上学要迟到了！”“爸爸，我的零用钱又提前被‘消灭’了，你再‘资助’一点呗！”“明天开学了，暑假作业还有那么多没做完，亲爱的爸爸妈妈帮我分担一下吧！”……每当你的儿子这样“无助”地向你发出求救信号时，你是不是常抱着无奈的态度伸出援手？而且很多父母在心中都会有这样一个问题：这孩子怎么这么不会安排自己的生活和学习呢？

其实，这个问题解决起来很简单，最直接有效的方法就是让男孩养成有计划的做事习惯。让男孩对自己将做的事情做出具体的时间规定，并在这个时间范围内有计划、有准备、有措施、有步骤地完成。

对于孩子来说，做事有计划是非常重要的。做事有计划不仅是孩子一个良好的习惯，还能极大的提高孩子学习和做事的效率，而那些做事没条理、没计划的孩子，无论将来从事什么工作都很难取得成绩。

对于男孩来说，做事情没有计划、缺乏条理性是幼年时期的一种自然反应，只要父母给予正确引导，他们就会减少生活中不必要的麻烦，养成好习惯。

方法一：培养男孩的时间观念

拥有较强的时间观念是男孩制定计划、实施计划的前提。一个没有时间观念的男孩，做起事来经常拖延、磨蹭，很难把一件事顺畅、完整地做好。在日常生活中，父母要有意识地培养男孩的时间观念，让他清楚什么时间应该做什么事、不应该做什么事，让他养成按照规律做事的好习惯。

方法二：告诉你的儿子做事前必须做计划

一位父亲谈到自己的教子经验：

我的儿子从上幼儿园开始就是一个做事毛躁、丢三落四的孩子。一次，我偶然在报纸上看到一则德国父母教育孩子的故事，深受启发。故事内容是讲一个德国小男孩问他的爸爸，“我周末想去游乐园，可以吗？”爸爸没有表示赞同也没有拒绝，而是问男孩，“那你计划好了吗？你打算和谁一起去？去哪些地方？又怎样去？”男孩说，“爸爸，我还没计划好。”爸爸就说，“没有计划好的事情就不要说，等你有了计划，你才能行动。”

之后，我开始注重培养儿子做事制定计划和执行计划的能力。例如我答应他周末去动物园，那么他一定要做好计划——什么时间出发、怎么去、需要带什么东西、什么时间回来……经过我一段时间训练，儿子做起事来越来越有计划性。

男孩做事时普遍没有女孩细心，通常是想到什么就做什么，很少会为此做出详尽的计划。因此，父母对待那些马虎、粗心的男孩，最有效的教育方法就是让他们学会做事前必须做好计划。对于那些不屑做计划或是有反抗心理的男孩，父母一定要坚持自己的意见或者让他适当吃点苦头。只有当男孩亲自体验到自己的任性带来的后果时，他也便真正体会到做事有计划的重要性了。

方法三：父母要做好孩子的“监督员”

有时男孩做好了详尽的计划，但由于自身的惰性令他们很难长久坚持下去，这时父母要担任起“监督员”的工作，监督男孩严格按照计划办事。

作为合格的“监督员”，父母首先不能“心慈手软”，一定要坚持原则，严格遵守规定；其次，不能被儿子的“理由”蒙蔽并帮他打消那种做事“三分钟热度”的思想；最后，消除男孩心中的侥幸心理，要让他明白只有按计划行事才能把事情做好，否则很难取得成功。

专家给父母的
管教课堂

计划能力对一个男孩今后的生活、学业、工作起着非常重要的作用。伊丽莎白·哈特利·布鲁尔曾说过："所有的孩子只有在做好准备的时候，才能学得更快更好。"他给父母们以下三点教子建议：

1. 教孩子做计划，要遵循客观规律，而不能冲动蛮干乱计划。

2. 在生活中要强调计划的重要性，教导孩子必须按计划、有条理做事。

3. 孩子养成好习惯离不开身边的榜样引导，因此父母要以自身行动来教孩子按规律做事。

第61招

让男孩拥有科学用眼的习惯

眼睛本是心灵的窗口，但是很多孩子的这个窗口却被蒙上了一层厚重的玻璃。目前，我国青少年视力下降的形势非常严峻，据不完全统计，我国小学生的近视率为26.9%、初中生为53.4%、高中生近视率则高达72.8%，而且这些数字每年都呈上升趋势。

专家指出，近年来青少年近视率激增的主要原因与“四机”和不良的用眼习惯有关。其中“四机”是指电视机、游戏机、手机和计算机，另外，饮食营养不均衡、爱吃甜食也是导致青少年近视眼的原因。

近视会给人们的工作和生活带来很多麻烦，我国将每年的6月6日定为“全国爱眼日”，就是要向人们宣传好的用眼习惯和用眼卫生，保护好眼睛。细心的父母一定要重视对孩子视力的保护，让你的男孩远离近视。

孩子天生的自控能力都不强，父母要担负起预防孩子近视这个艰巨的责任，告诉他保护眼睛的重要性，从小提高孩子爱护眼睛的意识及能力。

方法一：让男孩养成健康用眼的好习惯

张女士在网络日志上介绍她是如何保护儿子的眼睛的：

我从初中起就开始戴眼镜，深知眼镜给生活和工作带来的不便，因此我十分重视对儿子的视力保护。

“每天我都会保证让上初中的儿子有9小时以上的睡眠，并督促他必须有1小时的户外活动时间，限制他看电视、玩电脑的时间。对于儿子的学习姿势，我也会严格控制。例如看书时要保持一定距离；不许躺着或是在强光下看书……儿子告诉我班上很多同学都成了‘小四眼’，但他的视力依旧很好。”

孩子要有好的视力，离不开健康的用眼习惯。专家提醒父母，预防孩子眼睛近视要做到：阅读时眼睛与书本的距离最好保持在30－35厘米之间；在光线充足的地方看书写字，要避免强光或过暗的环境；走路或乘车时不要看书；每阅读1小时，应休息10－15分钟，并尽可能眺望远处，或观看绿色植物；减少看电视、打游戏机、玩电脑的时间，尽量控制在1小时以内。

方法二：警惕“蓝光”伤害孩子双眼

我们都知道光线会对婴幼儿的视网膜造成伤害，其伤害程度的大小取决于光的波长、强度和照射时间。大多数父母认为紫外线会损伤眼睛，其实紫外线和红外线通常会被角膜和晶状体吸收，一般不会触及到视网膜，而高能量的可见光——蓝光，则会穿过角膜和晶状体伤害到视网膜。

在生活中“蓝光”的伤害主要来自拍照时闪光灯产生的强光或是室外强烈的太阳光。因此，父母在为孩子拍照时应尽量挑选光线好的地方，避免开闪光灯；也不要让孩子经常在强光下玩耍；晒太阳时给孩子戴好防阳帽，这样就可以减少“蓝光”对孩子眼睛的伤害了。

专家给父母的
管教课堂

父母一定要让男孩掌握科学用眼的良好习惯。对此，“知心姐姐”卢勤提出了以下四点建议：

1．父母对于孩子看电视的问题，一定要做到“定质定量定时”。

2．孩子读书写字的时间不宜过长，并且要保证姿势端正。

3．要注意避免外部环境的强光刺激孩子的眼睛。

4．父母要多带孩子进行户外活动，多接触自然光源。

第62招

引导男孩养成节俭朴素的习惯

古语有云："俭，德之共也；奢，恶之大也。"勤俭节约作为中华民族的传统美德，影响着几千年中华儿女的生活、学习和工作，然而现如今的很多男孩却没有节俭朴素的好习惯。

在飞飞上五年级的时候，妈妈把他转到当地师资力量和学习条件都非常好的一所私立小学。班级的同学家境都比较富裕，也许从这时开始，飞飞产生了攀比之心。一次，飞飞看中了一套运动服便要求妈妈给他买，妈妈说："你身上的运动服不是春天新买的吗？秋天你就又要新的？"飞飞不屑地说："现在都什么年代了，谁还把衣服穿破了才换新的啊！"还有一次，他要求妈妈给他买运动鞋，妈妈看到价格后拒绝给他买，飞飞却振振有词地对妈妈说："'耐克'、'阿迪达斯'已成为我班同学普遍的行头，他们的衣服和鞋子都是名牌，吃的玩的都是最好的。你不给我买，我会被同学们看不起的！"最后，妈妈无奈地给丁丁买下这双八百多块的运动鞋。

像飞飞这样的男孩在生活中随处可见。这些男孩追时髦、赶潮流，比吃比穿，花钱如流水。玩具玩腻了就吵着换新的；衣服穿不了多长时间就嫌土气；甚至不少中学生的手机一年"淘汰"几次。

现在的孩子生长在物质富足的和平年代，普遍没经历过艰苦的日子，加上父母的娇惯，使得这些孩子不懂得勤俭节约的重要性。很多父母认为千方百计地满足孩子是一种爱子行为，殊不知这种做法给孩子带来害处要远比拒绝孩子带来的伤害大得多。

一个勤俭朴素的男孩会通过自己的勤奋努力工作、节俭持家，生活自然会越来越好；而一个奢侈、懒惰的男孩，不仅过不上幸福的生活，而且可能一事无成，甚至负债累累。所以，父母要从小教导男孩养成节俭朴素的好习惯。

方法一：在生活中的细节中培养男孩节俭朴素

现在很多父母都不舍得在花钱的方面限制儿子，更不舍得让自己的儿子干活挨累。其实只有现在让男孩受点苦、挨点累，长大后他才能更好地适应竞争激烈的社会。所以，无论你的儿子处于多么优越的家庭环境中，在物质方面都不能过分的骄纵他。

要培养男孩养成节俭朴素的好习惯，就要教育孩子从节省一张纸、一滴水、一度电等等的小事做起，另外还要鼓励孩子帮忙做家务，扫扫地、擦擦桌子，做一些力所能及的事。这些事看起来可能微不足道，但是时间长了，男孩的节俭习惯就会慢慢养成。

方法二：让孩子体会挣钱的辛苦

一对年轻的父母带着九岁的儿子逛街。在一个繁华的路口，有一位卖报纸的老奶奶，男孩的爸爸从口袋里掏出五元钱交给儿子让他“批发”十份报纸。然后，父母与男孩商量，以每份六毛的价格卖出去。男孩在父母的帮助下，花了整整一下午的时间才把这十份报纸卖出去。男孩在心中算了一笔账，这么辛苦的工作才赚回来一块钱。回到家，男孩就若有所思地告诉父母：“我以后再也不随便花钱了，挣钱真是太难了！”

如果孩子深刻体会到挣钱的不易和辛苦，他就会对财富有一种新的理解。当他再花父母给的钱的时候，也许就不那么大手大脚，还可能加深对父母的感恩之情。

方法三：让孩子做好规划

下面我们分享一下张女士的教子经验。

我的儿子花钱一直没有计划，一周的零用钱往往不到三天就花完了。后来我想出了一个计划，我跟儿子商量让他当家，为期一个月时间。我将一个月大概的花销都给了他，并告诉他多少钱要用来交电费、水费、买菜等等，并告诫儿子如果超支了我不会补给他。儿子很认真地把这笔钱做了详尽规划。

在这个月中，我向儿子要“零花钱”，没想到他居然“吝啬”起来，还教导我不许买没有用的东西。大概两周的时间，儿子就将财务大权还给了我，还对我说：“当家不易！”后来，儿子的零用钱每次都能花一周，有时还会有剩余。

父母在日常生活中可以尝试让孩子当家，一周或是一个月都可以，并让他做好收支账目，这既能锻炼孩子理财能力，又能启发孩子养成节俭的品质。

专家给父母的
管教课堂

培养孩子节俭朴实的习惯是“穷”养男孩重要内容之一，但是如果家里有个“花钱机器”，父母该怎么办呢？我们来看看“知心姐姐”卢勤给出的建议：

1.勤俭节约，父母必须先做到，以实际行动引导孩子。

2.教孩子学会消费，让孩子养成先认真思考再花钱的习惯，避免盲目消费。

3.要教会男孩克服掉攀比心理，引导男孩和别人比学习、比劳动、比品德。

第63招

培养男孩与人分享的习惯

生活中的许多快乐和痛苦，都是可以拿来与人相互分享的。托尔斯泰曾说过："神奇的爱，会使数学法则失去平衡。两个人分担一个痛苦，只有一个痛苦；两个人分享一个幸福，却能拥有两个幸福。"分享如同午后的阳光，温暖着人心；又如同湿润的土壤，将爱化成雨露，滋润情感的种子慢慢生根发芽。对于男孩来说，与人分享是一种必须拥有的好习惯，它既是一种美德也是体现高情商的行为。

现在家中的很多"小皇帝"在父母的宠惯下养成了凡事以自我为中心的毛病，习惯享受长辈们给予的呵护和忍让，不懂得关心别人，并有强烈的占有欲和控制欲，心中根本没有分享的意识。

在生活中，那些不愿与人分享的人通常心胸狭窄，他们的人生道路也很难开阔，只会越走越窄。从男孩的长远发展来看，父母要让他们懂得好东西要与大家一起分享的道理，学会与人分享快乐与悲伤。如果你的儿子还是个"小气鬼"，那么父母不妨参考以下建议，改变男孩自私的毛病。

方法一：父母以身作则，为男孩树立好榜样

一天，邻居向新新的妈妈借一条白裙子准备参加单位演出穿，但是妈妈说裙子送去洗了，过几天才能拿回来，没有借给邻居。妈妈送走邻居后，新新赶紧跑过来问："妈妈，裙子不是在衣柜里吗？为什么要说谎呢？"妈妈对新新说："傻孩子，那裙子那么贵，穿坏了怎么办？东西不能乱借。"新新从此记住了妈妈的话和行为，每当有小

朋友向他借东西的时候，他便找各种理由推辞。慢慢的，新新不仅变得很自私，还学会了撒谎。

父母是孩子模仿的对象，因此要特别注意自己的言谈举止给孩子带来的影响。父母要想让孩子养成与人分享的好习惯，首先要从自身做起。“分享”不是空口号，父母千万不能说一套做一套。

方法二：让男孩树立“与人分享”的人生观

每个人在心底中都会有一种自私心理，由于它的作祟，人们很难做到与人大方，对于心智不成熟的孩子而言就更加困难了。大多数男孩在幼年时期都会有这样一种想法：凡是与人分享就是对自己的一种剥夺。这种情况下，父母一定要及时地给予男孩最恰当的引导。

专家给父母的
管教课堂

一个懂得分享的孩子胸怀会更加广阔，与人相处时也会更加和睦。下面我们分享一下伊丽莎白 · 哈特利 · 布鲁尔给父母们的教子方案：

1. 与孩子多分享一些自己的喜怒哀乐。

2. 多为孩子制造分享的机会。

3. 对孩子的分享行为要及时地给予积极的评价和鼓励。

第十一章

内外兼修——培养男孩的社会适应能力

如何让你的男孩适应纷繁复杂的社会?

如何让你的男孩在竞争激烈的社会中脱颖而出?

如果你还不知道怎样做，那请走进这一章，它会告诉你:

果断的决策能力会让你的男孩抓住更多机会;

良好的交往能力会让你的男孩结交更多朋友;

与人的合作能力会让你的男孩收获更多成功;

……

第64招

培养男孩良好的心理承受能力

在每个人的生命中都会有成功的高潮，也会有失败的低谷。有些人在面对挫折时，能很快地调节，重新振奋；而有些人却一蹶不振，甚至情绪失控、崩溃。面对挫折，人们之所以会产生如此大差距，原因在于每个人的心理承受能力不一样。

曾经在报纸上看过这样的一篇报道：

一个男孩因父母斥责几句就选择离家出走。父母懊悔不已，四处寻子，一周后才在家附近的网吧找到。回家后的男孩并没有意识到自己的问题，依然我行我素。刚开始，父母恐于儿子再次离家出走便多方忍让，谁知男孩变本加厉，行为更加放肆。一天，父亲忍无可忍，便揍了男孩一顿，并把他锁在屋里，不料下班后，父亲发现儿子倒在血泊中，用自杀的方式结束了自己年轻的生命。

我们不可否认故事中的父母在教子中存在问题，但是男孩选择离家出走、自杀的方式反抗父母的教育，足以说明他是个心理承受能力弱的男孩。

通常情况下，心理承受能力弱的男孩会表现得懦弱、自卑、焦虑、耐性差，遇到困难容易退缩，且对于自己不擅长或不熟悉的事情更不会去做，常持有不去做就不会输的心态；而心理承受能力强的男孩，意志顽强、情绪稳定，敢于冒险并乐于尝试陌生新鲜的事情，面对多变的情况和挫折时也总保持稳重和乐观，百折不挠、积极进取。

随着孩子一天天长大，他们面对的竞争会更加激烈，人际关系会更加复杂，一生中免不了遭遇学业困境，工作不畅，情场失意，生意败北……父母不可能为孩子遮风挡雨一辈子。那么，父母不如提高男孩的心理承受能力，早点把世界交到他们手中。

方法一：让男孩认识并感受“挫折”

刘先生对儿子的教育投资可谓是倾其所有，各种类型的图书，益智玩具，只要儿子有要求，他都会毫不吝啬地满足他。可是有一次，王先生却故意让儿子失望了。

一天，王先生带着六岁的儿子去购物，在一家玩具店儿子看中了一款汽车模型，然后笑眯眯地看着王先生，等待着爸爸为他掏腰包。因为王先生之前都会同意儿子的选择，儿子认为这一次也不会例外，然而他却失望了。王先生拒绝儿子说：“你已经有类似的玩具车了。”回到家后的儿子生气地向妈妈告状，站一旁的王先生严肃地说：“我们必须要让孩子知道，人生中不是所有的愿望都能被满足的。”

没错，人生在世不如意之事十有八九，没有经历过不如意的男孩，很难成为男子汉。王先生的做法真是用心良苦，相信他的儿子对挫折的认识和感受，必定成为他健康成长的“防护服”。

方法二：对处于逆境中的男孩予以鼓励

黄女士回忆她是这样教导儿子的：

记得七岁的儿子刚学自行车的时候，狠狠地摔了一跤，之后就不敢再骑，怕再次摔跤。后来，我鼓励儿子说：“别怕，你能行！摔一跤算什么，你可是勇敢的小男子汉啊！”果然，我的鼓励很有效，儿子又大胆地开始练习，没几天就学会了骑自行车。

每当儿子遇到困难时，我总会在旁边给他打气，慢慢地他便有了勇气和自信。现在的儿子已经成长为一个坚强、勇敢的男子汉了。

处于逆境中的男孩，很容易产生消极心理，时常垂头丧气，逃避问题。当孩子遇到困难时，父母应给予鼓励，让他懂得人生路上会遇到很多挫折，挫折并不可怕，关键是如何正确地认识和对待它，并告诉孩子只要鼓起勇气前进，终将克服一切困难，战胜挫折。

方法三：掌握方法疏导陷入挫折中的男孩

当孩子因受到挫折而陷入抑郁时，父母应及时进行疏导，帮助孩子分析原因找出问题所在，并给予适当的引导和帮助，让孩子的目标一步一步地实现，重新建立自信心。

当孩子爆发愤怒等强烈的负面情绪时，父母要有技巧地让孩子发泄出来。比如将孩子紧紧抱在怀中，不仅能限制他继续搞破坏，还能让他感受到父母的爱，这时再轻轻地对他说：“我知道你很生气，但把心爱的东西砸坏了你会心疼的，咱们去玩玩游戏吧，或者你对妈妈发牢骚吧！”

专家给父母的

管教课堂

父母在家庭教育中要注重提高男孩的心理承受能力。孙云晓老师对于提高男孩心理承受能力有如下几点建议是：

1. 在家庭教育中要有挫折教育的意识。
2. 对于孩子的努力行为要给予正确的评价。
3. 对于孩子的失败，父母有时要学会“袖手旁观”。
4. 在生活中适当让男孩感受并读懂“挫折”。

第65招

果断抉择的能力，让男孩成就卓越

人生是一道又一道的选择题，而男人要面对的选择会更多。比如在他很小的时候，他会面对一大堆玩具思考，是玩多功能的小汽车还是玩奥特曼的模型？在他上小学的时候，不小心把教室里的花盆打碎了，他又面临一个新问题：是装作毫不知情还是主动向老师承认错误？在他大学将要毕业的时候，站在人生岔路口的他会更加迷茫，是找工作还是继续深造？到了成家的年龄，男孩还是要作出艰难地抉择，是选择温柔贤惠的女孩还是时尚漂亮的女孩做新娘？……男人就是在这样的选择中一步一步成长起来的。

优柔寡断的人往往无法行事，错失掉很多机会。在当今瞬息万变的信息时代，信息、机遇稍纵即逝，当机立断必须是每个人所必备的能力。生活中我们常看到一些人面对问题时瞻前顾后、患得患失，最后错失良机，徒留遗憾。威廉 · 沃特说过："如果一个人面对着两件事而犹豫不决，无法作出抉择，那么他终将一事无成……只有那些经过仔细斟酌，果断作出决定并坚定不移地去行动的人，才能在生活和事业上做出卓越的成绩。"

每个男孩的父母都希望自己的儿子拥有成功的人生，那他必须具备果断的抉择能力。心理学家研究发现，一个人是否拥有果断的抉择能力，与他小时候生长的环境和接受的教育有很大关系。因此，父母们要高度重视这个问题，从小就要开始培养孩子这方面的能力。

方法一：父母在男孩面前的言行必须果断

父母在男孩面前的言行必须果断，树立好的榜样，借此来潜移默化地影响男孩。如果男孩身上有了优柔寡断的倾向与习惯，父母要及时帮他改正，不要让它在孩子身上生根发芽，影响孩子的抉择能力。

方法二：鼓励男孩当机立断，勿求“万全之策”

父母在教育孩子时会要求他做事前要考虑周全，这样的教育是无可非议的，但是很多男孩因此遇事时总是优柔寡断，犹豫不决，生怕自己考虑不周，有所遗漏。凡事不可能十全十美，父母不能对孩子抱以过高的期望，提出苛刻的要求。父母要教导男孩凡事只要有七八成的成功几率，就应该下决心去做，如果考虑得过于缜密，很容易使机遇白白的在眼前溜走。父母这种鼓励男孩当机立断，勿求“万全之策”的教育方法，对培养男孩果断的性格大有益处。

专家给父母的
管教课堂

一个人的成功与他能否抓住时机并果断作出决策的能力休戚相关。不管何时何地，果断出击总比犹豫不决、退缩不前更为有益。因此，父母要把男孩培养成一个能够沉着、冷静，能客观地分析各种情况，并能够果断决策的男子汉。下面我们看一下卡尔·威特给父母们的教子建议：

1. 放手让孩子去做力所能及的事，克服孩子的依赖性。

2. 创造机会让孩子学会选择，并鼓励孩子果断选择。

3. 通过一些培养机敏、果断的智力和体育游戏来培养孩子的果断抉择能力。

第66招

持之以恒地抓好男孩的身体锻炼

毛泽东有句经典的名言：“身体是革命的本钱。”这句话对处于新时代的孩子们，同样有着重要意义。良好的身体素质是创造幸福生活和事业成功的奠基石，没有健康的身体，任何理想与抱负都是空谈。运动是强健体魄的最直接有效方法，它不仅使人的身体得到良好的锻炼，还能让人的心灵得以休养，心情舒畅。

然而在现代家庭中，丰厚物质条件不但使孩子们普遍营养过剩，而且有些父母怕孩子辛苦或怕占用学习时间，所以不提倡孩子进行体育锻炼，还有些小男孩本身也不喜欢进行体育运动，导致今天的孩子身体素质越来越差。

对于一个男孩来说，拥有健康的身体是非常重要的。男孩将来要担负更多的责任和承受更大的压力，所以他必须要有强健的身体作为保障。

锻炼身体不仅能增强体质，它还对男孩的其他方面起着积极的作用。例如运动能使大脑获得更多的氧气和养料，使孩子精力充沛、注意力集中、感觉敏锐、思维灵活。运动还能帮助孩子克服生理和心理困难，有利于培养男孩健康的情感、增强自信心、强化意志力。因此，父母在帮助男孩提高文化水平的同时，也不要忽视教导他加强对身体的锻炼，这样才能让男孩得到全面的发展。

方法一：鼓励孩子参加自己感兴趣的运动项目

其实，要想让男孩锻炼身体，积极参加运动，还需要父母的协助。父母要积极开动脑筋，不要把眼光锁定在散步、跑步等常规运动上，要善于激发男孩的运动细胞，鼓励他参加自己感兴趣的运动项目。另外，锻炼的功效不在于技巧和难度，而在于是否能坚持。男孩对一件事情的热情往往是只有三分钟热度，这时还需要父母鼓励男孩持之以恒地坚持下去。

方法二：让男孩坚持室外锻炼

室内氧气含量较低，长时间在室内学习会增加大脑负担，影响孩子思考和反应的速度，父母要鼓励男孩多进行室外运动。在室外运动，可以让男孩更多地接受阳光的照射。阳光对男孩身体成长和健康都大有益处，它可增强人体抵抗力，帮助人体制造维生素 D，有助于骨骼生长发育。此外，多让男孩在室外运动，还能减少因室内干燥空气刺激引起的上呼吸道疾病。所以，父母要鼓励男孩走出房间，多感受阳光、多享受自然，投入到室外的体育运动中去。

专家给父母的
管教课堂

中国的父母一直奉行重智轻体的教育，而实际上在德、智、体三个方面中，“体”既是基础，也是关键。对此，“知心姐姐”卢勤给父母们提出了以下一些建议：

1. 应保证孩子每天至少有两个小时的运动时间。
2. 放学后应留有足够的时间让孩子进行锻炼。
3. 饭后、空腹时不要让孩子进行剧烈活动。

第67招

交往能力决定男孩一生的成败

人际交往能力在人们社会生产生活中起着非常重要的作用。卡耐基曾说过："一个成功人士，他的专业知识所起的作用只占15%，而交际能力却占85%。"因此，我们常把一个人是否拥有和谐的人际关系和较强的交际本领作为判断他是否成功的标准。然而在现实生活中，许多小男孩与人交往时的表现很令我们担心。

现在家庭的独生子们通常以自我为中心、不合群，又具有强烈攻击性和防范心理，甚至有些男孩女性化倾向严重，还有诸多因素致使今天的男孩不敢也不愿意与陌生人说话、沟通，慢慢丧失了与人相处的能力。

对于一个男孩，较强的交际能力对他的将来可谓是有百利而无一害。善于与他人交往的男孩，不仅能从容地与同年龄的人交往，而且能顺畅地与长辈或是陌生人沟通。一个孩子的人缘和人脉如何，对他的生活、学习，以及将来的工作发展都有很大的影响。

之所以有这么多男孩存在交际障碍。究其原因，主要在于父母从小忽视了对孩子交际能力的培养。那么，父母该怎样培养男孩的交际能力呢?

方法一：教男孩学会"推销"自己

庆庆是个活泼快乐的小男孩，无论走到哪里都能很快的结识新朋友。这不，幼儿园今天新来了一位小朋友，庆庆趁着自由活动的时间，拿着自己心爱的故事书来到这个小朋友身边，热情地对他说：

“你好，我叫庆庆，我来给你讲故事吧，我讲故事讲得可好啦！”果然，不一会儿庆庆就与新来的小朋友熟悉起来，有说有笑地一起玩。

成功“推销”自己是与人交往的前提，父母从小就要培养孩子有“推销”自我的意识。一个敢于推销自己的孩子一定会清楚自己的优缺点，能正确的认识自己，而且这也利于孩子自信心的培养。一个善于“推销”自己的孩子一定是乐观、自信、阳光的，这样的孩子将来无论走到哪里都会有人乐于与他交往。

方法二：给男孩提供更多交往机会

父母可以适当地把男孩领进自己的社交圈，让他多参加一些成人聚会或集体活动，让他学会融入其中，这对培养男孩的交际能力很有好处。

专家给父母的
管教课堂

交往能力不是与生俱来的，还需要后天的培养和锻炼，那么父母该如何帮助男孩获得较强的交往能力呢？“知心姐姐”卢勤总结出三个秘诀：

1. 自信——父母要培养孩子的自信心，让他凡事都有“我能行”的思想。

2. 热忱——父母要教育孩子与人交往要真诚。

3. 沟通——父母要教会孩子真心地欣赏他人的长处。

第68招

教男孩学会掌控时间和生活

现实生活中，很多家庭早上会上演这样的一幕：

很早你就开始叫儿子起床，不知喊了多少次，他才肯从被窝里爬出来；你叫儿子赶紧去刷牙，他会磨磨蹭蹭地说等一会儿；你叫儿子快点吃饭，他随便扒几口就说吃完了；你说上学快迟到了，他还拖拖拉拉地出不了门……

随着生活节奏的加快，父母们觉得时间越来越不够用了，不但要忙于自己繁重的工作，每天还要花费很多精力和时间照顾孩子，而家里的“小皇帝”做起事来却不紧不慢，悠哉悠哉。对此，家长们伤透了脑筋，却又束手无策。

其实，男孩不能很好地掌控生活，缺乏时间观念，做事磨蹭等行为也是有一定原因的。首先，孩子不像成人那样具有时间紧迫感。对时间的概念本身就很模糊，而且孩子通常不认为自己慢有什么不好，也不知道早早把一件事做完、做好会有什么好处。其次，如果孩子对所做的事情没有信心或是不感兴趣，也会影响他们做事的效率。再次，男孩的注意力很容易受周围环境的影响，旁边要是有什么好玩的事情就会忘记自己的初衷。因此，男孩很难专心致志地完成一件事情。

行为方式决定一个人的行为能力。男孩在八岁之前，生活习惯尚未成型或固定，所以这是帮他改正身上毛病的最佳时期。对于男孩的“慢性子”，父母千万不能掉以轻心、不闻不问，当然也不能表现出急躁情绪。因此，父母应保持一种平和的心态，选择正确的方法引导男孩，让他在不知不觉中养成做事有效率的好习惯。下面介绍几种方法希望对父母们有所帮助。

方法一：让男孩尝到磨蹭的后果

一天早上，小豪依旧慢吞吞地起床、穿衣、洗漱。妈妈没有像往常那样催促他，而是由着他不慌不忙地整理书包、吃饭。小豪还“忙里偷闲”地看一会儿漫画书……结果上学迟到被老师批评，并罚他放学后打扫班级卫生。

晚饭时，小豪很难过。妈妈对他说：“平时你没有迟到，是因为有爸爸妈妈在你身边催促你。现在你长大了，要学会安排自己的时间，加快做事的节奏，不能依赖父母。如果你磨蹭的习惯改不了，不仅会受到老师的批评，将来还可能造成更严重的后果。”从这以后，无论做什么事，妈妈都不会催促小豪。

果然，小豪在尝过几次苦果后，行动快多了。

正如我们前面所讲，孩子做事拖拉、没有效率，往往是因为他不知道“慢”的后果是什么。父母不妨让男孩多尝几次磨蹭的后果，慢慢的他就会加快自己做事的速度了。

方法二：巧用男孩竞争心理

魏女士是这样谈到她的教子经验的：

在儿子很小的时候，我就有意识地开始诱导他的竞争心理。比如和同龄的小朋友展开比赛——比勇敢、比耐心、比速度等等。儿子在竞争中不但认识到自己的能力，而且也提升了自己的思考能力和行为能力。在家中，我也经常巧用他的竞争心理刺激他进步。例如早上，我对儿子说：“咱俩比一比看谁衣服穿得快。”晚饭时，我又会对他说：“咱们全家来个大比赛，最后一个吃完的要刷碗，好不好？”

现在，我的儿子正在念小学三年级，对于家庭和学校的生活节奏掌握得很好，做起事来效率也很高。

男孩没有真正的接触过社会，他很难感受到生活节奏的紧张气息。如果男孩一直保持做事磨蹭的习惯，那么他将来很难在竞争激烈的社会中立足。父母在生活中可以巧妙利用男孩的竞争心理，这往往能快速地提高他做事的效率。

方法三：合理安排生活，教男孩做计划

男孩做事混乱、没有效率，很大程度上是因为他不懂得合理安排生活、不会做计划。对于这种情况，父母要有意识地教你的男孩做计划。

在教导男孩提高效率的同时，父母也要告诉他，“快”不等于马虎，不等于可以敷衍了事，而是要把事情做得又快又好，这才是做事讲究效率的意义。

专家给父母的

管教课堂

对于一个男孩而言，从小养成做事干净利落的好习惯对他的将来是大有帮助的。在如何提高男孩做事效率的问题上，孙云晓老师是这样答复家长的：

1. 可以巧用夸奖和刺激来激励男孩提高做事速度。

2. 在生活中，要有意识地教男孩合理安排时间，进而提高做事效率。

3. 要引导孩子去竞争，让他在竞争中认识到自己的不足并因此逐步提高各方面能力。

第69招

培养男孩与他人的合作能力

如今社会是一个讲究“双赢”的时代，合作精神已经越来越受到人们的重视和追捧。而且个人力量与众人力量相比就如同小溪之与大海——再强劲的溪流也只能泛起细碎的浪花，只有在它百川归海后才能激起惊涛骇浪。由此可见，合作的力量是强大的。一个人要想取得成功，他必须具备合作精神。

但是，现在独生子一代的男孩们与同伴接触或合作的机会很少，而且自身又有很强烈的自我意识，导致很多男孩形成固执、自私、不合群、缺乏爱心的个性，与他人合作的意识也就更无从谈起了。

★五岁的小杰就是一个“不合群”的孩子。在幼儿园，每次老师让大家自由活动的时候，他都要第一个抢到心爱的玩具，因此没少和别的小朋友发生摩擦，甚至还会动手打人。一次，他和一个小朋友抢玩具车，谁也不肯退让，最后玩具车被摔坏了，不但谁也玩不成还被老师批评。因为小杰的“不合群”，他在幼儿园基本上没有什么朋友，大家谁也不愿意和他玩。

★在一所幼儿园手工课上，老师将孩子们分成四组，每组只有一把剪刀，看哪一组的小朋友最先把手工做好。活动开始后每个小朋友都抢着用剪刀，其中一组的两个小男生因此还打了起来。最后，老师不免感叹：就因孩子们没有合作精神，如此简单的手工却花了这么长时间才能完成。

上面的故事显然经常在我们身边发生。任性、自大、自私……已经成为这些没有合作精神的小男孩的代名词。然而，如果一个孩子缺乏团结合作的精神，那么他在未来的事业上很难有所建树，甚至难以在社会上立足。泰戈尔就曾说过："唯有具备强烈的合作精神的人，才能在社会中生存并创造文明。"

现在的男孩缺乏合作精神，很大的原因是父母平时对孩子过于娇惯，百依百顺，养成他们强烈的自我意识。所以，要想培养男孩的合作能力就要从小抓起，让他们学会分享、宽容以及体谅别人，并让他们懂得团结的力量能战胜一切困难。

方法一：让男孩在家庭中学会与人合作

家是孩子的第一个课堂，父母是孩子的第一任老师。孩子参加的第一个团体性活动往往来自于家庭。尽管家庭的活动与孩子同伴间的活动不一样，但是却是培养孩子合作能力的最好课堂。因此，合作精神的培养要从家庭开始。

在日常生活中，父母不妨给男孩分配一些工作，让他承担一些角色，例如家中重家具需要挪位置，父母可以让男孩一个人先试试。当然，他肯定是搬不动的。这时，父母就可以适当的对男孩进行教育，然后与他一起搬。一般情况下，聪明的小男孩都能很快的认识到与人合作的重要性。

方法二：让男孩品尝拖团队后腿的"苦果"

周末，刘先生夫妇要带着儿子去爬山和野餐。临行的前一天，一家三口分配了任务：爸爸负责烤肉的炉子，妈妈负责去超市采购食物，九岁的儿子负责准备餐具和调料。

刘先生提醒儿子列出单子，防止遗漏，若现在发现可及时去买。儿子很快的列出了单子，随后开始准备，没花多长时间儿子就把东西装好了，然后跑到外面找邻居家的孩子玩去了。刘先生本想自己再检查一下，但转念一想，应该给儿子一个锻炼的机会，哪怕是教训也好。

第二天，一家人高高兴兴地上路了。中午时分，野餐开始，妈妈问："儿子，烤肉汁你放哪里了？"儿子伸手到袋子里一顿乱摸，结果翻来翻去怎么也找不到了。儿子意识到是自己忘带了烤肉汁，惭愧地低下了头。

这样的教训对这个小男孩应该是非常深刻的，他知道是因为自己的疏忽影响了大家，使野餐大为逊色。虽然父母对他没有过多地责备，但是事情本身的教育意义已经比任何话语更直接有效。

让男孩体验一下团队合作的重要意义，由此他才会明白，在一个团队中，由于个人失误就会给整个团队带来麻烦。这样，他就会深刻认识到与人合作的力量和重要性。

专家给父母的

管教课堂

"知心姐姐"卢勤认为，教会孩子与人合作是一个重要课题，因此她建议父母们在生活中要这样做：

1．鼓励孩子与别人合作。

2．引导孩子善于去发现别人的优点，不能自以为是。

3．用爱去教育孩子，并与孩子商量处理事情，让孩子先学会与父母友好合作。

第十二章

理财教育——开启男孩的财富之门

你的男孩是一个“消费贵族”吗？

你的男孩会凭借自己的劳动赚钱吗？

你的男孩有经济头脑，会投资吗？

……

虽然男孩的“财商”天生普遍要比女孩高，

但无数的事实证明后天的教育更为重要，

而且那些自小接受理财教育的男孩，

能更早地实现他的人生梦想。

第70招

告诉你的男孩——钱是怎么来的

对于金钱的认识，绝大多数男孩最初认为它是一种能够满足自己欲望、换购物品的东西。从刚记事起，他们就会开始向父母要这要那——吃的、玩的等等。这时，他们还不知道金钱到底为何物，只是知道它能从爸爸妈妈的口袋里钻出来，换取很多好东西。因此，父母要适时地给男孩上一堂“金钱教育课”，告诉他钱是怎么来的！

男孩的特性之一就是自控能力较差。如果父母没有及时的对男孩进行必要的金钱教育，而是不加克制的一味满足他的要求，那么孩子就将会视父母为“提款机”，并在无形中养成大手大脚花钱，与别人攀比的坏习惯。一旦父母不能实现他的愿望、满足他的要求时，他就会觉得父母不再爱他，甚至会大吵大闹。这样的男孩长大后，依赖性强，大都缺乏生存能力，而且缺乏对父母的感恩之情，只知索取，不知回报。

究其原因，导致男孩形成这种不良观念的根源还在于父母没有让他清楚地认识到钱是来之不易的。因为不知道父母赚钱辛苦，所以他不懂得珍惜；因为不清楚父母背负的压力之大，所以他不理解父母有时的“小气”；因为从未体验过生活的残酷，所以他感觉不到自己的生活有多么幸福……

身为男孩的父母，一定要教导孩子从小树立正确的金钱观和消费观，帮助他正确认识金钱，珍惜并尊重父母的劳动，养成节约的好习惯。

方法一：带着孩子上班，让孩子看看父母工作的辛苦

父母每天只会对孩子说：“爸爸妈妈去上班了”，而不会告诉他一天的工作有多辛苦。到了月底，父母又会开心地给孩子买礼物。对于孩子幼稚的思维，很难明白“工资”背后的意义，只是最直接的感受到“工资”是个好东西，能购买自己喜欢的东西。因此，许多孩子就把目光聚集在父母的工资上，而忽略父母为此付出的辛苦劳动。所以，为了培养男孩正确的理财意识，父母不妨带着孩子上班。只有让孩子知道父母工作的辛苦，钱来之不易，他才能懂得珍惜。

方法二：给他一个赚钱的机会，让他体会赚钱的不易

对于一个孩子来说，究竟一件物品值多少钱，需要付出多少劳动才能获得的概念并不清晰。只有当他有过赚钱的经历，认识到金钱的来之不易时，他才会懂得珍惜，懂得尊重，懂得感恩。

专家给父母的

管教课堂

如何培养孩子拥有正确的理财意识呢？作家李子勋先生在《父母必读》杂志中是这样说的：

1. 小学阶段——父母要让孩子手中有些零用钱，并关心一下他是怎样花掉的和对此的看法，让他从小认识到钱是有量的控制的。

2. 初中阶段——父母要学会在花钱方面与孩子谈判，告诉他什么东西是父母可以给他买，什么东西又是不能买的，并让他认识到“钱不是万能的”。

3. 高中阶段——父母这时可以多给孩子一些钱，让他学会支配，但是要让他意识到哪些是必须品，哪些是可有可无的，哪些又是毫无价值的废物。

第71招

从储蓄入手，教男孩理财

在当今社会，教给男孩一些科学的理财方法是父母义不容辞的责任。父母不能仅仅满足于让男孩对金钱有所了解，还要在生活实践中培养、训练孩子的理财能力。

西方教育专家曾提出一个适应各年龄阶段理财教育的计划，这个计划同样适合我们国家孩子的理财教育。下面我们来看一下：

在3～4岁时，能够辨识钱币和币值，并会简单购物；在5～6岁时，弄清楚钱是怎样来的，培养孩子“自己的钱”的意识；在7～8岁时，能察看商品价格标签，确认自己是否有购买能力，懂得在银行开户存钱并想办法自己挣零花钱；在12岁以后，则完全可以参与到成人社会的商业活动中去，例如理财、交易等活动。

理财，不仅仅是花钱的学问，同样也是赚钱、管钱的学问。因此，父母不仅要告诉他如何花钱，也要让他学会管钱。这就要求父母培养男孩养成储蓄的好习惯。

男孩天生就比女孩多一分豁达、多一分人气，也许是由于这个原因，男孩在金钱方面更容易出现奢侈、浪费等情况。若父母自小不给男孩灌输储蓄意识，他就会缺乏理财能力，对于金钱的支配能力相对较差，将来走入社会后很容易出现过度消费、冲动消费等现象。

一个没有储蓄意识和习惯的人，永远也做不了财富的主人。所以，父母要培养男孩从小养成储蓄的好习惯，做一个理财高手。

方法一：把“储蓄优先”的观念灌输给男孩

对于男孩来说，如果他有了自己的购买目标，那么储蓄对他来说就非常有意义。一位经济学家就曾建议父母：鼓励孩子设立短期计划，让他利用自己的钱去实现目标。具体地说是让孩子通过自己的努力去挣钱，并将它积攒下来购买他所期望的书籍、玩具等。而当一个计划完成后，就让孩子转向更大的目标，存钱几周乃至几个月去实现它。需要注意的是，对于年纪稍小一点的男孩，其存钱的耐心至多能有三个星期，时间过长会令孩子感到灰心，进而失去存钱的兴趣。大约九岁之后的男孩则可以为其设定远一些的目标。

方法二：为男孩在银行开设一个账户

当孩子在存单或是存折上看到自己的名字时，都会异常兴奋。他们会觉得自己已经长大了，拥有自己的财产，对金钱有了新的认识。

银行储蓄可以慢慢地培养男孩的节约意识。当他取钱时又会发现储蓄是可以得到相应的利息，这对于尝到储蓄的甜头的男孩来说，能很自然地能了解到储蓄的意义并养成储蓄的好习惯。

专家给父母的

管教课堂

如果一个男孩缺乏理财能力，那么他即便拥有再多的财富也可能“千金散去”。对此，经济学教授詹姆士 · 赫克曼给父母们提出的建议是：

1. 一定年龄后，孩子要有一些自己可以自由支配的零钱。

2. 对于孩子如何消费的问题，父母应予指导和监督。

3. 对于孩子心仪的东西，父母可以建议他积少成多，用零花钱自己买。

4. 定期让孩子查看自己的储蓄账户金额，让他体验其中“积少成多”的乐趣，养成储蓄的好习惯。

第72招

帮助男孩树立正确的消费观

在我们身边不乏有许多这样的父母：虽不是什么“大款”，但总会千方百计地满足孩子的各种要求，给他提供最丰厚的物质生活。这些父母宁可自己受点委屈，也不肯亏到孩子。结果，父母含辛茹苦的培养却培养出了一个“消费贵族”。这样的孩子从小就超水平消费，根本不懂得挣钱的不易，也便不懂得珍惜。面对这样的情形，越来越多的社会学者和教育专家提倡：父母要培养孩子从小养成科学合理的消费习惯，树立正确的消费观。

在聪聪刚会说话的时候，每当有大人问他：“你最喜欢看的电视节目是什么啊？”他总会不假思索地回答：“看广告！”

小孩子很容易被广告欢快的节奏和跳动的画面吸引。聪聪当然也不例外。但是随着聪聪年龄的增长，他就不再满足只是“看广告”了。时常听聪聪妈妈抱怨说：“广告里演什么，他就闹着要什么，真没办法！”当然，聪聪小时候的要求也不会特别高，不过是些零食或是玩具。这样的要求，父母还是可以满足他的。但是不知不觉中，聪聪的要求不断高了起来。这不，刚上初中没几天，他就给父母列出一个消费清单：新款的运动服和运动鞋、MP5、新山地车……父母粗略算了一下，这些“小小的要求”加起来居然要四五千块钱。虽然父母有购买这些东西的能力，但是一想到年龄不大的儿子居然如此“消费”，不禁倒吸了一口凉气。

现在的男孩大多对金钱没有认识，看到喜欢的东西就想要，身上有钱就花光，加之父母经常纵容男孩这种不合理的消费，使男孩养成大手大脚、奢侈浪费的不良习惯。古语有云：“静以修身，俭以养德。”如果一个孩子没有正确的消费观，不懂得勤俭节约，再多的钱到他的手里也只是“来去匆匆”。

帮助男孩树立正确的消费观，其意义不仅仅在于教会他如何花钱，还包含了诸多方面教育的内容和能力的培养。那么，父母究竟如何冷却男孩这种“喜欢就买”的消费欲望，帮他树立正确的消费观念呢？

方法一：教男孩理性购物

有这样一种男孩，看到自己想要的东西就立刻决定购买，而买回来不久就发觉东西并没自己期待的那样完美，于是就开始后悔自己冲动的消费。不少男孩会因此而情绪低落，甚者会产生自责情绪或怀疑自己的判断力。

男孩的一个鲜明个性就是容易冲动，所以“冲动购物”是很多男孩常犯的错误。针对这个问题，父母最好的方法就是教会男孩“货比三家”的消费理念。值得注意的是，如果男孩因购物后悔产生不良情绪时，父母要及时给予安慰，增强他的自信心。

方法二：教男孩做预算

小海出生在一个富裕的家庭，而且学习成绩优秀，所以父母给他的零用钱会多一些，也不会进行过多的干涉。慢慢的，小海养成了花钱无度的坏习惯。每次逛街，小海只要看到喜欢的东西就买回家，一个月要向父母要好几次零花钱。如果父母问他钱花在哪了，他也支支吾吾的说不清楚。

对于这种花钱无度的男孩，父母可以遵循定时定量发放的原则，分期给孩子零花钱，并告知他不可另要或是预支，让男孩自己做好财务规划。

方法三：消除男孩的攀比心理

韩先生夫妇先后下岗，家里突然断了经济来源，两人整天一筹莫展。一天，儿子跑来向父亲要钱，理由是朋友过生日要请他吃饭。韩先生听后有些气愤，不过还是压制着自己的怒火和气地说：“儿子，你不了解咱家现在的处境吗？你怎么还……”儿子对父亲的唠叨有些不屑并打断父亲的话，说：“那就给我100吧，不能再少了！要不多没面子。”韩先生看着儿子理直气壮的样子，不住地叹气摇头。

男孩自尊心强、好面子，所以更容易产生与人攀比的心理，如果不加正确引导，那么这种心理会随着年龄的增加愈加强烈。当父母无法满足男孩的虚荣心时，他就有可能走入歧途。因此，对于男孩的这种攀比心理，父母首先要帮助他端正态度，将物质上的攀比转为学习上的竞争；其次，父母要告诉男孩礼物的意义在于传递情感、表达心意，因此不要随意收取或赠送别人过于贵重的礼物，这样会增添彼此的心理压力和经济负担。

专家给父母的
管教课堂

对于孩子“乱花钱”的问题，郑委老师提议运用“约定”的原则。下面我们看看“约定”是如何帮助父母解决难题的：

1. 约定一——全家确定购物时间。

2. 约定二——根据家庭条件和孩子年龄，每周定量给孩子零花钱。

3. 约定三——讨论把孩子所有开销分为三类（该花的、不该花的、可花可不花的）。

4. 约定四——孩子的钱＝零用钱＋储蓄，零用钱由孩子自己支配，储蓄存折放在孩子那里，密码由父母保管。

5. 约定五——坚决执行约定，出现问题全家协商惩罚机制。

第73招

记账能培养男孩的理财意识

现实生活中的很多父母都会这样责怪过自己的孩子："钱在你手里怎么花得那么快？！"这样的抱怨对于天生花钱就爱"大手大脚"的男孩父母来说更是见怪不怪了。那么，孩子的钱到底花在了何处呢？几乎所有孩子针对这一问题的回答都只是无言地摇摇自己的小脑袋！面对这种情况，父母能有什么对策呢？有一个方法不妨尝试一下——教男孩记账。

小洪对金钱没有概念，因此也不懂得珍惜物品。上学一个月的时间，他就用了六七块橡皮、二十多支铅笔，还有五六支钢笔不知道哪去了。对于小洪的这些毛病，他的父母用过许多种办法帮他改正，但效果不佳。后来，他的父母听朋友介绍让孩子学会记账的方法，便决定试一试。

经过一段时间的记账学习，小洪不但学会了节约花销，还学会了尊重劳动。而且，自从学会了记账，还改掉了吃饭时拨拨撒撒的浪费行为，有时还一副老夫子的样子"教育"父母说："一颗汗珠掉在地上摔成八瓣，我们才有今天的饭菜，你们要懂得珍惜。"时不时小洪还会抱着妈妈的脖子说："谢谢妈妈给我做饭！谢谢妈妈送我上学！"

转眼间，小洪已经念初中二年级了，现在的他是一个艰苦朴素从不与人攀比的好孩子。

当孩子学会记账后，他就清楚自己的钱花在哪了，并逐渐意识到哪些钱是该花的，哪些钱又是不该花的。这对于培养男孩的财商很有益处，也有助于男孩从小养成良好的消费习惯。

西方教育界有一句经典名言："一吨的口头教育也比不上一盎司的感性认识。"意思是说，千万句枯燥的说教也比不上一次亲身经历的认识来得更加深刻。所以，要想让男孩真正从小拥有理财能力，父母就要给孩子一些独立使用金钱的机会，切切实实地让他弄明白金钱是如何流入支出的，并体会如何才能利用金钱为自己创造价值。记账是让孩子参与自己消费活动的最直接方式。

通过记账，可以使男孩真正地接触到金钱并明晰金钱的实质，逐渐在他脑海中产生一种节约意识。与此同时，男孩的财富意识也会随之提升。记账能力是慢慢养成的，它是男孩可以受用一生的好习惯。

方法一：为男孩准备一个记账本

父母可以帮助男孩建立一个消费小账本，让他为自己的收入支出、做出详尽的记载。每隔一段时间，父母还要和男孩一起分析：哪些是必须消费的，哪些又是浪费的。这样，男孩就能慢慢地从实践中理解理财的重要性，进而有计划地消费。

每到过年的时候，小铭的爷爷奶奶、姥爷姥姥都会给他一笔数目不菲的压岁钱。在小铭小的时候，这些钱都是由妈妈代为保管的。到小铭11岁生日那天，他请求妈妈全部"返还"，声称自己可以妥善保管，妈妈答应了小铭的要求。可一段时间后，妈妈便发现自己的"放手"带来了很多问题，儿子经常偷偷拿钱买零食、漫画书、玩具……零用钱不久就花完了。

去年春节，小铭又收到一千多元的压岁钱，这次在爸爸的监督下，他准备了一个小账本，每花一笔钱都要记载，月底的时候要整理账目接受爸爸的检查。经过一年多的实践，小铭已经能够很好地控制零用钱的用途，也改掉了乱花钱的坏习惯。

方法二：追踪监督，及时纠正偏差

在孩子记账过程中，父母要及时追踪监督，了解他的消费倾向和对金钱的理解，若发现偏差，要适时地指出并予以纠正。

以下是张先生的教子经验：

儿子花钱没数，听人家说让孩子记账能很好地约束孩子花钱，于是我也采用这种方法教育儿子。

刚开始的时候儿子很不情愿，但是在我的监督下，他开始了自己的记账“历程”。不久，我通过翻阅他的记账本，发现很多问题，比如儿子每天打车钱需要10块钱、中午一瓶饮料需要4块钱……有些时候钱和账对不上。

一天，我对儿子说：“如果把每天打车和买饮料的14块钱节省下来，一个月就有三四百块，一年下来就将近五千块。你认为这笔钱花得有必要吗？如果节省下来就可以买很多你真正需要的东西了。另外，你要认真对待记账这件事，详细记载，不能钱不对账！”儿子听我说完，意识到自己的错误，在今后的花钱、记账上谨慎多了。

大量的实践证明，记账这一方法对男孩理财能力的培养很有帮助，避免了由男孩冲动性格造成的冲动消费，而使他的消费越来越理性、越来越有规划性。

专家给父母的
管教课堂

一位著名教育专家曾说过：“我们教孩子记账不仅能培养他的理财意识，还能通过它呼唤出孩子内心很多亲情和道义。”在如何给孩子灌输理财观念的问题上，知名理财师张荣辉是这样建议父母的：

1. 教授相应理财知识要适应孩子年龄，不能揠苗助长。

2. 让孩子清楚，父母挣的每一分钱都很不容易。

3. 让孩子接触社会，去感知一些社会消费现象。

第74招

让男孩学会靠劳动赚钱

在西方很多国家，孩子通常在很小的时候便有了赚钱的意识。大街小巷经常能看到一些小男孩卖报纸、送外卖、修理草坪等；在一些商场、超市、饭店中，孩子参与理货、打扫卫生、做服务员等情形也随处可见。在他们的眼中，这是一个通过劳动赚钱的机会，是一种理所当然的体验。而在中国，父母们抱持着“只要把学习学好，别的事都不需要管”的心态，把家中的孩子宠惯成衣来伸手、饭来张口的“小皇帝”。孩子需要钱时，只需开口向父母要即可，因为父母总是能满足自己的要求。长此以往，孩子很难对金钱有正确的认识，更不用说让他拥有经济头脑了！

有些父母可能会反驳说：“孩子还小，能力有限，怎么能要求他挣钱呢？”其实，很多男孩缺乏理财能力的主要原因在于父母的不当教育。我们要培养的是男孩的思想与意识，而不是在乎他可以赚到多少钱。而且无论孩子年纪多小，只要在他的能力范围内分配适量的工作，给予相应报酬，就能起到良好的理财教育作用。

柯柯今年五岁，特别喜欢妈妈给他讲故事。一天，妈妈讲到熊宝宝帮助熊妈妈做家务拿到零用钱的故事时，柯柯睁大眼睛问妈妈：“妈妈，是不是我帮你干活也能赚到钱啊？”妈妈故作认真地说：“当然了，不过还要看你干了什么活、做了什么事。例如本来就是你分内的事，做了自然也不会给你钱的，而如果是帮大人的忙，做家务的话那就另当别论了。”听完妈妈的话，柯柯若有所思地回到床上睡觉去了。

周末妈妈有事把柯柯送到外婆家，晚上接他回家的时候，外婆不住地夸奖道："今天柯柯特别乖，又是扫地，又是擦桌子的，忙活了小半天，还说自己是熊宝宝，这样做熊妈妈会奖励他。"妈妈听完哈哈大笑，并从包里拿出五块钱给了勤劳的"熊宝宝"。柯柯拿着自己的劳动所得，心里乐开了花。

要想让男孩的理财观念更加深刻，就需要用行动来实现。那么，父母不妨让男孩学会凭借劳动赚钱，获取今后在社会上立足的能力与经验。

方法一：告诉孩子"要钱不如自己赚"

翔翔每次去商场时，都会在卖电子琴的地方驻足许久。原来他一直想要一台电子琴，父母告诉他必须要通过自己的劳动"挣"得这台电子琴。于是，整整一个暑假，他都在"折腾"：今天帮妈妈做家务，明天帮爸爸修草坪……不知不觉中，翔翔的存钱罐满了。翔翔拿着自己劳动所得，高兴地让妈妈带他去买电子琴。

随着男孩年龄的增长，他的购买欲会不断的加强。在西方国家，针对这种情况父母就会告诉孩子："要花钱，自己挣。"现在，这种思想已经成为大多数西方孩子的固有观念。其实，中国的父母也有这样的心，但往往只流于说教，没有给孩子机会去实施。

当然，我们不是要求孩子所有的消费都由他自己买单，他也不可能达到。这样做的目的是要让他明白劳动创造财富，要花钱自己挣，不能凡事都指望父母。

方法二：帮孩子发现商机

我们鼓励男孩在小时候就开始尝试着赚钱，不过我们真正的目的不是赚钱，而是要让男孩在实践中获取劳动经验和培养他善于发现"商机"的能力。

"商机"无论大小，从经济学的意义上讲，是由此产生利润的机会。这种机会就是要让孩子学会去发现的。机会无处不在，但是孩子的观察力毕竟有限，这时就需要父母的协助了。父母在日常生活中要尽量多找些机会让男孩去实践、去体验。例如家中的旧书报、饮料瓶都可以让孩子收集整理并拿去卖掉；告诉孩子可以利用自己的特长“卖艺”挣钱；让孩子收藏一些有增值空间的纪念品等等。

方法三：让男孩的第一次赚钱记忆刻骨铭心

帆帆平时就有很好的理财习惯，这离不开他爸爸的教育。帆帆的爸爸年纪轻轻就事业有成，他经常会给儿子讲他小时候的故事：“那时候家里穷，一次学校开运动会要求学生穿白衬衫，家里又没有闲钱给我买，于是你爷爷鼓励我去学校卖冰棍。当时正值很多学校开运动会，冰棍销量很好。我来往于各个学校之间，几天下来就挣得了买白衬衫的钱。爸爸穿着通过自己劳动换来的衣服，感觉自己兴奋得能飞起来。那种成功的喜悦，我一辈子都忘不了……”

每个孩子都会非常重视自己的“第一次”，并就此留下深刻的印象。帆帆爸爸对成功的感触颇深，与他第一次赚钱的经历有很大关系。男孩第一次赚钱，赚多少没关系，重要的是要让他得到应有的锻炼，增长经验。这样的教育要远比平日里耳提面命的教育更有意义。

专家给父母的 管教课堂

“如何赚钱”是孩子走进社会前必不可少的一堂经济实践课。对此，韩国著名金融教育学家朴铁给父母们的建议是：

1. 让孩子转变观念，从“消费者”变为“生产者”。

2. 让孩子从做家务开始体会赚钱的艰辛。

第75招

培养男孩的经济头脑，教会他投资

中国的传统观念是不鼓励让孩子过早地接触金钱，认为这会让孩子的思想被铜臭气息所侵染，变得唯利是图。因此，很多与金钱有关的事情都被父母们包办代劳了。反观现实社会，许多年轻人由于缺少经济头脑，只会花钱不会理财，更不用说让他投资生财，这导致他们生活窘迫，沦为“啃老族”。

培养男孩的经济头脑，也就是培养他投资理财的能力。当你的男孩对金钱有了足够的认识并有了一定的储蓄时，不妨适时地教给他一些投资的方法和技巧，这对他今后的成长来说也是十分必要的。

汤姆在他10岁生日时，要求妈妈送他一台割草机。妈妈虽然有些疑惑，但还是爽快地答应了他的要求。至那年夏天为止，汤姆已替邻居割草赚了500多美元。这时，爸爸建议他用这笔钱学做投资。于是，汤姆在爸爸的帮助下购买了耐克公司的股票并因此获得了不小的收获。从此以后，汤姆对股市产生了浓厚的兴趣，开始阅读和学习相应财经知识，小小年纪就成为一个理财高手。

男孩的探索欲是非常强烈的，当他知道可以用一些方法使财富变得更多更大时，他就会对理财充满兴趣，并为之积极努力起来。一个具有经济头脑、会投资的男孩在未来竞争激烈的社会中生存能力会更强，事业和生活的领域也更加开阔。

对于男孩来说，投资能力才是伴随他一生、用之不竭的巨大财富。父母要想培养男孩的经济头脑，让他善于理财，就应该从小培养男孩的投资能力。对此，介绍一些方法，希望对父母们能有帮助。

方法一：让他尝到简单“交易”的兴趣

孩子们有时会拿自己的学习工具、玩具、图书相互交换，这就是孩子之间最初级的“交易”。通过“交易”，孩子不仅能满足自己的需求，还能使自己的东西价值最大化，因此这是被大多数孩子喜欢并认可的行为。所以，当男孩和朋友产生交易的行为时，父母不要以成人的价值观进行阻止，而应以旁观者的角度给予适当指导。

生活中的一些简单“交易”，可以锻炼男孩的理财能力，端正他的价值观，因此父母还要多多鼓励孩子的这种行为。

方法二：教给男孩一些简单的投资方法

孩子的经济头脑和理财知识毕竟是有限的，想要增强孩子的理财能力，还是离不开父母的提点和帮助。首先，父母可以根据男孩的年龄、兴趣及接受能力，适时地给他讲解一些简单的经济知识。一方面满足男孩强烈的好奇心，另一方面让他从正面认识和了解经济行为，这对他今后的理财很有帮助。其次，如果有适合男孩的投资，父母要给予适当的建议和指导，“放手”让他勇敢地去做，去实践自己的想法。

专家给父母的

管教课堂

“股神”巴菲特曾说过：“父母最大的责任就是教会孩子今后如何在这个世界上生存。”换言之就是教会孩子能够养活自己，懂得去投资、去赚钱。下面，我们看一下巴菲特给自己子女的一些忠告：

1. 投资时不仅需要投资领域相应的知识，还需要一定的勇气。

2. 实施投资行动之前一定要做好研究和调查，切记不能盲目或跟风。

3. 要有“以 40 美分的钱买 1 美元东西”的思想，让孩子学会爱惜每一分钱。

第十三章

适度放养——让男孩自由自在地翱翔

每一个孩子都是上帝赐予父母的天使，

父母的过度保护只会让他们的翅膀变得柔弱无力。

你想让你的男孩自由自在地翱翔吗?

请放开援助之手，让男孩独立做事;

请放开限制之手，让男孩恢复爱玩的天性;

请放开专制之手，让他选择自己喜欢做的事;

……

只有这样，你的男孩才能飞得更高，飞得更远!

第76招

父母过度保护，会限制男孩成长

《动物世界》中曾有这样一个片段：

在狮群中，母狮对幼狮总是关爱有加，但并不会过分地骄纵它。当幼狮刚开始蹒跚学步时，母狮便让幼狮体验独立生存的第一步——觅食。这时无论幼狮怎样哀嚎，母狮也不会将食物分给它，并“残忍”地将它推之“门外”。幼狮在感觉到不能再依靠父母的臂膀时，便会鼓起勇气，执著地站起来，一步一步地走向前……最后，它学会了独立生存，成为荒野之王。

其实，狮子勇猛的特性很大程度上源于其父母的“残忍”。而反观许多我们人类的孩子，每天生活在父母为他营造的港湾中，从未体验过风吹雨打，不知道什么是现实，什么是残酷。这对于未来将肩负更多责任的男孩来说，父母的过多关心与照顾，只会让他产生强烈的依赖性，失去本应具有的阳刚之气。

一位哲人曾说过：“一个人经过什么样的洗礼，就能造就出什么样的灵魂。”过度保护，除了给男孩带来懒惰和无能、给父母带来失望和悲哀之外，究竟还能带来什么？所以，男孩的父母们，应大胆地放开双手，让孩子尽快自立自强起来！

方式一：告诉你的男孩：“一切都靠你了！”

不久前，楼下的邻居养了一条大狗，每次有人上楼都会大叫，经常把人吓到。一次，小宏的妈妈就被狗叫声吓到了，回到家后身体还直哆嗦。妈妈对小宏说：“这下惨了，楼下的大狗每天都叫，以后妈妈连楼都不敢上了。不过，你可是个小男子汉，你可要保护妈妈啊！一切都靠你了！”小宏拍着胸脯说：“别怕，妈妈！有我在，我来保护你。”

于是，每天小宏都在楼下等妈妈下班，并护送妈妈上楼。有时，大狗一叫，小宏也吓一跳，不过他总是壮着胆子对妈妈说：“别怕，有我呢！”

要想自己的男孩多一分男子汉气概，父母们不妨有时表现得弱一点，多给他一个展现自我的空间。生活中过于能干、刚强的父母，往往会剥夺孩子施展的机会，令孩子变得软弱；相反，如果父母表现得柔弱一些，便会唤醒孩子内心中那种保护弱者的责任心，进而让孩子变得坚强起来。

方法二：放养男孩，给他自由成长的环境

2009 年，有一位名叫斯科纳兹的妇女被评为“美国最差妈妈”，她受到了来自世界各地的指责。她究竟做出了哪些令人不满的事情呢？原来，斯科纳兹一直提倡父母要少管孩子，多给孩子一些自由，于是有意锻炼孩子的独立能力。她常常让两个儿子独自在户外玩耍，并在没有任何人陪伴的情况下自己步行上下学。一次，她带着两个儿子来到公园后便偷偷离开了，她认为这样做，可以让孩子们自己结识朋友，并自己摸索如何回家。还有一次，她在曼哈顿市中心与 9 岁的儿子分别，让他独自坐地铁回纽约。斯科纳兹不觉得自己的教育方法哪里出了问题，相反，她认为给孩子自由成长的环境，有利于他们发挥智谋、才能，令其更快成熟……

看到这里，可能大多数中国式家长会对斯科纳兹咬牙切齿了，认为她没有责任心，不配做一位母亲。其实，斯科纳兹的教育方式早在 1918 年就出现过，由英国作家劳伦斯所提出。劳伦斯认为：“如何教育孩子，原则一，别管他；原则二，别管他；原则三，别管他。这就是全部开始。”这种教育方式被称为“简单教育”或者“放养教育”。它要求家长减少对孩子额外的教育投入，不对孩子的成长施加过多压

力，给孩子自由的成长环境。

这种教育方式的出发点是好的，因为家长过度干涉和保护孩子，会扼杀孩子的天性和探知能力。父母必须培养其独立性，让他们自己在生活中学习，在生活中成长。若父母们真希望子女成功，就需要学会何时让他们独立生活，让他们独自玩耍，让孩子从玩耍中累积知识和发展智力。当然，所有这一切都需要结合孩子的实际情况来进行。

专家给父母的
管教课堂

伊丽莎白·哈特利·布鲁尔认为：对男孩进行不同的教育，就会培养出不同的男孩。对此，他建议父母：

1. 给孩子思想一定的自由，让他具有独立思考空间。

2. 要注意对孩子动手能力的培养，可以根据孩子年龄让他做一些力所能及的家务。

3. 不用认为他“不能”，孩子的力量比你想象的要大得多，所以请多给他一些机会去证明自己的能力。

第77招

培养男孩的“国际化视野”

世界本是广阔的，如果一个孩子不能主动去探索，那么再广阔的世界在他眼中也是渺小的；世界本是神奇的，如果一个孩子不懂得去发现，那么再神奇的世界对他而言也会变得呆板。常言道：“好男儿志在四方。”父母应培养男孩的“国际化视野”，只有这样，他才能站在较高的起点上望得更远。

英国教育界曾经提出“世界范围内的教育”口号，是指给孩子灌输全球化意识，提高孩子国际环境下的交流、生存技能，培养孩子在全球化经济社会中的各项能力。对此，我国的教育学家也特别指出：让下一代了解不同政治、不同文化、不同信仰、不同民族背后的差异和特点，会为他今后的生活提供更大的空间。

与女孩相比，男孩更愿意接触和探索外面的世界，而且在这个过程中，男孩的很多能力会得到不断地培养和深化。很多父母都意识到这个问题，早早地就开始尝试开阔男孩的“国际化视野”。例如有的父母从男孩咿咿学语时就开始教他英语，希望对他将来出国时能有所帮助。有的父母怕自己的儿子落后于人，让孩子参加各种不同的培训班，尽可能多的掌握一些技能和特长，以便适应未来多元化的社会。

也有许多父母犯愁，除了让男孩掌握一门或多门的外语，多学些一技之长之外，是不是没有更好的教育方式了呢？答案当然是否定的。开阔男孩的视野，就是要不断地将外界各种新鲜事物以看、听的形式提供给他，并适时地把男孩“推”出门，让他切身地感受外面的世界。所以父母要采取多样的教育方式，让男孩保持新鲜奇特的态度去看世界。

父母在培养男孩的国际化意识时，不能急功近利。要结合男孩的实际情况，选择适合他的教育方式，让他感受不同价值观的冲击，接受多种文化的洗礼。这样，你的男孩才能吸收多元信息，视野更加开阔。

方法一：男孩不能没有世界地图

如果你的家中还没有世界地图，那就要赶紧行动了。对于一个男孩的教育，如果没有一张属于他自己的世界地图，就如同他的玩具中没有刀、枪、车、飞机一样，会有一份缺失感，而且也很难让他迈好认识世界的第一步。

父母可以从这一幅地图开始，让男孩了解并走进世界。例如父母可以与男孩做游戏，在地图上把某个区域遮挡起来，让孩子辨识是哪个国家，同时父母可以讲解这个国家的风土人情，达到寓教于乐的目的。

方法二：帮男孩打开通往世界的大门

父母要善于激发和引导男孩的兴趣，在感兴趣的基础上，时时为他开启通往世界的大门。例如在日常生活中，父母不妨多让男孩参加些活动，多亲近下大自然，多结识些朋友，多教他从不同角度欣赏世界，进而不断扩大男孩的视野。

正在上小学二年级的雷雷是英格兰的球迷。世界杯期间，他一直关注英格兰队的比赛。有时，他还会给爸爸分析每个人的状态，像特里、鲁尼、兰帕德等。一次，爸爸问雷雷："儿子，你知道英格兰在哪吗？"雷雷抱起脚下球就在上面找了起来。原来雷雷的球是爸爸专门买的一个印有世界地图的足球。爸爸又问："你知道英格兰的全称是什么吗？"雷雷摇摇头。爸爸又问："特里的家乡是哪个城市？"看到雷雷还是摇头，爸爸就开始跟他讲起相关知识。从英格兰的全称

到地理位置，又到特里的故乡东伦敦、风土人情、英国绅士……爸爸讲得栩栩如生，雷雷听得十分入迷，沉浸其中。

从孩子兴趣入手的教育是最成功也是最有效的。雷雷的爸爸从儿子的兴趣开始，使雷雷兴趣盎然的了解偶像球队的国家风貌，即文化习俗、价值观念、宗教信仰等等。这不仅开阔了孩子的视野，还会对他今后认识世界有很大的帮助。

专家给父母的
管教课堂

如何让我们的男孩拥有“国际化的视野”呢？伊丽莎白·哈特利·布鲁尔认为父母要重视和鼓励男孩多种技能的发展。对此，他提供的办法是：

1. 平时多带男孩出游，增长他的见闻。
2. 努力扩大男孩的活动范围，让他尽可能尝试各种活动。
3. 让男孩全面发展，多学习技能，练就特长。

第78招

适当放手，让男孩独立做事

我们都知道“授之以鱼，不如授之以渔”的道理，但是在现实的生活中，很多父母怕自己的儿子累到、磕到、碰到，就不由自主地选择授以“鱼”，而不是“渔”。

然然是一个正上六年级的小男孩，每天都要骑自行车上下学。一天，然然自行车的脚蹬子坏了，然然回到家中准备拿工具自己修理。妈妈了解完情况后对然然说：“你会修吗？还是快送到路口的修理部去吧！反正也花不了多少钱。”于是，然然将自行车推到修理部修理。

这位妈妈的话不但质疑了儿子的能力，而且打消了儿子动手的积极性，非常不利于培养男孩独立做事的能力和信心。

与中国的父母做法不一样，西方国家的父母特别重视对男孩这方面能力的培养，很多事都放手让男孩独立去做。例如在男孩很小的时候，父母就向他介绍钳子、锤子、螺丝刀等工具的名称、用途及使用方法，并鼓励男孩在日常生活中尝试使用。因此，西方国家的男孩从小便养成了独立做事的习惯，而且他们的创造性思维和动手能力都得到最大程度的发展。再看看我们中国的“小皇帝”们，有的孩子甚至上了中学都没有摸过扳手、钳子，原因是从小被父母禁止进行“危险”活动。从某种角度来说，父母的这种做法的确是减少许多危险的发生，但是这与让男孩失去宝贵的锻炼机会相比，这个理由就显得微不足道了。

无论你的男孩今后从事什么工作，知识和经验都是不可缺少的。

男孩只有经过不断磨练，才能真正成长起来。父母们与其援手扶持，不如适当放手，传授给男孩战胜困难的勇气和方法，给男孩机会让他独立做事。

方法一：适当放手，让男孩自己往前走

出于天性孩子们都喜欢依偎在父母的怀抱中，但是他们不能永远都这样生活，终有一天需要独立的面对生活。如果一个男孩从小被父母过分地呵护，那么将来他很难独立起来。作为男孩的父母，要根据孩子的年龄、性格与能力适当放手，鼓励男孩自己往前走。

有两个年龄差不多大的小男孩同时学骑自行车。其中一个稍大一点的男孩学了三个月才能勉强独立骑车，但小一点的男孩不到一个月就能骑得飞快了。

产生这个差距的原因在于孩子们的父亲，初学骑车时，两个男孩都害怕摔倒就让父亲在后面扶着。大一点男孩的父亲整整扶了两个月，一刻也不敢松开，生怕把儿子摔坏了。而小一点男孩的父亲，也就扶了一周左右，中间还不时“偷懒”，悄悄的放开了手，因此小男孩也没少摔跤。后来，小男孩的父亲不再帮忙，让他独立骑车。小男孩多次请求，父亲总是态度坚决地说：“你要靠自己力量往前骑，否则你永远也学不会！”果然，小男孩很快就学会了骑自行车。

方法二：制造机会，让男孩自己去锻炼

有些父母对男孩抱以过高的期望，采取揠苗助长的教育方式，让孩子必须按照自己设定的方式进行生活、学习。这种违反客观规律的做法肯定是要失败的。但是父母如果采取消极地完全“顺其自然”的教育态度，也不利于男孩的成长。对于这两种极端教育方式，解决的办法就是学会“适当放手”。

黄女士的皮包拉链经常会夹到包里面的内衬，每次都由丈夫帮她弄好。一天，拉链又被紧紧的卡住了。这次，黄女士叫来七岁的儿子说：“你来试试吧”。儿子接过皮包，饶有兴趣地研究起来。他回忆爸

爸以前修拉锁的动作，前拉拉后拽拽，果然很奏效，夹住的内衬很快就出来了。儿子把皮包交给妈妈并自豪地说：“这种小事以后就交给我吧！”

在家庭教育过程中，父母不必事必躬亲，事事关心，而是要遵循男孩成长的客观规律，积极创造条件和机会，让男孩去解决困难，锻炼他的动手和独立思考能力。

专家给父母的
管教课堂

父母应该注意培养男孩的独立性。在生活学习中，要让男孩学会自己独立思考、用自己的嘴说话、用自己的脚走路、用自己的双手做事。只有这样，他才能成为一个真正的男子汉。玛利亚·蒙台梭利是这样建议父母的：

1. 给孩子空间，让他自己去思考。
2. 给孩子权利，让他自己去选择。
3. 给孩子困难，让他自己去战胜。

第79招

适当的游戏有益男孩的身心健康

曾经有一场在中国举办的玩具展销会上发生了这样的一幕：会场里琳琅满目的玩具令人目不暇接，妙趣横生的游戏区虚位以待。主办方原以为这将会给孩子们带来一场疯狂的游戏盛宴，但结果却大相径庭。展销会的第一天，只有寥寥几个孩子怯生生地在远处观望，不久就被父母拉走了，这一幕与外国孩子们对游戏狂热的激情相比，形成了巨大的反差。教育专家不禁发出感叹："中国的孩子连游戏都不会玩了！"

其实，不是中国的孩子不会玩，而是被他们的父母剥夺了玩的权利。因为在父母眼中，游戏会占用孩子大量的学习时间，是一种"不务正业"的表现。所以，大多数父母在看到自己的男孩游戏时，便会拉下脸，严肃地说："就知道傻玩，还不去学习！"

难道贪玩的男孩真会变"傻"吗？苏霍姆林斯基可不这么认为，他曾说过："如果一个孩子没有游戏，他就不可能有完美的智力发展。游戏犹如打开的一扇巨大而明亮的窗户，能源源不断地将有关周围世界的观念和概念，通过这扇窗户注入孩子的心田。"看来，游戏不但不会让男孩变笨，反而有利于男孩的身心健康。所以，父母要改变对"学习"的传统理解，不要认为学习只限于课堂和书本上的知识，游戏也是其中一项。

男孩与女孩相比起来要贪玩得多，对此有不少男孩的父母十分头疼。研究表明，经常玩游戏的男孩与不经常玩游戏的男孩相比，在许多方面都会产生明显优势。例如经常玩游戏的男孩手脑配合协调，反应能力快，动手能力强；经常玩游戏的男孩具有很好的沟通、协作、配合精神；经常玩游戏的男孩会具有较强的竞争意识；经常玩游戏的男孩更有自己的主见……

总之，游戏对男孩的健康成长起着非常重要的作用。父母要给男孩营造一个宽松、自由的游戏空间，允许他适度的玩耍。

方法一：合理安排男孩游戏时间

一位男孩的妈妈这样讲述自己的苦恼：

我的儿子正在念小学一年级，十分贪玩，每天放学都要在学校和同学们玩一会儿才舍得回家。回到家后也不去做作业，而是先拿着自己心爱的玩具把玩一番。有时吃晚饭的时候，儿子手里还要攥着玩具，嘴里不时发出“滴滴”、“呜呜”的声音。每天晚上做完作业后，儿子也不会立刻睡觉，反而会异常兴奋地缠着我和爸爸陪他玩游戏。总之，儿子每天都会很晚才肯上床睡觉，导致第二天早上起不来，白天上课没精神，对学习产生了很大影响。

过长时间的游戏会让男孩身心一直处于亢奋状态，这对他的健康很不利。专家建议男孩每天游戏的时间与学习时间的比例应为1：2。另外，人体早上和上午的精力最旺盛，应该让男孩充分利用这段时间学习，当经过一个上午的学习后，男孩的身心会变得疲惫，这时父母便可以让他放松身心，好好地游戏一下。一般来说，游戏的时间不应超过两个小时，每游戏一小时，就要让孩子停下来休息一会儿，以免孩子疲劳而影响晚上的进食和接下来的学习。

方法二：寓教于乐，让男孩在游戏中学知识

以下是一位男孩父亲的育子经历：

我的儿子今年6岁，我可以自豪地说他的知识储备量已经超越了许多小学三年级的学生。很多人都问我教儿子学习的秘诀是什么？其实，我的方法很简单，就是时常陪他玩游戏。

在儿子很小的时候，我就设计了一个“摸宝”的游戏。我把各种形状的积木放在盒子里并让他摸。如果儿子通过触摸的方式能回答出积木的形状，我就会相应的发一些奖品作为鼓励。就这样，儿子通过这个游戏认识了三角形、正方形……

我还发明了一种“找朋友”的游戏，将不同的动物玩具藏在家中的各种角落，然后让儿子去找。当儿子找到后，我便引导他讲出“我在沙发上找到了小猫”“小兔子藏在床底下”等语句。通过这个游戏，儿子很快就会识别各种动物和方位词。

在儿子的成长过程中，类似的“学习游戏”还有很多。他通过游戏对学习产生了兴趣，我只要在旁边稍加引导，他都能很快的学会知识。

心理学家认为：一个人快乐时记忆力要好得多，这种状态下记住的东西不仅牢固，数量上也要多得多。因此，父母不妨用游戏来激发男孩的学习兴趣，遵循“寓教于乐”的思想，把学习分散到一次次的游戏中去。

专家给父母的

管教课堂

父母应尊重孩子的游戏权。“知心姐姐”卢勤曾说过：“孩子的兴趣有时候在父母看来可能无法理解，甚至有些脏兮兮的上不了台面，但那说不定就是孩子创新能力的来源。”对此，她给出的建议是：

1. 多花时间陪孩子做游戏。

2. 多让孩子做那些动手动脑的游戏。

3. 尽量多带孩子做户外活动。

第80招

允许男孩放弃他不喜欢也不擅长的事

以下是两位男孩妈妈的对话：

王女士："听说你家孩子最近在学长笛？"

刘女士："是啊，孩子都学将近半年了，吹得可好听了。"

王女士："一个男孩学长笛好吗？"

刘女士："有什么不好？学长笛不但让孩子多掌握一项本领，还能培养孩子的文艺气质，何乐而不为呢？"

王女士："嗯，那我明天也给儿子报个班，学学吹长笛。"

生活中有很多父母都像王女士一样，遇到某件对男孩身心有益的事情就会极力劝导让自己的儿子也去做，而不会考虑孩子感受和意见。所以，我们经常会看到一些父母拽着孩子去参加各种辅导班。

其实，对于父母这种望子成龙的心情我们是能理解的，但是父母的一切行为都要建立在尊重孩子意愿的基础上，不要强迫孩子做他不喜欢的事。

曾经这样一对夫妻，妻子是钢琴演奏家，丈夫是一名大学教师。但就在这个充满文化和艺术气息的家庭中，他们的儿子连高中都没毕业，辍学在家。

在儿子刚出生时，这对夫妻也为孩子规划了美好未来，学知识、练钢琴、念大学……但是事与愿违，男孩并没有按照夫妻俩所设定的路线走下去。在男孩2岁时，母亲就开始让他接触钢琴，可以说，儿子一度是母亲的骄傲。随着男孩年纪的增长，母亲对他的要求也愈加严格。但是此时男孩已经对钢琴产生了厌恶。他不喜欢每天听妈妈频繁的督促和要求；他不喜欢别的小朋友玩的时候他要练习弹琴。另外，他还要面对父亲每天布置的课外作业，压得他喘不过气来。终于有一天，男孩决定用堕落的方式回击父母的“任意妄为”。男孩不再学习、不再练钢琴，还与学校的坏孩子混在一起。父母的劝导他完全听不进去，最后因多次逃学、打架被学校劝退，连高中都没念完。

一个生长在书香门第的男孩竟落得如此结局，我们不免为之感到惋惜。这里，我们不得不去指责一下他父母的专制。

男孩在天性上就不喜欢屈服于别人的意志，如果父母强加自己的意愿于男孩身上，只会增强他的逆反心理，产生反抗情绪，甚者会像故事中的男孩一样，自甘堕落。另外，父母不要认为男孩顺从了你们的意见，就会达成你们的愿望。许多实践证明：如果一个男孩不是心甘情愿、怀着兴趣地去做一件事或学一样技能，他很难在这件事上有所建树。父母在教育男孩时，一定要遵从他的意愿，多与他沟通。如果遇到男孩不愿意做的事，父母要帮助他分析其中原因并给予科学的劝导，千万不能以强硬的态度逼迫他，要允许男孩放弃他不喜欢或不擅长的事。

方法一：让男孩做真正感兴趣的事

以下是一位男孩妈妈的教子经历：

我儿子念一年级的时候，学校开设了珠算班。我们市里如果孩子在珠算比赛中获得奖项，在升初中时就大有机会进重点中学。于是，我带着急功近利的思想，自作主张地给儿子报了名。可儿子偏偏不喜欢拨弄算盘珠子，做题的时候不是那错就是这错，气得我经常火冒三丈，因此儿子没少挨巴掌。面对儿子一张张满是大红叉的卷子和一次次痛苦后，我决定停止我的专断教育。我找来儿子问：“到底你喜欢做什么？”儿子怯生生地说：“我想学画画。”我对儿子说：“好，那咱就学画画，不学珠算了。”儿子听完后高兴地大叫：“妈妈，真好！”我给儿子买了笔、画纸、书，又给他报了一个美术班。儿子学得很认真，老师也夸他有天赋，而且在市里比赛中也获得了不少奖项。

现在儿子在大学读美术专业二年级，回想当初我的决策是多么正确，造就出今天如此出色的儿子。

在男孩成长的过程中，父母一定不要逼着他做什么、学什么，而是要善于发现和培养他的兴趣爱好，并给以积极的鼓励和引导。另外，随着男孩知识水平和认知能力的提高，他可能会不断改变自己的兴趣爱好，这也是他对自己人生规划的一种调整，父母要允许他改变初衷并给予支持，让他做真正感兴趣的事。

方法二：沟通，不做“法西斯”式的父母

云云本来很喜欢拉二胡，可是上初中之后，他把拉二胡当成一种负担，产生放弃的想法。妈妈与云云沟通后才知道，原来学校功课越来越紧张，练习二胡会占用很多时间，因此云云一直处于矛盾之中。妈妈建议云云可以适当减少上二胡课的节数，减少练习时间，把它当成一种生活中的乐趣。在妈妈的开导下，云云把二胡作为平时学习减压的工具，学习和练琴都没有耽误。

有些父母抱怨孩子没耐性、善变，对自己喜欢的事情也不能坚持到底。其实，人们面对自己感兴趣的事情时，也会产生情绪波动。如果这时与孩子进行良好的沟通，找出问题所在，加以劝导，效果就好多了。

专家给父母的
管教课堂

对于如何给孩子报辅导班问题，一直是父母关心的热点。其中最大的误区就是很多父母抱着多学一项特长就是多一项本领的心态，给孩子报很多班。在这个问题上，王金战老师给父母的建议是：

1. 报辅导班一定是孩子所感兴趣的事情。

2. 报辅导班要随着孩子学校功课的松紧来做适当调整。

3. 不要给孩子太大压力，这样只会抹杀他的兴趣爱好。

第81招

顺其自然，给男孩犯错的权利

法国作家罗曼 · 罗兰说过：“人的一生中就应该做点错事，做错事就是长见识。”大人们在生活、工作中的任何尝试也都可能犯错误，更何况是孩子呢？如果一个家长不允许男孩犯错误，就等于不允许男孩成长。

大多数父母会特别在意男孩犯错，因此可能会采取打骂等过激的方式进行教育，但结果却差强人意，孩子会继续犯错误，家长会继续打骂，如此陷入恶性循环之中，对男孩的身心成长非常不利。

事实上，男孩在成长的过程中犯错是不可避免。你无需太紧张、着急，更不能不分青红皂白地加以斥责、体罚孩子。要正确看待犯错，它是孩子积极成长和快乐学习中不可缺少的一个过程。

当男孩犯错时，内心肯定会出现深深地自责和是否承认错误的矛盾。针对这种情况，父母具体要怎么做呢？

方法一：对男孩进行积极的正面教育

父母在教育男孩时要注重情感的沟通。当孩子犯错误时，父母要抓住时机，对孩子进行积极的正面教育，以引导孩子改正错误。

首先要安慰孩子，对他说“错误并不可怕，每个人都会犯错误”，借此平复孩子惧怕的心理。然后再指出产生错误的原因，告诉孩子应该怎样改正，让孩子不断进步，其实这也正是教育的目的。最后不要忘记激励孩子，“如果你再努力些，就能克服错误，做得更好”。

正面教育是男孩比较容易接受的一种方式，当然，父母在教育孩子时要合情合理，注意情感的沟通，千万不能空洞说教、讲大道理，以免引起孩子的厌恶，达不到教育的效果。这样的教育方式不仅能让男孩自动的检讨错误，还能使他有改正错误的决心，减少再犯错误的几率。

方法二：别盯着男孩的“黑点”

在一场演讲会上，演讲师拿出一张带有黑点的白纸，问观众们们：“你们看见了什么？”观众们踊跃地回答：“一个黑点。”演讲师沮丧地摇摇头说：“你们对这么大张的白纸视而不见，却只盯住这个黑点。如果你们把目光都集中在这个黑点上，它就会越来越大，最后整个世界都会被它占据。”

生活中，很多父母也会犯这样的错误，只盯着男孩的“黑点”，并将他的错误和缺点不断放大，导致孩子产生自卑心理。还有很多父母认为，男孩顽劣淘气，就该严格要求，甚至粗暴对待。一个男孩在这样的环境中成长，就会变得懦弱。你希望你的男孩变成这样吗？所以，请多关注男孩的优点，而不是上面的“黑点”，你会发现他比你想象中的更加聪明、优秀。

专家给父母的
管教课堂

心理学家塞奇斯说：“从犯过失的痛苦中走出来，不要老盯着孩子的过失不放，应该多去赞扬孩子尝试活动的勇气和努力。”下面，我们来看看他给父母们的建议：

1. 男孩犯错后，父母不要埋怨他，更不能奚落他。

2. 男孩犯错后，父母可以讲述自己曾经犯过类似的错误，向他解释为什么会犯这个错误，并告诉他你是用什么样的办法避免重犯的。

3. 如果男孩在尝试新事物的过程中犯了错或遇到失败，父母应帮他找出原因，鼓励他继续努力，让男孩的自信心在不断尝试中得到保护和增强。

第十四章

因材施教——调动男孩的学习潜能

相比女孩而言，大多数男孩是不爱学习的。

他们似乎永远无法像女孩那样安静地在书桌前看书、写作业……

然而，儿童教育学家研究表明，

男孩身上蕴藏的学习潜能比女孩要大得多：

只要能点燃他学习的热情，他就会把学习当成乐趣；

只要让他掌握全脑学习的技巧，他就会成为学习上的佼佼者；

只要教会他科学的学习方法，他的学习成绩就会突飞猛进；

……

但是，如何才能调动男孩的学习潜能，提高成绩呢？

本章将为父母奉上让男孩爱上学习的宝典。

第82招

引导男孩把学习当成乐趣

在男孩的世界中，很多东西都能给他带来无穷的乐趣：玩具手枪、汽车模型、卡通片、足球、篮球……但如果有谁说学习也能带来乐趣，估计男孩们会用鄙视的眼光看他，因为在男孩眼中，这就是一个谎言。

对于大多数男孩来讲，学习可是件苦差事，与乐趣完全不搭边。许多男孩宁可挨父母骂、干体力活也不愿多坐一分钟板凳去学习。其实，父母也不能完全责怪男孩有不爱学习的毛病，因为男孩的某些天性还真与学习所需要的状态有些背离。例如学习时需要注意力集中，而男孩的注意力特别容易受周围事物干扰或吸引；学习时需要耐心，而男孩天性好动又耐不住性子，很容易失去耐心；学习是一件繁琐的工作，而男孩天生是怕麻烦的……

那么，是不是受这些天性的影响，男孩注定会学习不好呢？

答案是否定的。男孩自身虽然有些天性会成为他学业上的绊脚石，但他们身上还是有很多令女孩羡慕的强项。首先值得一提的就是男孩的逻辑思维。大多数男孩对事物进行观察、比较、分析、综合、抽象、概括、判断、推理的能力要比女孩更强，所以他们在数学、物理、化学等理科学科上的成绩往往比较优异。其次，男孩强烈的竞争欲和探索欲也对学习大有益处，会成为促进男孩学习成绩快速进步的动力。综合各种因素，男孩更容易成为学习上的佼佼者。

但是有的父母会产生这样的疑问：“为什么偏偏我的儿子学习不

好呢？”爱因斯坦有一句名言：“对一切来说，只有兴趣才是最好的老师。”也许你的男孩只是缺少一份对学习的乐趣。

对于大多数男孩，只要这件事能提起他的兴趣，他就会调动一切热情和力量去完成它并努力做到最好。所以，聪明的父母要学会让男孩与学习“交朋友”，把学习变成他的乐趣。

方法一：父母要为男孩树立爱学习的好榜样

“三好学生”小晋的妈妈是这样教育儿子的：

在儿子刚刚懂事的时候，我就给儿子灌输每个人都要学习的思想，还经常对他说：“世界上能力最大的人就是有智慧的人，拥有智慧的人是无法被打败的。你将来就要通过学习成为一个有智慧的人。”

后来，儿子一上学便对学习产生了浓厚的兴趣，每天放学后都主动先去做作业。有时我会陪着他学习，他做他的功课，我看我的书，互不干涉。我这样做的目的不是要看着他学习，而是要让他看到妈妈认真的学习态度。随着儿子一年一年的升级，他给我拿回很多奖状和第一名，对此我十分骄傲和欣慰。

在家庭教育中，身教一向胜于言传。如果男孩未曾见过父母的学习身影，那么当父母劝导男孩学习时就会少一分说服力。相反，如果男孩经常看到父母伏案学习，那么他就会潜移默化地受到影响，以父母为榜样而努力学习。

方法二：引导男孩采取科学的学习方法

我们看看下面这位爸爸是怎样培养儿子的：

刘先生的英语不太好，在工作中没少因它受阻挨累。但是这也不能怪他，在当时那个年代，大家都是到了初中才开始接触英语，根本没有学习语言的那种感觉和敏锐度。因此，刘先生决定对儿子的外语教育要提前开始。

在儿子咿咿学语的时候，刘先生就开始给儿子放英语歌，并陆续教他一些简单的单词。当儿子上小学的时候，刘先生总是提前教儿子预习老师所要讲的内容，并叮嘱儿子做好复习工作。生活中，刘先生还尝试与儿子用简单的英语交流，让儿子不再害怕张嘴说英语。现在，上初中的儿子英语成绩非常优秀，而且英语会话能力已经超越了刘先生。

之前我们已经介绍了男孩在学习方面的确存在弱项，那么父母不妨及早做好预防工作，恰当地弥补男孩学习上的弱项，引导强项，让他轻松应对学习。只有采取科学的方法教男孩学习，才能让他不再惧怕并喜欢上学习。

专家给父母的
管教课堂

被公认为华人界功力最高NLP（神经语言程序学）导师的李中莹先生曾说过："孩子在学业上表现得不够敏捷，甚至出现不喜欢读书、上学的现象，最重要的原因在于他们没有发觉学习中的乐趣。"那么，如何才能让孩子感受学习中的乐趣呢？

1. 培养孩子的竞争意识。

2. 及时对孩子的成绩给予肯定。

3. 在孩子学习中加入"养分"：神秘、奇特、挑战、比赛、节奏、变化。

第83招

教男孩学会预习和复习

学习是伴随孩子一生都要做的事情。一个没有良好学习习惯和方法的孩子无论他有多么聪明的头脑、刻苦的精神、坚韧的毅力，他都不可能成为学习上的佼佼者。

延延今年升入了初中，对于从小学生升为中学生的孩子们来说这是一个重要的转折点。延延非常聪明，理解能力强，反应速度快。读小学时，每次考试前突击学习几天就能取得很好的成绩，名次一直处于班级的中上游。

延延的成绩一直很优秀，他认为小学的知识简单，不需要投入太多精力，因此他更不会花时间在课下进行预习、复习。父母对他这一学习上的缺点也没有过多留意。养成习惯的延延上初中以后，还是保持一贯的学习方式，课上努力，课下放松。初中课程要比小学深得多，仅仅靠课上的45分钟知识点是很难理解透彻的，而且老师讲课进度又快。种种原因导致延延在初一上学期的期末考试中成绩超差，第一次成为班级的“差等生”。

生活中不少孩子都和延延的情况类似，在小学阶段成绩优异，但是在初中时成绩却一落千丈，孩子和父母都找不到原因。

学习本身由预习、上课、作业、复习四个环节组成，缺少哪一环节都会直接影响到学习的效果。其中，预习和复习又是容易被孩子和父母忽略的环节。有些智商高的男孩，总认为复习和预习没有多大意义，每天上课的东西在课堂就能消化，所以不屑于这样做；有些能力较差的男孩，总认为自己的理解存在偏差，希望听别人给他正确的讲解，而不喜欢自己去思考，所以不会复习和预习；有些懒惰的男孩，总认为自己忙不过来，每天已经有大量的作业要做，挤不出时间去复习和预习……在种种理由和借口下，当下很多男孩将学习中的预习和复习环节省去了。

另外，有些父母缺乏一定的教育知识，又过于注重孩子的考试成绩，一味地让孩子上课认真听讲、按时完成作业，忽略了监督孩子课前预习，课下复习的工作。

预习和复习都是孩子学习过程中不可或缺的环节。预习，就是孩子在上课之前，预先了解一下老师所要讲的内容。它能调动孩子学习新知识的积极性，为掌握新知识作好准备，而且孩子在预习时能找出疑点和难点，带着问题听课，学习效果会更好。复习，它是孩子对已学知识的消化吸收过程。通过复习，孩子不但可以把上课时理解不清的知识点弄明白，又能加深已掌握知识的印象，融会贯通，真正变成自己头脑中的财富。

总之，学会预习和复习功课是男孩受用一生的学习习惯，父母要从小抓起，引导男孩养成预习和复习的好习惯。下面我们介绍一下预习和复习的方法和技巧，希望对父母们有帮助。

方法一：预习五部曲——读、认、写、想、拓展

小彧学习态度很认真，每次上课之前都会把老师所要讲的内容预习一遍，不过他的成绩一直不是很好。小彧认为自己不够努力，就不断加长预习时间。别人看一遍的课文，他就读两遍；别人做一道计算题，他就做五道计算题……在小彧的努力下，他的成绩有所提升，但还是不够理想。对此，他十分苦恼。

学习不是只要刻苦就可以的，还要掌握一定方法。故事中的小彧就是不知道预习的方法，影响了学习的效果。那么如何做好预习工作呢？父母不妨教你的男孩掌握一下“预习五步曲”。

一读——把课本内容读准确；二认——识别新知识、新内容；三

写——标记出难点及不懂之处，并做些简单练习；四想——思考遇到的问题，尽量靠自己的力量解决；五拓展——做好预习内容后，如果时间宽裕，可以找相关材料进行对比与联系。通过这五步就能收到很好的预习效果，你的男孩成绩自然也不会差。

方法二：父母监督，把好复习关

复习要能将新旧知识串联结合，由局部到全面，多学科交叉。然而每个男孩的理解能力和认知程度都不一样，不一定能将复习做好，这时父母就要根据孩子的能力选择适合的方式督促孩子进行复习，让他养成课后复习的好习惯。

父母在监督男孩完成复习时要做到以下三步：

第一，加强前后所学知识的连贯性，把每天所学的知识纳入到已经学过的知识体系中。

第二，选择恰当可行的方式、方法来促进复习的条理化和系统化。

第三，让孩子学会回忆和复习相结合，加强对新知识的巩固和消化。

还有要值得注意的一点是：男孩自控能力差，又缺乏耐心，所以复习工作一定要及时，不要积累过多；再者，复习的时间不宜过长，反复的次数也不要过多，以免让男孩对复习工作产生厌倦感。

专家给父母的

管教课堂

王金战老师将学生的学习分成三个环节：课前、课中、课后。他提醒父母一定不能忽视孩子课前与课后环节。对此，他给父母们的建议是：

1. 监督孩子完成作业，完成作业是提高听课效率的前提。

2. 预习功课才能在听课时有的放矢。

3. 复习功课才能将所学知识融会贯通。

第84招

左脑右脑开发好，学习成绩差不了

如果可以，你是否希望你的儿子能像科学家爱因斯坦一样，拥有超群的逻辑推理能力？如果可以，你是否希望你的儿子像音乐家贝多芬一样，拥有惊世的艺术创作能力？一项权威研究显示，爱因斯坦、贝多芬等一些世纪伟人的共同之处在于，他们都有着非常发达的右脑。

大脑是人体中最为精密、奇妙的器官。实际上，95% 的人仅用了大脑的一半即左脑，然而右脑的存储量是左脑的一万倍，却被人们闲置了。

我们知道右脑支配左手、左脚、左耳等人体的左半身神经和器官，左脑支配右半身的神经和器官。人们左脑的使用率之所以高，与人类右手便利的行为有一定关系。另外，语言中枢、数字处理、逻辑分析、记忆等都是由左脑处理，因此很多父母在无形中会犯“重左轻右”的错误，忽视了对男孩右脑的开发。

山山是个学习认真、刻苦的男孩，各科成绩也比较优秀，唯独在数学方面差一些。今年，山山升入初中二年级，因为数学课增添了几何知识，这对数学本来就不好的山山来说可是更大的难题。证明题的辅助线应该画在哪呢？三角形的中心、重心、垂心是怎么回事呢……面对几何题，他总是充满疑惑、无从下手。对于儿子学不好几何的问题，妈妈也很苦恼。

山山学不好数学、弄不明白几何题，可能是因为他的逻辑思维能力和空间想象能力差，不能在脑中很好的构建图形。其实，孩子这些能力的缺失很大原因要归咎于他不发达的右脑和父母“重左轻右”的教育方式。左脑和右脑的发育是相互促进的，如果一个男孩的左脑经常得到锻炼而右脑却不发达，那么这个男孩的逻辑思维能力也好不到哪去。

人类大脑在6岁以前大概完成90%的发育。通常情况下，6岁以前是开发右脑的黄金时期。父母一定要把握好这段时间。但这并不意味着6岁之后孩子的右脑发育是停滞的，只要讲究方法，力行“全脑开发”，就一定能把男孩塑造成左右脑并重的“全人”。

方法一：全面开发右脑，不能“重左轻右”

幼儿期是开发右脑的黄金时期，如果此时进行有效的训练，不仅可以开发和保留相当一部分右脑潜能，还能促进大脑神经发育，扩充脑容量，而且还有助于左脑的发育。

以下是一位男孩的妈妈在日记中写的教子经验：

生活中，我十分重视对儿子右脑的开发，因为这对他将来智力和各方面能力发展很重要。在儿子刚出生时，我就给他听音乐，虽然我知道他听不懂，但是这能有效刺激他的听觉和右脑神经。儿子3岁时对电话产生了兴趣，他觉得爸爸妈妈每天对着它讲话很有趣。于是我给儿子买了一个玩具手机，让他给亲人、朋友，甚至卡通人物打电话。通过情景模拟和角色扮演，不但加强了儿子的沟通能力和想象力，还让他认识了数字。平时，我尽量多的给儿子创造听音乐、欣赏图画、做游戏的机会，开发他的大脑潜能。现在，我的儿子上小学三年级，是一个又聪明又可爱的乖孩子。

这位妈妈结合自己儿子年龄和性格特点，适时适当地开发儿子右脑，是很值得各位父母借鉴的。在生活中，你不妨也对男孩进行想象力、绘画、观察与记忆等相关训练，以此激发男孩右脑潜能。

方法二：“全脑学习”，提高成绩

爱因斯坦说过：“我思考问题时不是用语言进行思考，而是用活动的、跳跃的形象进行思考。”今天我们的教育推崇“全脑学习”，就是要培养孩子这种活动的、跳跃性思维。

全脑学习，顾名思义就是要让孩子平时思考问题时左右脑同时进行，活动和运动时左右并举，协同使用。在刚开始学习时，孩子运用右脑进行思维和记忆可能不习惯，效果也不理想，但是只要坚持下去，就会明显发现“全脑学习”给孩子带来的积极作用。

另外，父母不妨让孩子两个手轮换工作，也许有的孩子习惯用右手，不习惯使用左手做事，但是只要多加练习，慢慢的就可以改变过来，达到同时锻炼左右脑的目的。

专家给父母的
管教课堂

只有学会开发右脑无限潜能，促进双脑平衡发展，才能使孩子健康成长。中国公益杰出华人右脑生理学家李浩然老师对开发青少年右脑潜能提出的建议是：

1.文化艺术方面，可以多让孩子听音乐、写字、画画、参加表演、做游戏等。

2.加强孩子左侧肢体运动，可以打球、跳舞、做体操，平时多使用左手。

第85招

短期学习计划对男孩很重要

众所周知，人们在做每件事之前都要有周详的计划才能取得成功，否则做起事来就会毫无章法、一塌糊涂，这个道理同样适用于孩子的学习。对于孩子而言，学习计划能为他的学习道路指明方向，做到时时、事事、处处有的放矢，自然能使学习效率大幅度提高。然而，现在的很多男孩都是在毫无计划地学习。

以下是一位男孩妈妈的烦恼：

我的儿子从小很听话，各方面表现都不错，就是学习没有计划性，我说什么他做什么，盲目听从。有时我照顾不到的地方，儿子就无所适从，不知道怎么学了。因为这个原因，儿子的学习成绩逐步下降。小学时还能排在前几名，现在念初中二年级的他已经是班级中等生了。其实我对儿子的学习还是十分用心的。从小学开始，儿子做完作业都必须拿给我检查一遍，做错的题我都会给他记录在错题本上，让他日后复习，这个习惯一直保持到现在。不过，让我颇为头疼的是只要我一放手，儿子的成绩就下滑。

生活中很多父母都抱怨自己的儿子是一个“踢一脚，走一步”的孩子。男孩的自控能力差，没有很好的约束能力，经常是在父母的监督下才能付出实际行动去努力学习，所以成绩也不稳定。这时，学习计划对他而言就尤为重要了。

男孩的好胜心强，一旦他有了学习计划，便有了明确的目标和方向，这能够激发出他学习的主动性。再者，男孩的虚荣心强，当他按照预先制定的学习计划完成学习任务时，会产生强烈的成就感，而这种成就感能成为一种自我激励的方式，使他对学习自发地产生浓厚的兴趣。

这里，还要建议父母帮助男孩设定短期的学习计划。因为长期的学习计划对于缺乏耐性的男孩来说是很难让他坚持下去的，所以相比而言，短期的计划更适合男孩。另外，长期的学习计划又缺乏一定的灵活性。学习本是一个具有阶段性的动态过程，长期的学习计划可能在中途会出现偏离实际的情况，影响到整个学习计划的实施和效果。

方法一：制定短期学习计划的四个步骤

如何给男孩制定出适合他学习发展的计划呢？又如何让男孩很好的实施计划呢？父母不妨从以下四步入手：

第一步，先给男孩讲一讲制定学习计划的好处，注意事项，具体又该怎样制定。

第二步，让男孩自己制定一个学习计划，然后由父母进行修改、完善。

第三步，监督男孩实施学习计划。

第四步，不断让男孩制定各种各样的短期学习计划。

在这个反复过程中，父母会发现男孩制定学习计划时会越来越周详，而且执行学习计划的能力也会越来越强。

方法二：计划要从实际出发，并留有余地

生活中，有些父母对男孩期望过高，计划设计得非常完美，可孩子执行起来却寸步难行。这就是因为父母目标定得太高，计划定得太死，脱离实际的缘故。

童童妈妈是一名数学教师，平时自己做事就很有计划性，所以从童童上学起，她就为儿子制定了详细的学习计划。对于上一年级时的儿子，她规定每天除了老师布置的作业还要再背10个英语单词，写两页生字，做30道计算题……刚开始，童童还能按时按量的完成，可是一段时间过后，他便产生了厌学的情绪，不再按计划执行。慢慢的，妈妈的计划成为了摆设。

父母在帮助男孩制定短期学习计划时，一定要从实际出发，符合孩子现阶段的学习水平和能力。另外，计划还要有一定的机动性。很多父母把计划制定的太紧、太满、太死，没有给孩子留出机动时间，使计划难以达到预期效果。大多数情况下，现实不能完美地跟着计划走，只有留有一定的余地才能增加孩子完成计划的可能性。

专家给父母的

管教课堂

很多父母疑惑："为什么我家孩子很努力地学习，但成绩总是不理想呢？"对于这个问题，王金战老师给出的方法是：

1. 父母要调整心态，平和、冷静、理智地去观察和发现孩子在学习中遇到的问题，帮助孩子找到一条适合他学习的方法。

2. 帮助孩子进行学习方法和学习效率的调整。

3. 根据孩子的实际情况，在预习、上课、复习三个环节做出科学的计划。

第86招

教男孩掌握科学的学习方法

达尔文曾说过："最有价值的知识是关于方法的知识。"中国古语也有"授之于鱼，不如授之于渔"的说法，都是在强调方法的重要性。在学习的各种要素中，很多父母认为努力大于方法，大于智商。父母们把智商放在最后一位，应该是无可非议的，但是父母们把努力放在方法之前的做法就有待商榷了。

我们先说说智商。对于大多数孩子而言，智商固然重要，但并不是影响学习的主要因素。如果有两个智商分别为150和110的孩子，只要110智商的孩子掌握了正确的学习方法和具备良好的学习习惯，再加上后天的努力，两者的学习效果其实差异不大。与大脑的巨大潜能相比，无论其智商是150还是110，在学习过程中都是绰绰有余的。

既然智商的问题我们已经没有争议，下面我们再讨论一下努力与方法的关系。很多父母认为在男孩学习中努力要大于方法，这个观点听上去虽有一定道理，但是又过于片面。

曾经有这样一位母亲，他的儿子在小学时成绩非常优秀，每次考试都是年级第一。孩子有这样的成绩，的确要得益于他母亲严格的教导。母亲从小就严格要求儿子，学习上必须一丝不苟，刻苦努力，儿子也是这样做的。别的孩子做一道数学题，他就做十道；别的孩子写一篇生字，他就写三篇……但是，他的好成绩并没有保持到中学毕业。从上初中起，他的成绩就开始逐步下滑，刚开始母亲以为是儿子在学习上有所松懈，便更加严格地督促儿子努力学习。但是不久后母亲发现，无论儿子多么勤奋，他的成绩都上不去。

其实，这个男孩在学习上只是缺乏正确的方法而已，出现问题的原因关键还是在于母亲不合适宜的教育方式。小学阶段的课本，知识都较为浅显，所以学习努力的孩子通常都能名列前茅，但中学阶段则不一样。经常听一些上中学的孩子抱怨为什么课本知识我都熟悉，考试成绩却不尽人意呢？中学课本中大多是基础的知识点，考试中却是对知识点的深度扩展。即使你把课本倒背如流，考试也打不了几分。所以，随着学习难度的加深，学习方法的重要性也更加凸显。

一个男孩如果不讲究方法，只知道一味地努力，那便是死读书、读死书，很难在学习上取得更大的成绩。孔子有云：“学而不思则罔。思而不学则殆。”如果一个男孩懂得学习方法，却不付诸努力，那么一切也只是空谈。所以，努力和方法是同等重要的，父母千万不能厚此薄彼。

那么，父母在家庭教育中又该如何引导男孩在学习时使用正确的方法呢？

方法一：让男孩自己探索事物之间的内在联系

一天，小诚在做数学题时遇到一道求三角形面积的题，产生了疑问。他跑去问妈妈：“妈妈，今天我们老师讲的求三角形面积公式，都是以锐角三角形为例，而这道题求的是钝角三角形面积，公式还能用吗？那钝角的底边应该是多少呢？是否需要延长呢？”妈妈笑着说：“你为什么不试着验证一下呢？”小诚听从了妈妈的意见，可做出了两个答案，心想其中一定有一个是正确的，又拿给妈妈看。妈妈给小诚指出正确答案，然后问他：“你发现了什么问题了吗？”小诚高兴地说：“哦，我知道了，三角形面积公式适用于所有的三角形。”

学习最忌讳的就是死记硬背。孩子无论学什么内容，最重要的是要弄清道理，凡事多让他问为什么。特别是父母在指导孩子学习的时候，不要急于告知其答案，而要让孩子自己去探索，去寻找事物之间的内在联系。

方法二：发散思维，养成联想思维的好习惯

孩子在成长过程中所接受的知识并不是孤立存在的，它们都存在着一定的联系。如果一个男孩能够将新旧知识、各学科知识联系起来，那么就能将所学知识融会贯通，灵活应用。而想要拥有这种能力，就必须要求孩子具有发散性思维。父母在日常生活中应鼓励孩子从不同角度、不同方向去思考问题，有意识地训练孩子思维的灵活性、流畅性和独创性。

专家给父母的

管教课堂

王金战老师曾说过："其实好学生和所谓的差学生、好成绩和坏成绩之间，就隔着一层窗户纸。"对此，王老师给父母们提出的建议是：

1. 提高孩子的学习效率，因为它直接决定着学习的结果。

2. 学习过程就是发现问题、解决问题的过程，请为孩子准备个错题本。

3. 告诉孩子学习时要会抓本质找规律，善于联想和想象，争取做到举一反三。

第87招

帮助男孩提高记忆力和理解能力

美国一项研究数据表明：人类大脑能够存储的知识相当于美国国会图书馆藏书的50倍，也就是大约一千万册图书的50倍。面对这惊人的数字，我们不禁感叹人类大脑的记忆潜能之大。

人类记忆力的高低常常与其理解力有着很大的关系，所以父母在着重培养男孩的记忆力的同时，也不要忽视对其理解能力的培养。记忆力和理解力对孩子的学习成效都会有很大的影响。

征征今年上小学三年级，是个学习刻苦的好孩子，老师布置的作业也总会认真地去完成，但是他的学习成绩总是上不去，于是就经常向父母抱怨把自己生的太笨了。其实，征征一点也不笨，只是理解能力差，学习时只知道死记硬背。例如在做数学题时，他虽然把公式记得非常清楚，但是一遇到需要变换公式的题目，就不知所措了。这让他开始怀疑自己的能力，逐渐产生了自卑心理，学习成绩更退步了。父母对此也非常忧心。

学习，单靠死记硬背是不会取得成绩的，必须要有好的记忆力和理解力做保障。培养和提高男孩记忆和理解能力并非是一朝一夕的事情，这需要父母平时耐心的教导。

另外，很多人存在这样一种错误观点，认为女孩的心思更为细腻，所以记忆与理解能力要好于男孩。其实，记忆力与理解力并没有性别之分，而且它们也不是与生俱来、不可改变的能力，只要后天通过恰当的培养和强化就能得到很大的提高。

下面介绍一些提高男孩的记忆力和理解力的方法，希望对父母们有所帮助。

方法一：让男孩学会理解，才能更好的记忆

小亚的记忆力特别让人羡慕，小小年纪就会背很多古诗。很多人都向他爸爸取经，到底是怎样培养孩子的记忆力的。强强爸爸总是微笑着告诉人家："理解是记忆的基础。"有人会怀疑问道："古文，孩子能理解得了吗？"小亚爸爸肯定地回答对方："能！"

记得有一次，小亚问爸爸："'子不学，断机杼'是什么意思？"爸爸摸着儿子头说："我先给你讲个故事。古代有个小孩子叫孟子，小时候跟你一样贪玩。一天他又回家晚了，他的妈妈就生气地把织布机上的梭子折断了，并对他说'梭子断了，就不能织布了，学习也是一样。只有日积月累、积少成多，才能取得成功'。小孟子听后很惭愧，于是开始努力读书……"小亚听的非常认真，深深地记住了这个典故。

孩子在学习中仅仅靠死记硬背是很难记住的，即使当时能背得下来，这样的记忆也不会保持长久。只有当他对要记忆的东西有所理解，才能牢固的记下来。因此，对于一些古诗文、历史，乃至数学公式的记忆，父母一定要让男孩先理解，再记忆。

方法二：多问男孩"为什么？"

孩子的理解能力，是在智力水平和经验水平的基础上培养和发展起来的。在生活中，父母不妨利用各种时机有意识的问男孩一些"为什么？"让男孩开动脑筋去思考、去探索，养成从思考到理解的好习惯，进而逐渐培养男孩的理解能力。

方法三：反复练习是男孩记忆的关键

君君每天放学回家，妈妈都要和他聊上一会儿，听他讲述当天的学习情况。例如上了什么课、学了什么新课文、新知识等等，妈妈听得兴趣盎然，不时还会"请教"儿子问题，这时君君就讲得更起劲

了。原来，聪明的妈妈是在与儿子日常的交流中，有意识地帮助他巩固当天学习的重点内容。

记忆是个反复强化的过程，有些问题这次靠理解记住了，但还是不能保证能够长久记忆，还需要通过反复练习加以巩固。例如对于同一问题，父母可以经常换不同角度进行提问，这样既能提高男孩的理解能力，又能加深其记忆。

专家给父母的
管教课堂

卡尔·威特认为增强孩子的记忆力和理解能力不能光靠机械地训练，还要采取一些灵活有趣的方法。他的教子经验是这样的：

1. 创造不同的情景，加深印象，进而形成记忆。

2. 平时带孩子多玩多看，多接触新鲜的事物，见多识广，孩子的理解能力才能增强。

3. 当孩子需要记忆一些抽象的东西时，尽可能让他与具体、形象的东西结合起来记忆。

第88招

让课外阅读成为男孩的习惯

俗话说："读万卷书，行万里路。"书是知识的海洋，人们只有通过博览群书才能通晓古今，修身养性，立足于社会。而生活中那些喜欢上蹿下跳的男孩与女孩相比，对阅读的兴趣要少得多，通常只限于他们感兴趣的书，如童话故事系列《安徒生童话》、历险系列《西游记》、英雄系列《奥特曼》等等。

教育专家发现，男孩子如果遇到自己感兴趣的图书就会全身心地投入到阅读中去，这种投入度要明显大于女孩的。所以，父母不妨从小培养男孩的读书兴趣，让阅读成为他快乐生活的一部分。

然而在许多的家庭教育中，我们发现父母只注重男孩的考试成绩如何，让他去参加各种补习班、去做大量的习题册，忽视了男孩成长中对阅读的需要，甚至会限制男孩看"闲书"。之所以出现这种现象，是因为这些父母没有意识到读书对一个男孩的影响有多重要。

美国一位儿童心理学博士曾经做过一个长达五年的追踪调查实验。其过程大概是这样的：首先对加利福尼亚州的一所小学的5103名一年级新生进行调查，发现其中有49人在入学之前已在家中阅读过大量书籍。然后博士将这些孩子设为样本，记录他们每天的生活和学习情况。在这五年中，博士发现这49个孩子与其他孩子相比仍保持着较好的课外阅读习惯，学习成绩大都处于领先状态，而且也更容易获得老师和同学们的喜爱。

苏霍姆林斯基曾说过这样一句话："30年的教育经验使我深信，

孩子的智力发展取决于良好的阅读习惯。”所以，父母们不要忽略课外阅读的重要性。

男孩只有爱上阅读，才能打开他探索性学习的大门；只有对读书“情有独钟”，才能开阔他的眼界；只有博览群书，才能让他更接近生命的真理。那么，父母们还在犹豫什么，还不尽快行动去培养男孩的阅读兴趣，让课外阅读成为他快乐的栖居。

方法一：让男孩体会读书的乐趣

当你的男孩读完一本书时，无论这本是有多薄，内容有多么简单，作为父母都要给予表扬，例如对他说：“你真了不起，竟然又读完了一本书！”这样会让小男孩产生一种成就感。另外，父母有时也可以耍一点“手段”，例如装作被儿子的才学考住，以此来满足他的虚荣心。只有不断地让男孩体会到读书的乐趣，他才会慢慢地爱上阅读。

方法二：每天固定阅读时间

培养男孩养成阅读习惯的一个有效办法，就是从小给孩子安排固定的阅读时间。父母可以根据男孩年龄和生活习惯具体而定，比如早上起来 20 分钟，或是每天晚饭后半个小时。阅读时间不宜过长，也不要限制他看什么书，内容完全由他自己掌控。

通过这样的日积月累，不仅能养成男孩阅读的习惯，还能为他积累大量的知识财富，成为日后成功路上的基石。

专家给父母的
管教课堂

大量的阅读可以丰富男孩的思想，使他获得一生用之不尽的财富。关于孩子阅读兴趣的培养，尹建莉老师给出了特别提示：

1. 尽量不要让孩子读“缩写本”或“缩印本”。

2. 不要在乎孩子记住多少，而应注意他读了多少。

3. 不要让孩子只看图，要引导他“读”字。

4. 要注意提高孩子阅读速度，提高看书效率。

第十五章

不打不骂——理智面对“问题男孩”

男孩爱撒谎，父母怎么办?

男孩遇早恋，父母怎么办?

男孩很叛逆，父母怎么办?

男孩沉迷网络，父母又该怎么办?

……

家中的“小皇帝”总会出现这样或那样的问题，

让身为父母的你焦头烂额。

如何才能轻松面对你的“问题男孩”呢?

父母们，请带着你的疑问到这一章中寻找答案吧!

第89招

如何化解男孩遇事急躁的坏脾气

每个男孩都拥有自己的个性：有的热情、有的安静、有的暴躁、有的稳重……应该说在一定范围内各种性格的存在都是正常的。然而，现在的男孩有不少都过于急躁，遇事时总希望立竿见影，当事情不能完成或出现不符合自己要求的情况时就会乱发脾气。

一天，爸爸与朋友约好去渔场钓鱼，把儿子小嗣也一同带去了。刚到渔场时，小嗣兴奋地围着鱼塘转悠了好几圈。爸爸找好了位置，把小嗣叫了回来，并对他说："儿子，咱俩比比赛，看谁钓的鱼多，怎么样？"小嗣爽快地答应了。然后爸爸把放好鱼饵的鱼竿递给了小嗣，说："比赛开始了！"

刚开始，小嗣十分认真，紧紧地盯着自己的鱼漂，不时也斜瞟爸爸两眼，看是否有动静。可是过了许久还没有动静，他便有些不耐烦了，不断地问爸爸什么时候才能回家。爸爸让小嗣耐心点。不一会儿，爸爸的鱼竿动了，钓上了一条大鱼。小嗣本来十分高兴，可是一想到自己还没有钓到鱼，便有些不高兴。他开始抱怨爸爸选的位置不好，鱼饵放得少，并不时的拉起鱼竿看有没有收获。爸爸告诉小嗣再耐心点。可这次小嗣并没有听从爸爸的劝告，生气地把鱼竿撇到地上，大声地对爸爸说："我要回家，我不钓鱼了。"爸爸碍于朋友在场并没有教训儿子，生气地领着任性的儿子回家了。

生活中类似的一幕会经常发生。那么，为什么我们的男孩做事缺乏耐心，还爱乱发脾气呢？可以说，这与父母的教育有很大关系。

现在的父母会随时随地、毫无怨言地帮孩子解决所有问题，所以男孩渐渐失去了独立做事的能力和耐心。再者，父母的溺爱和纵容也助长了孩子的气焰，一旦他遇到不顺心的事情就会肆无忌惮地宣泄出来，乱发脾气。那么对于这样的男孩，父母该如何去补救自己的过失呢？

方法一：父母在教育孩子时，态度要一致

在教育孩子时，父母态度一定要一致，特别在孩子闹别扭、生气的时候，尤其不能当着孩子的面发生争执，这样只会让问题变得更糟。父母之间一定要有所沟通，一旦孩子乱发脾气，就要采取一致的态度去解决问题。

方法二：培养男孩做事的耐心

男孩遇事急躁，爱发脾气，都是做事缺乏耐心的表现，父母须先培养孩子做事的耐心。例如父母在男孩小时候做事时可以人为地设置障碍，为他提供一些克服困难的机会。因为耐心是靠坚强的意志力磨练出来的，越是在困难的环境中，越能锻炼男孩的耐心。另外，男孩做事时，父母要在一旁给予鼓励和指导。当孩子经过努力完成一件事时，也不要忘记表扬他，强化他做事有始有终的好习惯。

专家给父母的
管教课堂

男孩发脾气是较普遍的现象，但经常发脾气，则不利于其健康性格的形成。在孩子乱发脾气的时候，父母该怎么办呢？尹建莉老师给出了以下几点建议：

1. 首先父母要改变自己的坏脾气，因为父母发火对孩子的伤害很大。

2. 孩子发脾气时，你可以先冷处理，把他暂时搁置一边，待冷静后再进行教育。

3. 孩子发脾气时，父母不要被孩子的脾气所要挟。

第90招

如何帮助男孩疏导心理压力

生活中，大多数男孩的父母会更关注于孩子的身体和学习状况，但这对男孩的心理健康成长的关注还是远远不够的。因为只有同时拥有强健的体魄和健康的心理的男孩，才能算是一个真正身心健康的孩子。

自古以来人们就喜欢把“坚强”、“勇敢”、“顶梁柱”的标签贴在男孩身上。相对女孩而言，男孩无论处于哪一年龄段，似乎都比女孩承受的压力要大一些。时常会听父母这样对男孩说：

“你是男子汉，这点困难算什么！”

“你是男孩子，要独自解决这件事！”

“你是爸爸妈妈的希望，你要好好学习！”

“你怎么什么都比别人家的孩子差呢！”

……

这些不经意的话语，无形之中就成为男孩的压力。的确，压力是激励孩子奋发向上的动力，如果孩子在成长过程中没有任何压力，他就会变得懒散、庸俗，但是如果这种压力过大，超出他所能承受的范围时，他便可能因此产生各种心理问题。

一般来说，孩子因压力而产生的心理症状主要为焦虑、紧张、消极、悲观、暴躁、易怒、怨恨、精力涣散等，以上这些不良心理和情绪对男孩健康成长非常不利。因此，父母在生活和学习中不仅要会给孩子施压，也要学会为他减压。

方法一：及时安抚受委屈的男孩

男孩倔强、固执的个性，使他们在受到委屈时，常常表现出两种极端表现：一是沉默不言，把所有委屈都闷在心底；二是“无理”发泄，比如大声吼叫、摔东西、打架等等。无论哪一种方式，都会影响到男孩身心的健康发展。

朗朗从学校回家后一直闷闷不乐，妈妈发现后便问他缘由。朗朗生气地说：“今天体育课上，老师冤枉我把明明推倒了，我根本没有碰到明明，以后我再也不上体育课了。”这时妈妈说：“不是你推的，老师还冤枉你，真是很气人。不过，体育课那么有趣还是要上的，而且你要表现得更好，让你的老师意识到你是一个多么出色的学生！”朗朗觉得妈妈说得很有道理，不但气消了，还暗下决心以后在体育课上好好表现，让体育老师刮目相看。

当孩子受到委屈时，父母首先要设身处地为孩子着想，体会他的心情，然后用孩子式的话语对他表示理解和关心。这样可以最大化地安抚孩子受伤的心灵，使他抑郁的情感得以宣泄，进而使情绪趋于平静。

方法二：允许男孩表达他的各种情绪

孩子天生就有丰富的喜怒哀乐，而且这种情绪的流露往往是毫无掩饰的。敢爱、敢恨、敢说、敢笑就是孩子身上鲜明的特征，也是孩子宣泄情绪的重要途径。但很多父母却不了解这对孩子的意义，常对他说：“这么大的男孩还哭，丢不丢人？”“遇到这点事你就垂头丧气，真不像男子汉！”“你是男孩，怎么这么不坚强？”……

虽然人们常说“男儿有泪不轻弹”，但孩子毕竟是孩子，男孩与女孩一样，也应有流泪的权利。如果强行控制男孩的情绪表达，只能使他自我压抑，产生负担，进而导致心理失衡。

方法三：不要给男孩过大的学习压力

小锐从小学到高中的学习成绩在学校一直是名列前茅，而且当年还是市里的中考状元。老师和他的父母都对他报以厚望，希望他在高考中能金榜题名，再夺状元。所以从上高中起，父母就为他定下了“死目标”，提出非清华、北大不念的要求，并经常以此提醒小锐要好好学习。

随着高中学习压力的不断增加和父母对自己迫切的期望，小锐每天都倍感压抑，学习上也渐渐退步。在临近高考的一个星期，小锐变得异常紧张，每天失眠。他弱小的体格再也承受不住这样的压力，高考前一天大病不起，错过了这次高考。

处于青春期的男孩的压力大多源于学习，这与社会、学校、父母对教育的过分关注有很大的关系。特别是家中的父母，往往给孩子不留一点喘息空间。父母的这种高压，常常会触及到男孩的逆反心理，使他们变得讨厌学习、厌恶学校。因此，父母要多给男孩留出一些空间，少施加压力，让他在轻松的氛围中生活、学习。

专家给父母的
管教课堂

如何给孩子减压？伊丽莎白·哈特利·布鲁尔认为父母要这样做：

1. 认真对待孩子的担忧，重视他的想法。
2. 多抽时间与孩子交流，发现并及时排解他心中的重负。
3. 确保孩子有充足的睡眠和有序的生活规律，增强他的安全感。

第91招

如何让男孩克服撒谎的坏毛病

明明打碎了花瓶，却说是小狗惹的祸；明明放学后与同学踢球去了，偏说老师放学后留他打扫卫生；他想要一个新款的MP3，就对父母说学校要收补课费……现实生活中，几乎所有的男孩都说过谎话，孩子这种说谎行为常常令父母们很头疼。不少父母也产生疑惑，为什么我的儿子会变成了"匹诺曹"，谎话连篇呢？

面对孩子的谎言，请父母先不要动怒，而是要冷静下来，仔细地分析一下孩子说谎的原因。一般说来，不外乎以下三种原因：

第一，逃避责任。大多数男孩都是因为这个原因而说谎的。他们以为只要没有人看见他们做坏事、做错事，就可以安枕无忧，逃避责任。同时，他们认为这样做也可保持自己在父母心中的好形象。

第二，虚荣心强。我们都知道男孩有很强的虚荣心，也是因为这个原因，他们喜欢在一些真实的故事中"添油加醋"，亦即所谓的"吹牛"。其实，这都是男孩的虚荣心在作怪，希望别人能因他的话而高看自己。

第三，报复性谎言。有些男孩对父母的教导心怀不满时，会选择用说谎的方式向父母示威、挑衅。比如，当父母问他作业做完没有，明明他已经写完了却故意说没写完，以此来激怒父母。

以上种种的说谎原因，男孩的父母要细心辨别，查明孩子到底属于哪一种情况，对症下药，千万不能不分青红皂白打骂相加。

撒谎欺骗是男孩身上最难纠正的坏习惯之一，父母一定要认真对待。那么，男孩学会说谎后，父母又该怎样做呢？

方法一：教男孩学会承担责任

日本著名学者高桥敷在他的《丑陋的日本人》一书中，有这样一个故事：

我的邻居是一对美国夫妇，他们还有一个可爱的儿子。一天，他们的儿子在踢球时，不小心踢碎了我家的门玻璃。我在心中暗想：邻居当天一定会出面道歉。可是一直到深夜，我也没见到他们的人影，心中不免有些不悦。

第二天早上，我被急促地门铃声叫醒，原来是邻居家的小男孩。他在出租车司机的帮助下，送来了一块全新的玻璃。小男孩彬彬有礼地对我说："叔叔，对不起，昨天我不是有意打碎你家玻璃的。因为当时商店已经关门了，所以我无法及时赔偿，今天商店一开门，我就去买了，请你收下并希望你能原谅我。"听完小男孩的检讨我不但原谅了他，还由此喜欢上了他。

俗话说"好汉做事好汉当"，当男孩做错了事，父母要鼓励孩子主动道歉并承担责任，不要养成以找借口、说谎的方式推卸自己责任的坏习惯，告诉孩子要为自己的言行负责。

方法二：只有父母诚实守信，孩子才能改掉说谎的坏习惯

一个经常说谎的男孩在挨父亲训斥时曾这样反驳他的父亲：

"为什么你要批评我说谎，明明你才是经常说谎的人！难道你忘了吗？这学期考试前，你跟我约定只要我考试能拿双百，你就带我去游乐场玩。可是，我拿着 100 分的卷子给你看时，你却说工作忙，等有时间再去，最后到现在也没去；还有一次，有人打电话找你，你却让我对人家说你出去了……为什么你不先检讨你自己，反而在这挑我的毛病呢！"

所谓"近朱者赤，近墨者黑"，父母是孩子的第一任老师，要知道，你的言行无时无刻不对孩子起着潜移默化的影响。你想让男孩形成什么品格，养成什么习惯，自己就应该具备这样的品格和习惯。只有父母凡事做到一诺千金，这样才能让孩子改掉说谎的坏毛病。

方法三：教男孩学会明辨是非

生活中，男孩说谎主要是因为他缺乏明辨是非的能力。父母平时可以通过看电视、讲故事等机会，帮助男孩分析事情的对与错，讲明为人处世的道理，让他了解到什么是对的，什么是错的；什么事能做，什么事又不能做。还要告诉他做错事会给别人和自己带来怎样的不良影响，只有真诚的道歉并勇于承担责任才是解决问题的真正办法。

专家给父母的
管教课堂

大部分父母都把说谎看作是一件比较严重的事情，惩罚自然也相应的重一些。但盲目的惩罚只会让孩子认为被惩罚的原因是谎言被识破了，而不是说谎行为本身。结果，这些孩子只会把谎话讲得更频繁、更老练。对此，"知心姐姐"卢勤是这样建议父母的：

1. 要善于发现孩子的说谎行为，加强与孩子沟通感情。

2. 当孩子说谎时，不要轻易断言说孩子品德不好。

3. 一定要让孩子认识到说谎的危害性有多大。

第92招

如何让男孩改掉做事虎头蛇尾的习惯

美国著名的心理学家、哲学家威廉·詹姆士曾说过这样一句话："播下一个动作，你将收获一种习惯；播下一种习惯，你将收获一种性格；播下一种性格，你将收获一种命运。"可见，一种良好的习惯，对一个人命运的影响有多大。人的习惯大多是在幼年时期养成的，而且一旦养成就很难改变，所以面对男孩身上这样或那样的坏习惯时，父母们十分苦恼。

张女士在网络日记中这样叙述自己的烦恼：

我的儿子其实挺聪明的，就是做事缺少耐心。有一段时间他嚷着要学画画，我们就给他报了美术班，可他学了几周说什么也不肯再去了。后来他又提出要学小提琴，并保证会好好学，开始的时候的确表现不错，老师也经常表扬他，但不到一个月，他又说不好玩、没兴趣，死活不去上课了……渐渐地，我发现儿子做什么事都这样虎头蛇尾，开始时决心很大、干劲很足，但是三天热乎劲儿过去就松懈下来。哎，不知道该拿他怎么办！

张女士的问题想必也是很多父母也遇到过的。产生这种现象的原因其实比较复杂。从家庭教育角度来看，主要有以下四种原因：

第一，父母自己做事时就不能善始善终，影响到孩子习惯的养成。

第二，孩子本身意志力差，不愿意动脑筋，一遇到困难就打退堂鼓，很难坚持。

第三，父母要求不严，甚至常常代替、包办孩子本应自己做的事。

第四，父母要求过高，脱离孩子的实际能力，孩子不可能达到。逐渐使男孩养成了做事虎头蛇尾的习惯。

这种做事习惯对一个男孩今后的成长危害是很大的。一般来讲，这样的男孩往往意志力差、心理较脆弱、情绪不稳定、注意力不集中、自理自立能力差，所以他做事很难取得成功。久而久之，他就会变得自信心不足，甚至会产生严重的自卑心理，对人对事都抱着一种不在乎、无所谓的态度，做起事来更加不能坚持到底，就这样陷入了恶性循环之中。

那么，怎样才能帮助男孩改掉这样的坏毛病，养成做事有始有终的好习惯呢？父母不妨借鉴以下方法。

方法一：让男孩明确努力的目标

著名画家朱军山先生从小深受母亲影响，对艺术有着浓厚的兴趣，而且做任何事都会坚持到底，不懈努力。当年，他的母亲经常在家中刺绣，他就在一旁饶有兴致地看，渐渐的，他对绘画萌发了强烈的兴趣。当时家中条件并不好，负担不起小军山学画的梦想。于是小军山便想出一个绝妙的主意，以大地为布，用树枝做笔，把眼前的风光当临摹的对象。就这样，他每天都在大自然中上他的“美术课”。

后来，他发现在地上做画与在纸上作画会有很大差异，开始怀疑自己的努力是否有意义，这时他的母亲对他说：“只有先在地上练好，以后学别的画时才能容易些。只要你坚持，就一定能成功。”在母亲的教导和鼓励下，小军山在画画的时候精力更加集中，态度更为认真。最终，朱军山成为当今享誉海内外的著名画家。

父母在教育男孩时，一定要让他明确自己努力的目标。并从小处着手，本着对每一件事都认真、负责的态度，告诉你的男孩只要坚定目标，不懈努力，就会取得成功。

方法二：提高男孩做事的自信心，且绝不向他的任性妥协

一个人能否坚持完成一件事，凭借的不仅仅是他自身的意志力，

还要有源源不断的自信心。自信心是令孩子坚持做事的最大“助推力”，因此父母不妨从此处入手改变男孩虎头蛇尾的做事习惯。

当你把某件事交给你的儿子去做时，一定要把具体事宜交代清楚，提醒他在完成任务过程中可能会遇到哪些困难，并适当地告诉他一些解决问题的办法。让男孩在有思想准备的情况下去做一件事，就能提高他完成任务的勇气和信心。

另外，培养男孩做事坚持不懈的好习惯是一项长期而艰巨的任务，所以父母也要坚持，不能一时心软就对孩子的任性让步。你要知道有了第一次就会有第二次、第三次，那样，“坚持不懈”就成了一句空话。

专家给父母的

管教课堂

无论男孩要养成哪种行为、习惯、性格，都需要有一种坚持不懈的精神。对此，伊丽莎白·哈特利·布鲁尔给父母们提供的教育方法是：

1. 一旦孩子对某事出现兴趣减弱的前兆，父母要及时行动，找出原因。

2. 帮助孩子确定目标，并协助他制定科学有效的计划，最后监督他的实施情况。

3. 当孩子遇到困难时，父母不能亲自动手帮忙解决，而是要给予正确的引导，让他自己寻找答案。

第93招

如何改造“懒男孩”

生活中有个有趣的现象，男人无论年长还是年幼，好像天生与“懒”有缘：懒得起床、懒得洗澡、懒得收拾东西，甚至懒得吃饭……其实，男人的懒往往是女人一手给惯坏的。比如女人看见房间乱了，常常是一边抱怨男人懒，一边自己动手收拾起来。如果一直如此，男人永远不会变得勤快，因为女人根本没有给男人变勤快的机会和动力。

每个人并不是天生就有懒惰的坏毛病。对于男人的这种懒惰，其实可以追溯到他的童年，因为他可能有一位勤快的妈妈。

一天，端端醒来后，突然心血来潮要求自己穿衣服。这时一旁的妈妈拿起衣服就给端端套了起来，并对他说：“乖儿子，还是妈妈帮你穿吧，你穿得慢，妈妈要迟到了。”

还有一天，端端觉得妈妈扫地很好玩，便跑到妈妈身边说：“妈妈，我来帮你扫地吧！”妈妈不耐烦地说：“快去一边玩去，我不用你帮忙，省得你越帮越忙。”听到妈妈的话后，端端失落地回到房间看漫画书去了。

父母没有提供给男孩变勤快的环境和机会，他自然就养成了懒惰的毛病。父母不妨仔细地回想一下男孩小时候的行为：他是不是非常渴望认识周围的环境、学习新的东西、探索新鲜的事物？是不是在很多事情上都跃跃欲试，而你却在他希望参加劳动的时候勒令他停止？你的目的可能出于对孩子的关心，怕他做不好或者弄坏东西、弄脏衣服、影响学习等等，于是加以制止。但从此，你的儿子便心安理得地享受着你的伺候。

懒惰是成功路上的绊脚石。那些懒惰的男孩从来不懂得主动争取的意义，所以长大后大多平平庸庸、一事无成；而只有那些勤奋、刻苦、上进的男孩，才能实现自己的梦想，拥有美好的未来。所以，父母要从小纠正男孩懒惰的恶习，培养一个勤奋、热爱劳动的好孩子。

方法一：做个“懒惰”父母

曾有一项调查问及某校的小学生：如果你在生活中遇到困难你会怎么办？结果有 90% 的孩子回答“找父母”。当今社会，孩子的自主精神和自主能力之所以差，与父母的一手包办有很大关系。孩子穿衣，父母过来伸手帮忙；孩子吃饭，父母也要为他夹菜；孩子写作业，父母在一旁陪读……可想而知，在这样的环境中长大的男孩不懒才怪！

望子成龙的父母们，不妨从现在起做个“懒惰”父母，告诉你的男孩——自己的事情自己做。

上五年级的腾腾是个非常懒惰的男孩，他平时不仅不帮妈妈做些简单的家务，还要妈妈帮他洗衣服、洗袜子。妈妈对儿子的恶习十分头痛，她决定要好好管教儿子。

一天，腾腾放学刚踏进家门，妈妈就郑重其事地对他说：“腾腾，你已经不是小孩子了，一些事情你必须学着自己做。今天妈妈不舒服，晚饭由你来做。”说完，妈妈头也不回地走进卧室。腾腾站在门口愣了半天，因为从小到大，他从来没有做过饭。他心想，如果就自己一个人，少吃一顿也没什么，可是还有生病的妈妈要吃饭。于是，腾腾放下书包走进了厨房。腾腾凭着印象，按照妈妈平时做饭的过程，淘米、煮饭、炒了个鸡蛋。

虽然，洋洋的饭做得并不好吃，鸡蛋还有些糊，但妈妈还是给予了很高的评价，夸奖了儿子。听到妈妈表扬的腾腾，不好意思地笑了。

方法二：少些唠叨，多些表扬

有些父母很早便意识到自己的儿子非常懒惰，便忧心忡忡地认为必须马上改变孩子的恶习，于是每天不停地唠叨："你怎么不洗袜子？""你为什么不能收拾下房间？""你真是越来越懒"……结果嘴皮子都磨破了，孩子依然无动于衷，甚至对劳动产生反感。

在教育男孩时，父母的唠叨是最没有教育意义的。那么，聪明的父母不妨少些唠叨，多些鼓励和表扬。

例如说："我儿子长大了，能帮妈妈干家务了。"当男孩听到父母这样说时，会变得不好意思，立即表现出劳动的主动性。接着，你可以继续以较高的热情鼓励他说："儿子干活的速度真快，收拾得真干净！"不管孩子做得是否令你满意，你都要先去赞扬他、鼓励他，这样会大大提高孩子做事的积极性。如果孩子的劳动没做好，父母在鼓励他的同时还要教给他做事的具体方法和技巧，切记不要"泼冷水"，否则会使男孩失去耐心感到厌烦。

专家给父母的
管教课堂

勤奋永远是打开成功大门的钥匙，一个男孩如果具备了勤奋这种品质，那么他的人生也就成功了一半。如何让男孩变得勤奋起来呢？下面，我们看看孙云晓老师的方法：

1. 任何时候父母都不要打击男孩劳动的积极性。
2. 要早点放手，让男孩自己的事情自己做。
3. 在家中，适当给男孩安排家务劳动。

第94招

如何帮“中等生”男孩成功晋级

所谓中等生，通常是指那些在学习上处于中游水平，在品行等方面也表现平平的孩子。他们不像优等生那样惹眼，也不像差等生那样刺眼，常常被人们遗忘，而这群被遗忘的孩子却在所有孩子中占了非常大的比例。有些父母不免感叹到，为何自己的儿子也站在了中等生的行列之中。

黄先生这样讲述自己的烦恼：

我儿子平时很乖，按时做作业，不调皮捣蛋，也很少让人操心。不过，他也没有什么过人之处，而且从小学到高中一直是个中等生。我和孩子妈妈想过不少办法，激励他力争上游，但他的成绩总是处于中游，毫无进展。我和孩子妈妈对此也没什么好办法了。

像黄先生儿子这样的男孩，在生活和学习中往往表现平凡，没有过人的特点。长此以往，这会使他的潜力更得不到充分的挖掘和发挥，极大地限制他的发展和素质的提高。所以，父母必须及早行动，让男孩走出中等生的行列。

但是我们奇怪地发现，大多数中等生男孩已经习惯了这种位置，安于现状。父母要想做好中等生的教育工作，提高他们的成绩，就要先从了解他们的心理特征开始，找出使他们“平凡”的原因。

中等生男孩的心理特征可以划分为以下五种类型：

第一，求稳从众型。中等生“随大流”是显著特征，这类孩子存在着“比上不足，比下有余”的思想，使自己的言行和多数人保持一致，缺乏上进心。

第二，求实苦读型。这类男孩在学习上比较刻苦，但对外部一切事情都漠然置之，觉得除了学习其他方面适中即可。

第三，优越松散型。这类孩子一般家境条件优越，对家人、亲属的能力相当依赖，否定自己学习的意义，在学习上出现懈怠、松散的现象。

第四，失落消极型。这类孩子原本有较强的上进心和自尊心，可能因自己的努力而没有取得相应的成绩而产生挫败感和消极的心态。

第五，急躁忧郁型。这类孩子迫切希望自己各方面能迅速进步，但欲速则不达，努力并没有成效，便慢慢开始怀疑自己的能力，精神上委靡不振。

父母们在找出使男孩平庸的原因后，就可以有针对性地进行指导和教育。下面介绍几种方法，希望对你有所帮助。

方法一：帮助男孩确立奋斗目标

下面，我们分享一下赵女士的教子经验：

我的儿子刚上学时，成绩也不是特别突出，名次一直处于班级中游。我想这也不是办法，所以在儿子刚升三年级的时候，我对他说：“我知道你在学习上进步的空间还有很大，如果你这学期期末考试能在上学期基础上前进十名，到时候我就会给你一个惊喜。”儿子高兴地说：“不就十名吗，没问题！”之后，儿子开始朝着这个目标不断努力。虽然儿子最后只前进了八名，我还是奖励了他，不过儿子拍着胸脯对我保证说：“妈妈，下次我不仅要完成这个目标，还要再前进五名！”

现在，我的儿子已经是个初中生了，学习成绩也很优异，现在我也不用给他确立目标了，因为他已经学会为自己定下奋斗目标了。

目标就是人的行为所要达到的目的，它常常能激发出人们无穷的力量和极大的热情。男孩的自觉性差，有时候还需要父母帮他指明行动的方向，为他确立目标。记住，目标一定要切合男孩的自身能力，不能脱离实际，胡乱确立，这样才能让男孩重拾自信，向更高的目标迈进。

方法二：调动各种积极因素，提高男孩学习成绩

首先，父母要让男孩充分认识自己的能力，特别是自己的长处，不要让他认为自己很平凡。每个人都有优点和缺点，只是很多人都过分关注他的缺点，才掩盖了他优点的存在。自我认可对男孩自信心的确立很重要。

其次，劝导男孩多参加集体活动，让他有机会展示自己的才能。

最后，指导孩子克服困难，积极进取。有了奋斗的目标和前进的信心是远远不够的，还需要坚强的意志和科学的学习方法。父母要根据实际情况适时的传授一些科学的方法，并提供一些锻炼的机会，以增强男孩克服困难的能力和勇气。

专家给父母的
管教课堂

处于中等生位置的男孩在学习上自觉性不高，自我督促能力差，且容易受外界因素影响，使他们的成绩很难有所突破。如何才能让男孩摆脱“中等生”的标签呢？王金战老师是这样建议父母的：

1. 强化表扬和批评——进步时要及时表扬，退步时要给予批评。

2. 适当的刺激和启迪——有时不乏“挖苦”孩子几句，激励他奋发向上，但要注意刺激的使用剂量。

3. 加强思想上的引导——让孩子从思想上转变，提高对学习的认识。

第95招

如何戒除男孩的网瘾

如果你要问男孩是否喜欢玩网络游戏这个问题，想必得到的答案百分之百都是肯定的。网络游戏的确对孩子非常有吸引力，相比女孩而言，男孩对网络游戏更加情有独钟。很多男孩的父母对此也表现出诸多忧虑。

每到儿子假期，黄女士就坐立不安。因为一放假，她的儿子就会整天对着电脑玩游戏。为了不让儿子产生网瘾，黄女士经常对儿子唠叨不停。但是，儿子对妈妈的话几乎是充耳不闻，每天依然我行我素地玩游戏。一气之下，黄女士在电脑上设置了密码。但这并没有阻止儿子对游戏的执著，网吧成了他每天的栖身之地。这样一来，黄女士连儿子的影都抓不到，更没法看管了。于是，无奈的黄女士只好解除了电脑密码，把儿子"请"回家中继续玩游戏……

网络游戏到底有什么吸引力，为什么那么多男孩都沉迷于它？这个问题让很多父母百思不得其解。其实是男孩的某些天性，决定了他们对网络游戏的免疫力要低一些。

男孩具有强烈好奇冒险的心理，网络游戏设计者可以说是投其所好，针对男孩开发设计出许多探险刺激类游戏，满足男孩的领导欲望、冒险欲望、支配欲望。另外，大多数男孩特别希望自己在某方面能有所成就，尤其对于一些学习成绩较差的男孩来说，在现实生活中经常被父母和老师批评，于是喜欢"躲"在网络这个虚拟世界中，体验"成功"的快感。

为了避免男孩沉迷于网络游戏，父母们也是费尽心思。有的父母给孩子买电脑却不开通网线，只让孩子在家看各学科教学的光盘；有的父母在家中电脑上装了一大堆限制网游的软件；有的父母害怕孩子去网吧上网，在休息日时就把孩子锁在家中……但没过多久，父母们发现这些都是治标不治本的方法。密码和铁门的确可以阻止男孩接触网络游戏，但同时也关住了男孩那种渴望自由和探索世界的好奇心，而且这种过分的阻拦行为只能使青春期的男孩更加叛逆。

那么，父母究竟用什么方法才能引导男孩绿色上网，安全上网，远离网络游戏的侵蚀呢？

方法一：引导男孩玩一些健康、益智类的网络游戏

孩子玩游戏需要的是父母的引导，不是单纯的杜绝。这就如同大禹治水讲究的是疏导而不是强堵，堵得越厉害，决堤就越快，后果也会更严重。网络游戏并非都是毒害孩子身心的“毒品”，其中不乏一些对培养男孩智力、心理有益的健康游戏。这些游戏的设计也是十分有趣、有吸引力的。父母要引导孩子玩这类“绿色”游戏，远离血腥暴力、容易上瘾的“毒品”游戏。

方法二：丰富男孩的课外生活

下面是一位父亲的教子经历：

一年前，我的儿子开始沉迷于网络游戏。一味地纵容他玩游戏肯定是不行的，但贸然阻止又会引起儿子的抵触心理。经过几番思考，我决定给儿子找点事做，让他没时间去玩游戏。每天晚饭后，原本是他玩游戏的黄金时间，而现在我会带他到公园做运动。每逢休息日，我还会带着儿子去公园、动物园、走亲戚……后来我还根据他的兴趣爱好给他报个美术班。就这样，儿子的课余生活逐渐充实起来，也很少坐在电脑前玩游戏了。

有些男孩痴迷于网络游戏，很大原因是因为课余生活太过单调和乏味。因此，父母在日常生活中不妨培养男孩拥有广泛的兴趣，丰富他的课外生活，尤其是多进行户外运动，这些做法对男孩远离网络游戏都会有很大的帮助。

专家给父母的
管教课堂

有些男孩沉迷于网络游戏，甚至浏览黄色网页，这对他身心成长很不利。对于如何改善这一状况的问题，王金战老师是这样回答父母的：

1. 父母给孩子确立学习上的目标，分散他对网络游戏的注意力。

2. 对于戒除孩子网瘾，父母还要以身作则，从改变自己开始，健康上网。

3. 对于孩子上网问题，父母要学会与孩子进行良好的沟通，不能急功近利。

4. 为孩子提供一个温暖、民主、宽松的家庭氛围，让他对家有一种很舒适的感觉。

第96招

如何纠正男孩的叛逆心理和行为

不少男孩的父母都深有体会，随着男孩年龄的增长，他们的叛逆心理越来越强：对长辈的教导不再言听计从；开始跟父母和老师顶嘴；请假、翘课、逃学……不知何时都已成为他们的家常便饭。面对“叛逆”的男孩，很多父母都感到身心俱疲。

以下是一位男孩母亲的叙述：

我儿子自从六年级开始，便逐渐出现了叛逆现象，可能这与我和他爸爸离婚有关系。离婚后的我特别怕失去孩子这个依靠，所以对他的管教十分严格。可是，他偏偏与我唱反调，我越不允许他做的事他越去做。

有一次，我把他的掌上游戏机藏了起来，他找了大半天也没有找到，便开始对我发脾气。我开始好言相劝，告诉儿子要以学习为重，不要时时刻刻都想着玩。没想到儿子听完我的话后更加生气，恶狠狠地丢出一句：“不要以为你是大人就可以为所欲为！”随后便摔门而去。

毫无疑问，上面故事中的男孩已经进入了青春期。这个时期的孩子是最难管教的，尤其是男孩。此时的他们特别反感父母把自己当“小孩”看待，处处以大人自居。为了表现自己的非凡之处，他们开始对任何事物都报以批评的态度。同时，这个时期的男孩会常常出现情绪抑郁、精神狂躁、压力增大、人际冲突等现象。如果父母没有及时地对男孩进行积极正确的引导，很容易使男孩产生各种心理障碍，引发叛逆行为出现。

当男孩突然变得叛逆时，有些父母感觉对孩子的教育颇为棘手：放任不行，打骂不行，说教又毫无效果。那么，父母要如何面对和教育叛逆的男孩呢?

方法一：父母应率先走出“两极教育”的误区

所谓“两极教育”，就是指父母与孩子之间的思想不统一，出现两极分化的现象。在家庭教育中，这种现象是非常普遍的。如果父母们不能予以重视，那么他们跟孩子之间的“沟壑”会越来越深，甚至会因此毁掉孩子的一生。

宁宁是一个初三学生，马上就要参加中考，但考前这一个月他的学习状态特别不好，各科成绩都大幅度下降。因为这件事，班主任老师找宁宁谈话，可宁宁却说：“我觉得念书没意思，我不想念高中了，我准备向家里要点钱，自己做生意、当老板。”宁宁的一番话可把老师气坏了，于是叫来宁宁的父亲一问究竟。父亲听了老师简单叙述后，当着众老师的面狠狠地打了宁宁一个耳光：“混账东西，供你吃穿，供你上学，到最后你说要做买卖去，我告诉你，你给老子好好念书，再提做买卖的事，我把你腿打折！”宁宁捂着脸跑出老师办公室。此后，他不再与父亲说话，更不好好地听课、复习。宁宁的父亲仍采取打骂的方式，但宁宁丝毫没有妥协的意思。中考时，宁宁每科都早早交卷。卷子上除了他的名字外，什么都没写。

宁宁的父亲在了解儿子的想法后，没有能正确地引导孩子，与其交流，而是采取强硬的措施，企图压制孩子的反叛思想，最终使孩子关闭了心灵之门，把父亲拒之门外。

其实，处于青春期的男孩内心充满了无助和迷茫，许多不成熟的想法和个性在他们体内沸腾，致使他们出现顶嘴、不听话、倔强等叛逆现象。在这个阶段，父母要能够认真聆听孩子内心的想法，并在孩子冷静的时候与之交流意见，将自己的人生经验告诉给孩子，这才有助于男孩树立正确的人生观，健康成长。

方法二：要为孩子下放五种权利

进入青春期的男孩特别渴望能得到别人的认可和尊重。因此，父母们不妨多给孩子一些权利，以帮助他更好地从不谙世事向成熟过渡。我们认为，青春期男孩的父母至少有五种权利需要下放：发言权、自主权、表决权、隐私权和时间支配权。

发言权——父母不要总把自己摆在“一家之主”的位子上，要放低身姿多听听孩子的思想；自主权——自以为已经长大的男孩是不会听从父母“你必须”、“你应该”这类命令式的要求，父母应多多尊重孩子的意愿；表决权——多征询孩子的意见，孩子与父母之间才能融洽；隐私权——尊重孩子就得先从尊重他的隐私做起；时间支配权——适当的把时间留给孩子自己安排、使用，让他感受到自由的家庭氛围。

这五项权利正是父母对孩子平等、民主教育的体现，而平等、民主的教育方式才是消除男孩叛逆心理的最好手段。

专家给父母的
管教课堂

男孩对自由、新鲜、独立的渴望往往十分强烈，所以叛逆行为更多发生在男孩身上。对于男孩的这种“反抗精神”，孙云晓老师是这样建议父母的：

1. 多让男孩自己去实践体验。
2. 在孩子遭遇挫折时给予理解和支持。
3. 尊重孩子，进行民主教育。
4. 开放气氛，进入孩子内心世界。

第97招

如何与青春期男孩谈“性”

随着男孩年龄的增长，心理和生理都会开始发生变化，特别是生殖器官的发育，使他对性问题更为敏感，对性知识也满是好奇。大多数父母觉得对自己的儿子谈“性”是件极其尴尬的事情，而害羞的男孩也不愿意为此求教于父母。于是在强烈好奇心的驱使下，男孩们会通过不同渠道想办法解除心中的疑问。

调查显示，80%以上的男孩，其性知识的来源主要是影视作品、网络信息、言情小说、黄色漫画以及色情光盘。要知道从这些渠道获得的信息往往是不健康，甚至是危险的，因为其中充斥着大量的夸张、色情、暴力、变态情节。如果男孩没有正确的性知识，而是盲目地照此学习和模仿，就有可能产生性心理障碍或出现性行为偏差。

父母是孩子“性”问题的启蒙者，是男孩最重要的性辅导老师。父母应以自然、正常的态度教给男孩正确的性观念。

对于不同年龄男孩的性教育，家庭教育学家又从心理学角度给父母提出了明确的性教育要求：

0～3岁，解决性别认同问题。父母要让男孩开始认识自己的身体，且不要有意地将男孩扮成女孩的样子，以免影响孩子性取向。

3～7岁，简单灌输性知识。这个阶段的男孩会对男孩女孩之间差异感到迷惑，此时父母应根据自然现象，简明的作出解释，不需要过分详细地讲解性、生殖等问题。

7～14岁，系统地进行性教育。要让孩子正视性问题，但要讲究方法，与他正视谈“性”。

14～18岁，这个阶段应特别注意。父母应主动关心询问他的性困惑，防止错误性观念滋生。

作为男孩的父母，应该多学习有关性教育的知识，并掌握恰当的方法，适时地给男孩上一堂科学的性教育课。

方法一：谈“性”不应过于正式，而要保持轻松气氛

随着男孩的长大，他会开始对性产生一种神秘而又害羞的情感。如果此时父母郑重其事地坐下来与他谈论“性”问题，那么是很难达到沟通的目的的。曾有一位父亲抱怨说：“每次我想坐下来和儿子好好谈论性的问题，他总会不耐烦地说‘有什么可谈的，我都知道了。’然后转身就走。”

父母想要让男孩对“性”有一个正确的认识，还需要讲究恰当的时机。例如可以先从电视节目、电影、书刊中随意找出与性有关的信息，再从这些信息入手引向青春期性问题，让男孩在轻松、愉快的氛围下接受性教育。

方法二：教男孩正确认识性问题，及时解除他的性困扰

青春期的男孩小鹏在睡觉时发生了遗精现象，他误以为自己生病了，非常害怕。由于“病情”发生在私密处，他又不好意思告诉父母，于是在书摊上购买了一些不健康书籍，想从中寻找答案。

一天，妈妈在整理儿子房间时发现了这些书，这才意识到是时候该告诉孩子一些性知识了。聪明的妈妈以非常轻松的口吻给儿子写了一封“信”，“信”中又以自己和孩子爸爸为例，把一些青春期性知识概括性地描述出来。小鹏看到妈妈的“信”后，学到很多性常识，也不再为自己感到担心，心情也得到释怀。

处于青春期的小男孩不知道的东西太多，为了避免他们胡乱猜疑、产生困扰，父母不如给予他们更多的知情权。此时，父母不要再遮遮掩掩，欲说还休，而应该坦诚地与孩子讨论性及性器官的基本常

识。只有这样，才能把正确的性价值观、是非观清楚地传递给孩子，让男孩正确认识“性”。

专家给父母的
管教课堂

正确的“性”认识，对男孩未来的成长十分重要。对于如何对青少年进行“性教育”的问题，郑委老师认为父母要从以下几个方面着手：

1.尊重孩子，并学会与他进行有效的沟通。

2.让孩子通过一些健康的青春期书刊或科教作品等正规渠道来学习生理知识。

3.注重孩子的情感教育，让他从小树立正确的人生观、恋爱观、婚姻观和家庭观。

第98招

如何改造“顽劣成性”的男孩

现在的小男孩在父母的百般呵护和溺爱中长大，往往性格比较任性。当他们与别人的意见发生分歧时，就会出口骂人或动手打人。而且那些处于青春期的男孩这一特性尤为严重，打架不过是家常便饭。

其实，很多男孩的父母都有过这样的经历：因孩子打架被老师叫去谈话，又要为儿子向对方赔不是，而儿子对此却不以为然，满口承诺却屡教不改。面对这种情况，不少男孩的父母们也伤透了脑筋。

男孩子天生喜欢征服别人，喜欢用拳头证明自己的勇敢，这对于一个男孩来说也是无可厚非的。但是也要有一个度，要懂得把拳头打在什么地方，而不是到处惹事生非。对于那些屡屡犯戒、打架成性的男孩，父母还是要及时选择恰当的方法进行教育，不能让他成为一个“暴力分子”。

方法一：为男孩营造和谐的家庭氛围

小徽经常欺负邻居们的小孩子，邻居们也没少上门告状。一天，张阿姨家的孩子被小徽打了，她打电话给小徽爸爸让他好好管教儿子。晚上爸爸下班后，进门第一件事就是把儿子小徽从房间里拎了出来，不由分说地就打了小徽一个耳光，并对他说：“你又出去给我惹事，今晚不许吃饭，看你长不长记性。”小徽恶狠狠地看着爸爸说：“不吃就不吃！”然后跑回房间，把自己锁了起来。第二天，小徽又找到张阿姨家的孩子，打了他一个耳光，并威胁他说：“你妈要是再到我家告状，我就天天揍你！”

男孩子喜欢打架，很大因素是受父母和家庭的影响。有少数父母本身举止就不文明，双方爱争吵、打架、摔东西，久而久之，孩子潜移默化中就模仿了父母的恶习。另外，还有些父母对男孩的教育方式比较粗暴，对于孩子的过失非打即骂。一个在打骂声中长大的男孩，自然会形成只有用暴力的方式才能解决问题的思想。所以，父母想要让自己的儿子行为文明，就要从自身做起，并为他营造一个和谐的家庭氛围。

方法二：认可孩子的感受，不强迫他道歉

孩子打架是他一种情绪的宣泄，如果父母只是一味责备，只会增强男孩的逆反心理，甚至会厌恶父母。面对这种情况，父母应向孩子表明你能理解他的感受，并要清楚地告诉孩子：“你打架的行为是错误的，是父母不能容忍的。”谈话时也要避免过长的训导和讲大道理，因为这会使孩子反感。另外，也不要强制性的让孩子表示道歉，可以换一种方法，比如父母直接向被打小朋友道歉，并表示关心。这样的效果会好些，孩子会以父母为典范，慢慢改正自己的错误。

专家给父母的

管教课堂

针对男孩爱打架这一问题，王金战老师给父母们针对男孩爱打架的建议是：

1. 父母要颠覆“听话就是好孩子”的传统思想，接受青春期孩子一定程度上的叛逆。

2. 学会理解孩子，多站在孩子的角度去体会他们的想法和心情，进而引导孩子认识自己的问题，运用科学合理的办法解决问题。

3. 用欣赏的眼光看待孩子，即使是批评，也要采用恰当的方法，不能“张口就骂，上手就打”。

第99招

如何提高聪明却贪玩男孩的自控能力

“玩”是孩子的天性，尤其对于调皮好动的男孩而言，对“玩”更是情有独钟。我们提倡让孩子玩，因为它不仅仅是一种轻松和休闲的娱乐，而且能让孩子从中收获自信和快乐，并提高孩子逻辑思维能力、肢体协调能力、语言表述能力等等。既然“玩”能为孩子们带来这么多好处，那么我们就能让孩子疯狂地玩吗?

答案当然是否定的。首先，成语“玩物丧志”就说明了这个道理，当一个孩子过分的沉迷于玩乐之中，他就会没有心思做他本应做的事，对其成长自然也就不会有太多的好处；其次，现代的应试教育也不允许孩子花费大把的时间在玩上。虽然中国的教育改革在不断的完善，但还是处在“一考定输赢”这个大趋势之下，这就要求孩子需要把更多的精力投入到学习中去。然而，孩子们可不懂这么多大道理，认为童年就是应该拿来玩的时间。

冉冉是一个正在念小学三年级的小男孩，他和其他男孩一样也爱玩，而且特别爱玩。每天放学回家第一件事就是把书包撇在桌上，然后一溜烟地跑到楼下找小朋友玩，直到妈妈喊他吃晚饭的时候才不情愿的回家。冉冉很聪明，每天花很少的时间就能把作业做完，然后就去看电视、摆弄玩具、听音乐……有时妈妈会为他多准备一些课外作业，希望儿子的成绩能再有所提高，但这时冉冉就不愿意做了。他常常振振有词地对妈妈说：“学校都减负，不占用我们孩子玩的时间，你却在家中给我加负，你这样是剥夺我玩的权利。”

像冉冉这样的男孩在生活中不占少数。而面对这样的男孩，父母们大多苦口婆心地劝导，告诉他学习有多么重要，可男孩们并不领情，还是整天想着怎么能逃过父母的“法眼”，多抽一点时间来玩。

其实，现代的父母大多是开明的，不会剥夺孩子正常的玩乐时间，只是孩子们通常把握不好“玩”的度，会影响到正常的生活和学习，这时父母才会多加限制。那么，对于那种整天想着玩的男孩，父母怎样才能让他把“玩”的心收一收呢？

方法一：引导男孩把学习当成乐趣

以下是一位男孩妈妈的教子经验：

我儿子现在念小学三年级，他的语文成绩很差，平时也不爱看书，成天就知道玩。对此，我骂过他，打过他，可是仍无济于事。有一天，我看报纸时，指着上面的一处错误说：“这么简单的问题也会出错！”儿子好奇地跑了过来，问道：“哪呢？哪呢？我看看。”这时，我意识到这是一个让儿子主动学习的好机会，便对他说：“这篇文章里有两处错误，相信我聪明的儿子一定能找出来。”就这样，儿子拿过报纸，仔细地读了起来，最后找到了一处错误。

后来，我经常拿着课外读物对儿子说：“你读下这本书，看它的水平怎样，有没有错别字。”诸如此类的事情，慢慢地成为我与儿子间的一种游戏。由于他的阅读量增加了，语文成绩自然也提高了不少。不仅如此，儿子对学习渐渐提起了兴趣，该学习的时候从来不用我们再催促了。

让孩子安心学习一点也不难，关键要看父母如何去引导。既然爱玩是男孩的天性，那么父母不妨好好利用这一点，将“玩”导入学习之中，激发孩子学习的兴趣。

方法二：规定男孩玩的时间

维维是个非常聪明的孩子，但是自觉性要差些，总是想着玩。妈妈看得紧时，他的成绩就好；妈妈要是少督促些时日，他学习上就会懈怠下来，自然成绩也有所下降。一天，妈妈对维维说：“学习是你自己的事情，妈妈不能每时每刻都监管你。你喜欢玩，妈妈也能理解，但不能过分放纵你玩的时间，所以我觉得必须规定一个每天你游戏的时间。”维维虽然有些不情愿，但还是答应了妈妈的要求。在母子一起协商后，制定了一份合理的时间表。之后，维维严格按照时间表行事，该游戏的时候游戏，该学习的时候学习。慢慢的，维维养成了独立、自觉学习的好习惯，并且成绩也取得了很大的进步。

男孩的自控能力差，总是离不开父母的监督。父母不妨给孩子规定出他可以游戏的时间，而让他把最佳状态、最好精力的黄金时间用在学习上。这样做不仅捍卫了孩子“玩”的权利，也能提高孩子学习的效率。

专家给父母的

管教课堂

如果男孩因为贪玩耽误了学习或者其他事情，父母应及时采取一些措施加以矫正。伊丽莎白·哈特利·布鲁尔给出如下几点建议：

1. 让孩子自己体会一次贪玩带来的坏处，让他懂得适可而止的道理。

2. 挤出一些时间和孩子一起玩，这样既可以加深亲子感情，又方便适时调控孩子的行为。

3. 不要一味地指责贪玩的孩子，过多地指责会让孩子丧失学习的兴趣。

第100招

如何解决男孩的早恋问题

现在的孩子大都受电视、电影、广告等媒介的影响，变得越来越早熟，"早恋"现象也愈加普遍和低龄化了。

有一位男孩的母亲向朋友讲述过这样一个"笑话"：

一天，我领着六岁的儿子逛超市，路过卖糖果的地方，儿子怎么也不肯走了。我问儿子："你想吃糖吗？"儿子先是摇摇头，随后又使劲地点点头。我有些疑惑，便蹲下身来问儿子到底什么情况。儿子凑过来在我的耳边说："妈妈，我要买这个糖，送给我喜欢的女生。"我很是惊讶，接着问道："那你为什么非要送糖呢？"儿子害羞地说："这糖是戒指型的，我送给她是要让她长大后给我当新娘。"听到儿子的话我哭笑不得。

其实，无论是男孩还是女孩，无论年长还是年幼，对异性产生好感是很正常的现象。有些孩子在小学阶段就有了这种朦胧的意识，但这时候孩子的情感大多是纯真的友谊，不能称之为"早恋"。随着年龄的增长，当孩子认为自己的情感已经趋于理性时，便不自觉地把对异性好感升华到他们所谓的"爱情"，出现早恋现象。

早恋的危害人尽皆知。男孩在情感方面是非常脆弱的，一旦陷入早恋的漩涡，便很难自拔，并会因此与父母产生很大的隔阂，甚至引发激烈的家庭战争。

男孩对异性的情感变化，是他成长过程中自然流动的一种生命气息和情绪。但对处于青春期男孩的父母来说，"早恋"毕竟是一颗非常棘手的“定时炸弹”。如果纵容放任，对孩子的身心发展会带来诸多不利的影响；如果贸然触及，又可能遭致更坏的结果。那么，父母对于男孩的这种情感问题又该如何应对呢?

方法一：防微杜渐，及早发现男孩早恋倾向

对于早恋，如果父母能及早的发现、给予提醒、进行教育，问题就能得到妥善的解决。

以下现象，只要超过三项，父母就要格外留神了：

★一向朴素的孩子，要求父母添置时髦服装；

★活泼好动的孩子，开始变得沉默起来；

★突然变得爱打扮，常常对着镜子左顾右盼；

★学习成绩有明显下滑，并持续了一段时间；

★回家后喜欢一个人躲在房间，不喜欢与父母交流；

★对某位异性的名字特别敏感，时常挂嘴边；

★经常在无意间谈起公园、电影院、溜冰场、游戏场等休闲场所。

方法二：教男孩正确认识、对待早恋

小沂这学期的学习成绩直线下降，原来他喜欢上了班级里的一位女同学，每天都无法把精力放在学习上。班主任知道后，及时地把这个情况反映给了小沂的父亲。

在一个阳光明媚的周末，小沂的父亲叫儿子陪自己到果园看看。正值春天，树上的花都开了。这时，父亲随手摘下一朵小花，闻了一下便丢在地上。看到父亲的行为，小沂不解地问：“爸爸，这花开得这么漂亮，你为什么要摘下它呢?”父亲严肃地说：“这花的确漂亮，但它结不出果实，只会白白地汲取养分。”小沂好奇地问：“为什么呢?”父亲解释道：“这些花是因为养料充足才能开放，而一遇到春寒它们就会自动凋谢，没有任何生命力，与其这样，还不如早点把它摘掉。爱情也如同它们一样，虽然有诱人的芬芳，但过早的恋爱往往承受不住风吹雨打，只有经过时间的考验，理智而成熟的爱情才能结

出果实。”父亲的话使小沂豁然开朗，化解了心中的痴迷。此后，小沂的学习和生活又步入正轨。

如果你的男孩早恋，父母可以通过各种办法，旁敲侧击地暗示男孩：早恋犹如一朵娇艳的鲜花，只有在正确的时令配上适当的温度、土壤滋养，才能有所结果，否则必定会凋零。

方法三：不能以强硬的态度压制男孩的情感

对于男孩的“早恋”问题，很多父母认为不能放任他的行为，便采取严厉的态度、压制他的情感，但这样做只会适得其反。无论父母的管教多么有道理，也要张弛有度。父母不妨以朋友的姿态，在不伤害男孩自尊心的基础上，多对他进行心理上的疏导和排解。

专家给父母的
管教课堂

很多父母的亲身经历告诉我们，一味地告诉孩子“不许早恋”是没有什么成效的。父母应换一种视角看待孩子的“早恋”问题。对此，心理学家李子勋老师建议父母们从以下几个方面入手：

1. 父母要意识到孩子都会有这样的情感活动，这时要谨慎、认真地考虑孩子需不需要指导，以及怎样指导。

2. 父母要对青春期的孩子重新定位，不要再认为他对恋爱还是一无所知。

3. 对于处于早恋中的孩子的指导，其方式不能是强硬的，而应以朋友或旁观者的身份提出建议。

图书在版编目（CIP）数据

三分爱七分管．养育男孩手册／穆阳著．—北京：商务印书馆国际有限公司，2011.9

ISBN 978-7-80103-783-1

Ⅰ．①三… Ⅱ．①穆… Ⅲ．①男性－家庭教育 Ⅳ．①G78

中国版本图书馆 CIP 数据核字（2011）第 125350 号

三分爱七分管：养育男孩手册

著　　者　穆　阳

责任编辑　廖　毅

出版发行　商务印书馆国际有限公司

地　　址　北京市东城区史家胡同甲 24 号（100010）

电　　话　010 － 65592876（总编室）　010 － 65227580（编辑部）

　　　　　　010 － 65598498（市场营销部）

网　　址　www.cpi1993.com

经　　销　全国新华书店

印　　刷　廊坊市佳艺印务有限公司

开　　本　710mm × 1000mm　1/16

字　　数　300 千字

印　　张　19

版　　次　2011 年 10 月第 1 版第 1 次印刷

书　　号　ISBN 978-7-80103-783-1

定　　价　29.80 元